속사람

예태해 목사 지음

예루살렘

INNER MAN

속 사 람

■

예태해 목사 지음

* 일러두기
NIV : NEW INTERNATIONAL VERSION의 약자입니다.
NKJV : NEW KING JAMES VERSION의 약자입니다.

서 문

제가 목회하고 있는 엠마오선교교회에서 "신령한 그리스도인"이라는 제목으로 4회에 걸쳐 말씀을 전하던 중 문득 "속사람"에 대한 설교를 해야 하겠다는 마음의 감동이 생기게 되었습니다. 그래서 오랫동안 말씀을 연구하고 기도와 묵상을 통해서 말씀을 준비하여 31회에 걸쳐 "속사람"에 대한 설교를 하였습니다.

참으로 우둔하고 주변이 없는 제 자신으로서는 한 가지 주제를 가지고 서른 한 번의 설교를 하였다는 것은 전적으로 성령님께서 지혜와 능력을 공급하여 도우심으로 가능할 수 있었음을 생각할 때 하나님께 감사와 영광을 돌립니다.

사도 바울이 "우리의 겉사람은 후패하나 우리의 속은 날로 새롭다"(고후 4:16)고 말씀한 것처럼 본서는 "예수 그리스도를 믿음으로 중생하여 영적 삶을 추구하는 '속사람'(the inner man)"과 아직 성화의 단계에 머무르고 있는 '혼과 몸'으로 대변되는 '겉사람'(the outer man)을 서로 비교하면서 성도가 온전한 구원에 이르기 위해서 무엇을 어떻게 해야 하는가에 대하여 기술하고 있습니다.

인간의 타락은 전인적(영,혼,몸 혹은 영혼, 몸) 타락으로 하나님의 구원 역시 전인적인 것입니다. 이미 거듭난 성도는 영(영혼) 뿐 아니라 전인 구원을 약속 받았습니다. 그러나 아직도 시공간의 제약 가운데 살아가면서 때로 범죄하는 육체를 지닌 우리가 어떻게 전인 구원(성화)을 이루어 가느냐에 대하여 인간의 구조를 영(spirit), 혼(soul), 육(body) 삼분설로 이해하기 쉽고 깨닫기 쉽도록 설명하였습니다.

신학적으로는 사람을 '영혼과 육'으로 구별하는 이분설과 '영, 혼, 육'으로 구분하는 삼분설이 있습니다. 두 가지 모두가 성경이 가르치고 있는 내용임으로 어느 것이 옳고 그르다고 할 수 없습니다마는 제 생각으로는 인간의 영과 혼은 서로 밀접한 관련이 있으면서도 동시에 서로가 구분이 되는 것들이 많이 있음으로 삼분설에 입각하여 설명하였습니다.

　본서는 매주일 전한 설교의 녹음 테이프를 녹취하여 기록한 것이기 때문에 구어체를 문어체로 바꾸는 과정에서 문장으로서는 미숙한 점이 많을 뿐 아니라 적절치 못한 용어의 사용과 중복된 내용이 많이 있었으며 설교 테이프의 번호와 장을 달리한 내용이 많이 있었습니다. 이로 인하여 때로는 독자들로 하여금 오해를 불러 일으키는 경우도 있었습니다. 이번 개정판을 내면서 이와같은 부분에 대하여 신학적 용어나 문장을 일부 수정하였음을 알려 드립니다.

　〈속사람〉에 대한 저의 설교는 한국 극동방송을 통해서 1991년부터 1992년까지 매주 방송된 바 있으며, 또 미국, 캐나다, 남미, 유럽, 중국 등지와 한국의 목회자 영성수련회에서 선교용으로 설교 테이프를 제작하여 배포하였습니다. 그리고 중국어와 스페인어로 번역되어 출판되었습니다.

　이번 개정판이 나오기까지 테이프의 녹취와 편집에 수고하신 김영호 목사님, 홍수봉 장로님, 서문원 장로님께 감사를 드리며 검정을 맡아주신 가형 예영수 박사님과 한국어 출판을 맡아 수고해 주신 목양세계선교회 조원길 회장님과 조선출 목사님, 김윤상 교수님 그리고 후원회장 배순 장로님과 목양세계선교회 회원 여러분에게 진심으로 감사를 드리며 졸저를 통해서 하나님의 영광만 나타나게 되기를 기도드립니다.

뉴저지에서 예태해

추천의 글

이 책 『속 사람』에 수록된 설교는 이미 방송을 통해서, 또한 많은 집회를 통해서 널리 알려졌고 많은 사랑을 받고 있던 중, 금번 목양세계선교회와 그 후원회를 통해서 드디어 한 권의 귀한 책자로서 출판되었다.

환자가 의사에게 치료를 받을 때에 이 의사 선생님이 내 병을 꼭 고쳐주실 것이라고 믿고, 시키는대로 잘 순종하면 예상 이상으로 효과를 볼 수 있다. 그와같이 이 『속 사람』을 읽을 때에 딴 생각이나 다른 선입감 없이 겸허한 마음으로 교설을 받아드리면, 실로 기대 이상으로 놀랄만한 은혜의 역사가 일어날 것이다. 옛날 어떤 인도의 철학자가 성령을 비판할 목적으로 성경을 열심히 읽다가 마침내 비판 대신에 열렬한 신봉자가 되었다고 하거니와, 누구든지 이 책을 숙독하고 음미하는 사람은 심오한 진리를 깨닫게 되어 큰 은혜를 받게 될 것이다.

저자는 이 책에서 사람을 영과 혼과 몸(육)으로 구분하는 방법을 취했다. 이것은 하나의 신학적 방법이다. 그리고 영은 곧 '속 사람'(inner man)으로서, 하나님께로 난 자이며, 혼은 '겉 사람'(outer man)으로 육적인 생각이라고 하였다. 또한 사람에게 있어서 영과 육(혼)은 공존한다고 하였다. 이것이 사도 바울의 고백이다. 「내 지체 속에서 한 다른 법이 내 마음의 법과 싸워 내 지체 속에 있는 죄의 법 아래로 나를 사로잡아 오는 것을 보는도다」(롬 7 : 23). 「…내 자신이 마음으로는 하나님의 법을, 육신으로는 죄의 법을 섬기노라」(롬 7 : 25). 즉 영적인 것과 혼적인 것이 공존한다고 하였다. 그리하여 서로 싸우고 있다. 그러므로 우리 그리스도인은 「항상 복종하여 두렵고 떨림으로 너희 구원을 이루라(빌 2 : 12)」는 말에 귀를 기울여야 할 것이다. 이렇게 함으로써 우리들의 혼적인 것이 날로 새로워지는 것이다. 「이 세대를 본받지 말고 오직 마음을 새롭게 함으로 변화를 받도록」(롬 12 : 2) 해야 하는 것이다.

이와같이 혼적인 것이 영적인 것에 순종하여 변화하여 "지체를 의의 병기로 하나님께 드리고(롬 6 : 13)", "먹든지 마시든지 하나님의 영광을 위하고(고전 10 : 31)", "우리 몸에 예수의 혼적을 가지게 되면(롬 6 : 7)" 마침내 전인구원(全人救援)이 이뤄지는 것이다.

신앙인의 성화, 영화, 그래서 영성을 얻게 되는 전인구원은 우리 모든 믿는 사람들의 최고 최후 목표다. 저자인 예태해 목사는 사도 바울과 함께 고백하고 그와 함께 전인구원을 체험하고 승리의 개가를 부른 진실된 주의 종이다. 그러므로 여러분께 〈속사람〉을 기쁨으로 추천하는 바이다.

남성교회 당회장
목양세계선교회 회장
조원길 목사

추천의 글

할렐루야!

이 책을 읽으시는 모든 독자의 영혼속에 구원의 밝은 등불이 켜지며 여러분의 영과 혼과 몸이 우리 주 예수 그리스도 강림하실 때까지 흠없게 보존되기를 원합니다.

성령은 위대한 교통의 영이십니다. 인간적인 친분도 별로 없었고 멀리서 풍문으로만 듣고 있었던 하나님의 종 예태해 목사님을 전국 목회자 영성 수련회에서 알게 되었고 그 분을 처음 뵐 때 인자하신 모습, 겸손하신 모습에서 성령의 사람임을 직감할 수 있었습니다. 그리고 이 책의 원고를 읽어가면서 나는 그간 예목사님의 신앙과 신학에 대해서 알고 싶고, 묻고 싶었던 여러 가지 기우의 구름이 말끔히 사라져 버리는 것을 느꼈고, 뿐만 아니라 목사님과 함께 하시는 그 위대한 성령의 역사가 내 속에서도 역사하는 감격과 함께 샘솟는 기쁨을 느꼈습니다. 이 책은 어두운 영혼을 밝히는 구원의 등불이요, 바르게 믿고 믿음으로 승리하는 승리의 지침서가 될 것입니다.

1부에서는 속사람과 겉사람의 모습을 상술하며 속사람의 속성과 겉사람의 속성을 통해 독자의 자화상을 발견하게 합니다.

2부에서는 우리의 혼의 기능이 무엇이며 이 혼이 구원받을 때 우리의 생각이 바뀌어지고 나아가 우리의 삶에 변화가 오는 것을 구체적으로 가르치고 있습니다.

3부에서는 우리의 영의 기능이 무엇이며 영이 발전해 나아가는 통로를 체험적으로 묘사하고 있습니다.

그리고 4부에서는 육체의 기능과 육체의 소욕이 무엇인가, 그리고 이 육체의 정과 욕을 십자가에 못박을 때 인간은 영의 사람으로 거듭나며 성령의 소욕을 갖고 성령의 열매를 맺는 영의 사람으로 변화됨을 강조하고 있습니다.

    결론으로는 우리의 몸과 혼과 영의 전인구원을 강조하고 있습니다. 모쪼록 성령의 교통의 역사가 이 책을 읽는 모든 독자의 영혼 속에 충만하시기를 축원합니다.

한국기독교 장로회 증경 총회장

가리봉교회 담임 목사 한상면

─≡〔차 례〕≡─

서문 ··· 9

제1부 속사람 ··· 15

1. 속사람이란? (1) ·· 17
2. 속사람이란? (2) ·· 28
3. 하나님과의 교통 ······································· 37
4. 말씀으로 세운 신호등 ······························· 48
5. 세미한 음성 ·· 63
6. 자기 목숨이란? ··· 78

제2부 내 생각을 사로잡아 ························· 91

7. 영과 혼 ··· 93
8. 자아가 깨어질 때 ···································· 105

9. 옥합을 깨뜨리고 ………………………………… 118
10. 혼이 하는 일 …………………………………… 127
11. 혼(魂) — 구원받아야 할 대상 ………………… 137
12. 영분별 …………………………………………… 150
13. 혼, 즉 자아를 극복한 믿음 …………………… 162
14. 혼적에서 영적으로 ……………………………… 173
15. 모든 생각을 사로잡아 ………………………… 184
16. 생각을 변화시켜라 (1) — 회개를 통해 ……… 199
17. 생각을 변화시켜라 (2) — 말씀을 통해 ……… 208
18. 생각을 변화시켜라 (3) — 믿음을 통해 ……… 220
19. 생각을 변화시켜라 (4) — 기도를 통해 ……… 229

제3부 영의 통로 ………………………………… 241

20. 영의 통로 (1) — 깨닫는 마음 ………………… 243
21. 영의 통로 (2) — 성령, 말씀, 믿음, 감정의 관계 …… 255

22. 영의 통로 (3) — 지혜와 계시의 정신 ·················269
23. 영의 통로 (4) — 조화된 의지 ························281
24. 영의 통로 (5) — 감정 ·································294

제4부 육 체 ·················307

25. 육체 (1) ··309
26. 육체 (2) — 몸과 죄 ···································320
27. 육체 (3) — 육신과 죄와 율법 ·······················332
28. 육신을 정복하는 싸움 ································345
29. 육신의 소욕과 성령의 소욕 ························358

結 章 : 全人 救援 ·················367

30. 전인(全人) 구원을 받아라 — 영과 혼과 몸의 구원 ···369

제1부

속사람

1. 속사람이란? (1)

본문말씀 : 베드로전서 1:3~6

³찬송하리로다 우리 주 예수 그리스도의 아버지 하나님이 그 많으신 긍휼대로 예수 그리스도의 죽은 자 가운데서 부활하심으로 말미암아 우리를 거듭나게 하사 산 소망이 있게 하시며 ⁴썩지 않고 더럽지 않고 쇠하지 아니하는 기업을 잇게 하시나니 곧 너희를 위하여 하늘에 간직하신 것이라 ⁵너희가 말세에 나타내기로 예비하신 구원을 얻기 위하여 믿음으로 말미암아 하나님의 능력으로 보호하심을 입었나니 ⁶그러므로 너희가 이제 여러가지 시험을 인하여 잠깐 근심하게 되지 않을 수 없었으나 오히려 크게 기뻐하도다

성경은 하나님께로 난 속사람에 대하여 여러가지로 표현하고 있습니다. 속사람에 대하여 알면 성경 말씀을 좀더 쉽게 이해할 수 있을 뿐만 아니라 나 자신이 어떠한 사람인지 알 수 있습니다. 요한복음 3:6에 보면 "육으로 난 것은 육이요 성령으로 난 것은 영이니" 했습니다. 부모로부터 태어난 것은 육이지만 성령으로 난 것은 영입니다. 이 영이 곧 속사람이며 이 속사람은 하나님께로 난 자이기 때문에 하나님 앞에서 값진 것입니다.

18 속사람

첫째, 속사람은 썩지 않습니다.

성경은 속사람에 대하여 '마음에 숨은 사람'(the hidden person of the heart)이라고 했습니다. 마음에 숨은 사람은 성령으로 거듭난 사람이기에 썩지 아니합니다.

> 오직 마음에 숨은 사람을 온유하고 안정한 심령의
> 썩지 아니할 것으로 하라 이는 하나님 앞에 값진 것
> 이니라(벧전 3 : 4)

마음에 숨은 속사람은 늙고 쇠약해지는 겉사람과 같이 보이는 것이 아닙니다. 보이는 것은 후패(朽敗)하고 변합니다. 그러나 보이지 아니하는 속사람은 날로 새로워지는 것인고로 "하나님 앞에 값진" 것입니다. 고린도후서 4:16에 이 내용이 잘 표현되어 있습니다.

> 그러므로 우리가 낙심하지 아니하노니 겉사람은 후
> 패하나 우리의 속은 날로 새롭도다

"우리의 속은 날로 새롭도다" 하는 말씀에서 "속"은 속사람을 의미합니다. 겉사람은 보이는 것으로 잠깐 있다 사라지는 것이지만 속사람은 보이지 않는 영원한 것이므로 날로 새로워지는 것입니다. 예수 그리스도를 믿는 사람들은 보이는 것에 의해서 사는 것이 아니라 보이지 않는 영원한 것을 향하여 나아갈 때에 하나님께서 기뻐하시는 것입니다. 본문 말씀 베드로전서 1:3에 보면 속사람은 예수께서 죽은 자 가운데서 부활하심으로 말미암아 태어난 것입니다. 이렇게 태어난 속사람은 썩지 않고 더럽혀지지 않고 쇠하지 아니한다고 4절에 설명합니다.

음식은 시간이 지나면 썩지만 속사람은 썩지 않습니다. 우리가 입고 있는 옷은 곧 더러워지지만 속사람은 더러워지지 않습니다. 속사람은 또한 쇠하지도 않습니다. 나뭇잎은 쇠하면 떨어지지만 속사람은 쇠하지 않을 뿐만 아니라 날로 날로 새로워지는 것입니다. 겉사람은 나이가 들면 쇠하여 힘이 없어지고 죽으면 썩어지는 것입니다. 그러나 속사람은 썩지 않고 더러워지지 않고 쇠하지 않으므로 영원한 것입니다. 값진 속사람이 하나님 앞에 나타날 때 하나님께서 기뻐하십니다. 요한복음 4:23~24에 보면 예수께서 말씀하시기를,

> 아버지께 참으로 예배하는 자들은 신령과 진정으로 (in spirit and truth) 예배할 때가 오나니 곧 이때라 아버지께서는 이렇게 자기에게 예배하는 자들을 찾으시느니라 하나님은 영(Spirit)이시니 예배하는 자가 신령(spirit)과 진정으로 예배할지니라

이 말씀은 속사람이 성령의 인도하심으로 하나님께 예배드리는 것을 말하며 이렇게 예배를 드릴 때 신령과 진정으로 드리는 예배가 됩니다. 그러므로 예수를 믿는 사람들의 속사람은 소망이 있는 것으로 하나님 앞에서 값진 것입니다.

둘째, 믿음은 속사람을 통하여 옵니다.

오늘날 많은 사람들이 이러한 속사람의 진리를 모르기 때문에 여러가지 문제가 일어납니다. 겉사람을 중심으로 생각하고 행동하기 때문에 우리의 가는 길이 잘못될 때가 많습니다. 믿음은 속사람을 통하여 옵니다. 하나님은 영이시므로 속사람과 교통하십니다. 인위적으로 겉사람을 통하여 오는 것은 믿음이 아니라

인간의 감정이나 의지입니다. 믿음은 하나님이 주시는 선물로서, 속사람을 통하여 오는 그 믿음이 참된 믿음입니다. 우리가 "주여, 믿습니다!"하며 부르짖으나 응답이 없는 것은 속사람으로부터 나오는 믿음이 없기 때문입니다. 우리의 심령에 믿음이 있어야 하나님의 역사가 나타납니다.

예수님의 저주로 무화과나무가 마른 것을 본 베드로가 예수님께 "저주하신 무화과나무가 말랐나이다" 하였을 때 예수께서 "내가 진실로 너희에게 이르노니 누구든지 이 산더러 들리어 바다에 던지우라 하며 그 말하는 것이 이룰 줄 믿고 마음에 의심치 아니하면 그대로 되리라"(막 11:23)고 하셨습니다. 이 말씀의 중심은 그 말하는 것이 이룰 줄 믿고 마음에 의심하지 말아야 한다는 것입니다. 즉, 심령으로 믿는 믿음이 입으로 시인될 때 산믿음이요 기적을 생산한다는 것입니다. 속사람이 가지는 이 믿음은 하나님의 능력으로 보호하심을 입고 있음을 베드로전서 1:5에 말씀하고 있습니다. 하나님의 능력을 입고 있는 우리 심령의 믿음이 입으로 시인될 때 기사와 이적과 표적이 따르게 되는 것입니다.

많은 사람들이 "능력이면 다입니까? 표적이면 다입니까?"라고 합니다. 물론 그것이 전부는 아닙니다. 그러나 썩지 않고, 더럽지 않고, 쇠하지 아니하는 속사람이 소망을 가지고, 하나님의 능력으로 보호하심을 받는 믿음이 나타날 때 사람들의 삶에 변화가 일어나 능력과 표적이 저절로 따르는 산 믿음이 되는 것입니다. 여러분들에게 산 믿음이 소생하기를 예수의 이름으로 축원합니다.

셋째, 속사람은 하나님께로부터 난 자입니다.

속사람은 오직 마음에 숨은 사람입니다(벧전 3:4). 우리 마음에는 속사람이 자리잡고 있으나 눈에는 보이지 않습니다. 속사람은 썩지 않고 더러워지지 않고 쇠하지 않습니다(벧전 1:4). 그 성품은 언제나 온유하고 안정되어 있습니다(벧전 3:4).

육신은 죽더라도 속사람은 죽지 않는 영원한 생명이기에 안정되어 있습니다. 겉사람은 성품이 강퍅할지라도 속사람은 하나님께로 난 자이기 때문에 온유합니다. 속사람이 겉사람을 통해 나의 인격으로 나타날 때 받는 복에 대하여 예수께서 말씀하시기를,

> 심령이 가난한 자는 복이 있나니 천국이 저희 것임이요 애통하는 자는 복이 있나니 저희가 위로를 받을 것임이요 온유한 자는 복이 있나니 저희가 땅을 기업으로 받을 것임이요 의에 주리고 목마른 자는 복이 있나니 저희가 배부를 것임이요 긍휼히 여기는 자는 복이 있나니 저희가 긍휼히 여김을 받을 것임이요 마음이 청결한 자는 복이 있나니 저희가 하나님을 볼 것임이요 화평케 하는 자는 복이 있나니 저희가 하나님의 아들이라 일컬음을 받을 것임이요 의를 위하여 핍박을 받은 자는 복이 있나니 천국이 저희 것임이라 (마 5:3~10)

온유한 자는 땅을 기업으로 받고 하나님 나라가 자기 속에 확장되는 역사가 일어난다고 했습니다. 속사람이 청결하면 하나님을 볼 수 있습니다. 속사람은 보이지 않으나 날로 새로워지며 온유하고 안정되어 있습니다.

넷째, 속사람은 거듭나야 생깁니다.

온유한 속사람은 우리가 물과 성령으로 거듭나야 생깁니다.

요한복음 3장에 보면 바리새인으로 유대 관원인 니고데모가 사람의 눈을 피해 밤에 예수님을 찾아와서 예수께서 행하시는 기사와 이적을 보니 분명히 하나님께로부터 오신 분이라고 말합니다. 니고데모는 예수님과 대화할 때 속사람이 아닌 겉사람으로 대화하고 있었습니다. 그러므로 예수께서 거듭나야 하나님 나라를 볼 수 있다고 하실 때, 늙은 사람이 거듭나기 위해 어머니 뱃속에 다시 들어갔다 나와야 되느냐고 반문했습니다. 이에 예수님은 말씀하시기를,

> 진실로 진실로 네게 이르노니 사람이 물과 성령으로 나지 아니하면 하나님 나라에 들어갈 수 없느니라 육으로 난 것은 육이요 성령으로 난 것은 영이니 내가 네게 거듭나야 하겠다는 말을 기이히 여기지 말라(요 3 : 5~7)

성령으로 난 것, 즉 성령으로 내 속사람이 태어나야 예수 그리스도가 하나님의 아들이심을 시인하게 되며, 예수님을 주로 영접하여 하나님의 자녀가 되는 권세를 가진다는 것입니다. 육으로 난 인간의 힘으로는 결코 하나님의 백성이 되지 못합니다. 하나님의 자녀는 "혈통으로나 육정으로나 사람의 뜻으로 나지 아니하고 오직 하나님께로서 난 자들"(요 1 : 13)이라고 말했습니다.

다시 말씀드리면 속사람은 하나님으로부터 난 자입니다(요일 3 : 9). 하나님께로서 났다는 것은 성령으로 난 속사람을 말씀합니다. 이 속사람이 예수 그리스도가 하나님의 아들임을 믿고 그 이름을 힘입어 천국에 갈 수 있다는 사실을 겉사람에게 전하여 입으로 예수를 주라 시인하는 것입니다. 하나님께로서 난 속사람은 영인고로 영원합니다. 겉사람인 육체를 위해 심는 자는 썩

어질 것을 거두지만 성령으로 난 속사람을 위해 심는 자는 성령으로부터 영원한 생명을 거두게 됩니다(갈 6:8). 영원한 생명을 가진 속사람은 썩지 않고 더럽지 아니하고 쇠하지 않으므로, 하나님에 대하여 항상 소망이 있습니다. 소망이 있는 사람들에게는 믿음이 있고, 이 믿음은 하나님의 능력으로 보호함을 입기 때문에 기사와 이적과 표적이 나타나게 되어 있는 것입니다.

다섯째, 속사람으로 예수를 믿어야 합니다.

우리는 겉사람이 아닌 속사람으로 예수를 믿어야 합니다. 속사람은 마음에 숨은 사람이기 때문에 보이지 않습니다. 사도 바울은 예수를 믿는 자의 모습에 대하여 고린도후서 6:8~10에서

> 영광과 욕됨으로 말미암으며 악한 이름과 아름다운 이름으로 말미암으며 속이는 자같으나 참되고 무명한 자같으나 유명한 자요 죽은 자같으나 보라 우리가 살고 징계를 받는 자같으나 죽임을 당하지 아니하고 근심하는 자같으나 항상 기뻐하고 가난한 자같으나 많은 사람을 부요하게 하고 아무것도 없는 자같으나 모든 것을 가진 자로다

라고 했습니다.

믿지 않는 사람들의 눈에는 믿는 자가 속이는 것같이 보이나 참되다는 것이 나타납니다. 세상에 욕망을 두지 않고 하늘 나라에 소망을 두며 세상에서는 무명한 자같이 보이나 하나님께는 유명한 자가 됩니다. 항상 예수님과 함께 죽는 자가 되지만 예수님과 함께 사는 자입니다. 육의 사람인 겉사람은 근심하는 자

같이 보이나 항상 심령 천국의 기쁨을 누립니다. 가난한 자같으나 모든 것을 가지고 많은 사람을 부요케 하는 사람들입니다. 예수님을 소유한 것이 천하를 소유한 것보다 더 크고 영원한 것이기 때문입니다. 골로새서 2：3에 예수 안에는 지혜와 지식의 모든 보화가 감추어져 있다 한 것처럼 예수님 안에 있는 사람은 하늘의 지혜와 지식을 소유한 자입니다.

　세상에 속한 사람들은 마음 속에 숨어서 보이지 않는 속사람이 죽은 상태이므로 하나님을 믿지 못할 뿐만 아니라 하나님의 말씀을 이해도 못합니다. 겉사람을 중심으로 하여 생각하고 행동하기 때문에 잘못될 때가 많습니다. 그러나 속사람은 하나님께로 난 자이기 때문에 모든 것을 가지고 많은 사람을 부요케 할 수 있습니다. 속사람은 세상을 떠나서 하나님과 함께 있고자 사모하는 마음으로 가득차 있습니다. 그러나 사도 바울은 한 사람의 생명이라도 더 구원코자 육신에 거하는 것이 자기에게 유익하다고 고백합니다.

> 내가 그 두 사이에 끼였으니 떠나서 그리스도와 함께 있을 욕망을 가진 이것이 더욱 좋으나 그러나 내가 육신에 거하는 것이 너희를 위하여 더 유익하리라(빌 1：23～24)

　"내가" 삶과 죽음 두 사이에 끼여 있어, 속사람은 육신을 떠나 하나님 나라에서 영원히 거하기를 원하나, 현재 전도를 하여 하나님 나라가 확장되기를 원하기 때문에 내가 육신 속에 살아서 좀더 있기를 원한다고 말합니다. 여기서의 "나"는 속사람입니다. 겉사람이 아닌 거듭난 속사람이 하나님 앞에서 참된 "나"인 것입니다.

여섯째, 속사람은 어떻게 탄생하였을까요?

창세기 2 : 7에 보면 "여호와 하나님이 흙으로 사람을 지으시고 생기를 그 코에 불어넣으시니 사람이 생령이 된지라"라고 말합니다. 여호와 하나님이 아담을 잠들게 하신 후 그에게서 취한 갈빗대로 여자를 만드시고 그를 아담에게로 이끌어 오시니 아담이 가로되 "이는 내 뼈 중의 뼈요 살 중의 살이라 이것을 남자에게서 취하였은즉 여자라 칭하리라"(창 2 : 22~23) 하였습니다.

아담은 하나님의 생기로 인하여 생긴 영, 속사람이 있었으므로 처음 하와를 보았을 때 "내 뼈 중의 뼈요 살 중의 살"이라고 부를 수 있었습니다. 이와 같이 우리에게 하나님의 생기가 들어오면 베드로가 변화산에서 전에 만나 보지 않았던 모세와 엘리야를 즉시 알아볼 수 있었듯이 속사람이 태어날 때 영적인 것을 분별하는 지혜가 생기게 됩니다.

에베소에 있는 사도 바울이 고린도 교회의 문제를 영으로 알고 음행한 일을 책망한 일이 있습니다.

> 내가 실로 몸으로는 떠나 있으나 영(spirit)으로는
> 함께 있어서 거기 있는 것같이 이 일 행한 자를 이
> 미 판단하였노라(고전 5 : 3)

하나님께서 아담을 잠들게 하여 그의 갈비뼈 하나를 뽑아 여자인 하와를 만드신 것같이 예수께서 십자가에서 창에 옆구리가 찔려 물과 피를 쏟아 죽으시고 부활하심으로 신부인 교회가 탄생하였습니다.

즉 하나님이 아담의 몸에서 갈비뼈 하나를 떼내어 여자를 만드시고 아담이 잠에서 깨어 눈을 떠보니 신부될 여자가 생긴 것과 같이, 예수께서 십자가에서 죽으시고 3일만에 부활하신 후 예수님의 신부인 교회가 생긴 것입니다. 그래서 사도 베드로는 베드로전서 1 : 3에서 "죽은 자 가운데서 부활하심으로 말미암아 우리를 거듭나게 하사 산 소망이 있게" 하셨다고 말씀합니다.

결론

결론적으로 말씀드린다면, 예수님의 부활로 속사람이 탄생할 터전이 마련되었기에 이는 사람의 힘으로 되는 것이 아니라 하나님의 성령으로 거듭나게 되는 것입니다. 하나님이 없던 것을 새로 만드신 것이 아니라, 아담의 범죄로 인해서 죽었던 영을 다시 태어나게(regenerate) 한 것입니다. 이 새롭게 태어난 것을 성경은 "속사람"(롬 7 : 22 ; 엡 3 : 16), "속"(고후 4 : 16), "마음에 숨은 사람"(벧전 3 : 4), "성령으로 난 사람"(요 3 : 8), "하나님께로서 난 자"(요 1 : 13 ; 요일 5 : 4, 18), "영" 또는 "거듭난 자"(요 3 : 3~8)라고 합니다.

거듭난 속사람은 하나님의 자녀입니다. 하나님의 자녀는 "혈통으로나 육정으로나 사람의 뜻으로 나지 아니하고 오직 하나님께로서 난 자"(요 1 : 13)입니다. 그래서 성경은 "다른 이로서는 구원을 얻을 수 없나니 천하 인간에 구원을 얻을 만한 다른 이름을 우리에게 주신 일이 없음이니라"(행 4 : 12)고 말씀합니다. 즉 예수를 믿어야만 구원받을 수 있다는 것입니다. 왜냐하면 예수를 믿어야만 속사람이 생기기 때문입니다. 불교, 회교, 유교, 힌두교를 믿어 속사람이 생기는 것이 아닙니다. 오직 예수 그리스도를 구주로 믿고 영접할 때 속사람이 생기는 것입니다.

예수께서는 "내가 곧 길이요 진리요 생명이니 나로 말미암지 않고는 아버지(하나님)께로 올 자가 없느니라"(요 14:6)고 말씀하셨습니다. 예수 그리스도를 통해서만 구원이 있기 때문에 다른 이로서는 구원을 받을 수가 없는 것입니다. 새생명과 소망으로 가득 채워진 속사람으로 예수를 믿는 사람은 날로 새로워지기 때문에 나이가 아무리 많아도 마음은 늘 새롭고 기쁘고 즐겁습니다. 죽음의 날이 가까이 오더라도 "사망아 너의 이기는 것이 어디 있느냐, 사망아 너의 쏘는 것이 어디 있느냐?"(고전 15:55), "음부의 권세가 이기지 못하리라"(마 16:18)고 담대히 선언하며 승리의 생활을 하는 것입니다.

　속사람은 예수 그리스도의 부활로 말미암아 거듭난 성령 안에서 영이므로 썩지 않고 더럽지 않고 쇠하지 않는 영원한 것입니다(벧전 1:3-4). 많은 사람들이 이 진리를 모르기 때문에 말씀을 들어도 변화가 없습니다. 이 진리의 기본 바탕 위에서 하나님의 말씀을 듣는 모든 사람에게는 자유함이 있고 모든 사물이 새로워지는 것입니다.

2. 속사람이란? (2)

본문말씀 : 잠언 20 : 20~30

²⁰자기의 아비나 어미를 저주하는 자는 그 등불이 유암(幽暗)중에 꺼짐을 당하리라 ²¹처음에 속히 잡은 산업은 마침내 복이 되지 아니하느니라 ²²너는 악을 갚겠다 말하지 말고 여호와를 기다리라 그가 너를 구원하시리라 ²³한결같지 않은 저울추는 여호와의 미워하시는 것이요 속이는 저울은 좋지 못한 것이니라 ²⁴사람의 걸음은 여호와께로서 말미암나니 사람이 어찌 자기의 길을 알 수 있으랴 ²⁵함부로 이 물건을 거룩하다 하여 서원하고 그 후에 살피면 그것이 그물이 되느니라 ²⁶지혜로운 왕은 악인을 키질하며 타작하는 바퀴로 그 위에 굴리느니라 ²⁷**사람의 영혼은 여호와의 등불이라 사람의 깊은 속을 살피느니라** ²⁸왕은 인자와 진리로 스스로 보호하고 그 위도 인자함으로 말미암아 견고하니라 ²⁹젊은 자의 영화는 그 힘이요 늙은 자의 아름다운 것은 백발이니라 ³⁰상하게 때리는 것이 악을 없이 하나니 매는 사람의 속에 깊이 들어가느니라

첫째, 속사람은 정직함이 없습니다.

오늘 말씀의 주제는 본문 27절입니다.

> 사람의 영혼(spirit)은 여호와의 등불이라 사람의 깊
> 은 속을 살피느니라

폭풍우 속을 항해하는 배가 등대의 불이 없으면 갈 길을 모르듯이 여호와의 등불인 우리의 영혼이 꺼져가면 방향 감각을 상실해 버립니다. 학식이 아무리 많고 철학이 심오하고 물질적으로 풍성하고 명예가 있다 하더라도 내 영혼의 등불이 꺼지면 우리 인생은 어두움 가운데 멸망하고 맙니다.

> 자기의 아비나 어미를 저주하는 자는 그 등불이 유
> 암(幽暗) 중에 꺼짐을 당하리라(20절)

우리가 예수 그리스도를 구주로 영접할 때에 예수 그리스도 안에서 하나님의 형상으로서 새로운 피조물로 창조됩니다. 속사람은 하나님의 형상을 따라 하나님께로 난 자이기에 죄가 없습니다. 성경은 사람의 영혼을 여호와의 등불이라고 합니다. 겉사람은 여전히 죄로 말미암아 후패(朽敗)하지만 속사람은 죄가 없으며 날로 새로워집니다(고전 4:16).

아담이 처음 지음을 받았을 때에는 죄가 없었습니다. 성경은 하나님의 형상을 따라 지으신 죄가 없는 아담을 하나님이 보시기에 좋았더라(창 1장)고 말씀합니다. 사람은 겉사람과 속사람으로 되어 있습니다. 하나님은 죄 많아 늙고 병든 겉사람을 보고 판단하지 않으시고 예수 그리스도 안에서 새롭게 창조된 피조물인 속사람을 보시는 것입니다.

둘째, 속사람은 하나님의 생기를 새로 받은 사람입니다.

예수를 믿는 것은 겉사람이 아니고 속사람으로 믿는 것입니

다. 그렇다고 해서 겉사람을 무시해서는 안됩니다. 아담이 창조되었을 때는 죄가 없었으므로 온전하고 거룩하여 하나님과 동행할 수 있었습니다. 하나님이 에덴 동산에서 아담과 함께 매일 거닐며 교제하셨습니다. 에덴은 "기쁨", "낙원"이란 뜻이며 죄를 범하기 이전의 아담과 하와는 에덴 동산에서 기쁨과 사랑과 행복 속에서 살았습니다. 그들 속에 하나님의 영이신 생기가 있었으므로 그들의 속사람은 살아 있었습니다.

여호와의 성령이 에스겔을 골짜기로 데려가서 많은 뼈들을 보고 "에스겔아, 이 뼈들이 능히 다시 살겠느냐?"고 물으셨을 때 에스겔이 하나님께서 아신다고 대답하자 이에 하나님께서는 에스겔로 하여금 생기에게 명하여 그 생기가 뼈들에 들어가 하나님의 살아 있는 군대로 만들도록 하라고 하셨습니다(겔 37:1~10).

이 생기는 하나님의 능력이요 힘입니다. 생기는 살아 있다는 증거입니다. 타락 이전에 아담에게는 하나님의 생기가 있었기 때문에 모든 것을 다스릴 수 있는 능력이 있었습니다. 하나님이 아담에게 생기를 불어 넣으신 후 그들에게 복을 주시며 생육하고 번성하여 땅을 정복하고 모든 생물을 다스리는 능력을 주셨습니다(창 1:27~28, 2:7). 하나님의 생기가 우리 속에 들어오면 우리는 모든 것을 다스리고 정복할 수 있는 능력이 생깁니다. 오늘날 예수를 믿는 우리에게 이런 능력이 있어야 합니다. 이 능력이 없는 이유는 우리가 범죄함으로써 이것을 잃어버렸기 때문입니다.

> 여호와께서 가라사대 나의 신(Spirit)이 영원히 사람과 함께하지 아니하리니 이는 그들이 육체가 됨이라(창 6:3)

아담이 범죄하여 그 속에 있는 하나님의 생기를 잃어버렸기 때문에 그는 겉사람뿐인 육의 사람이 되어 버렸습니다. 세상에는 두 종류의 사람이 있습니다. 하나님의 생기를 잃어버린 육에 속한 사람과 하나님의 생기를 다시 받은 사람입니다. 하나님의 생기가 있는 사람이란 예수 그리스도를 영접할 때 하나님의 생기가 그 속에 다시 들어감으로써 속사람이 생겨난 거듭난 사람을 말합니다.

> 영접하는 자 곧 그 이름을 믿는 자들에게는 하나님
> 의 자녀가 되는 권세를 주셨으니 이는 혈통으로나
> 육정으로나 사람의 뜻으로 나지 아니하고 오직 하
> 나님께로서 난 자들이니라(요 1 : 12~13)

하나님께로서 난 자라는 것은 곧 예수 그리스도를 영접할 때 그 속에 하나님의 생기가 다시 들어와 속사람이 생긴 자, 즉 성령으로 거듭나게 된 자라는 것입니다.

> 사람이 물과 성령으로 나지 아니하면 하나님 나라
> 에 들어갈 수 없느니라 육으로 난 것은 육이요 성령
> (the Spirit)으로 난 것은 영(spirit)이니(요 3 : 5~6)

셋째, 속사람은 썩지 아니할 씨로 난 사람입니다.

이 속사람을 거듭난 영이라 하며 성령으로 난 사람입니다. 성령으로 말미암지 않고는 예수를 주라 시인할 자가 없습니다(고전 12:3). 속사람은 우리가 예수 그리스도를 주라고 시인할 때 성령으로 말미암아 우리안에 태어난 것입니다. 예수께서는 우리가 물과 성령으로 거듭나지 않으면, 즉 하나님의 생기로 말미암아 거

듭나지 않으면 결코 하나님 나라에 들어갈 수 없다고 말씀하십니다.

우리가 거듭날 수 있도록 필요한 구원의 터를 마련하신 분은 예수님이십니다. 성령께서 우리를 예수 그리스도에게로 인도하여 나를 거듭나게 하십니다.

> 너희가 거듭난 것이 썩어질 씨로 된 것이 아니요 썩지 아니할 씨로 된 것이니 하나님의 살아 있고 항상 있는 말씀으로 되었느니라(벧전 1 : 23)

항상 있는 말씀이란 예수 그리스도이며 우리가 이로 말미암아 살아난 것입니다. 우리의 속사람에 생긴 그 영은 썩지 않고 더러워지지 않고 쇠하지 않는 영원한 것입니다. 우리는 이 영원한 것을 위해 살아야 합니다.

> 자기의 육체를 위하여 심는 자는 육체로부터 썩어진 것을 거두고 성령을 위하여 심는 자는 성령으로부터 영생을 거두리라(갈 6 : 8)

넷째, 속사람은 새로운 피조물입니다.

예수 그리스도를 영접함으로써 내 속에 생기는 영인 속사람은 새로운 피조물입니다.

> 누구든지 그리스도 안에 있으면 새로운 피조물이라 이전 것은 지나갔으니 보라 새것이 되었도다(고후 5 : 17)

이전 것, 즉 육체 속에 죽은 모든 것이 다 지나가 버리고 내 속에 새로운 피조물이 탄생하게 된 것입니다. 예수 안에 있는 새로운 피조물에게는 결코 정죄함이 없습니다(롬 8:1). 속사람이 예수 그리스도 안에서 탄생되었으므로 죄가 없습니다. 정죄함이 없는 속사람은 하나님의 형상을 닮았습니다.

새로 창조된 속사람은 새로운 것을 즐겨하면서 그 속에는 생기가 넘칩니다. 한 평생 예수를 믿으며 교회에 다닌 분들도 하나님의 말씀을 계속 받아 먹을 때 날로 새로워집니다. 왜냐하면 새로운 피조물이 되었기 때문입니다. 새로워지지 못한다면 이는 생명의 양식인 하나님의 말씀을 풍족히 받아 먹지 못했기 때문입니다. 새로운 피조물이 되어 속사람이 날로 새로워지는 분은 소망이 있습니다. 하나님이 항상 함께하시므로 실망하지 않습니다. 우리는 주 안에서 새롭게 창조되었기 때문에 썩어질 것을 바라보지 않습니다. 우리는 어린 아이가 어머니를 바라보듯 늘 주님을 바라보며 살아갑니다.

> 여호와를 앙망하는 자는 새 힘을 얻으리니 독수리의 날개 치며 올라감 같을 것이요 달음박질하여도 곤비치 아니하겠고 걸어가도 피곤치 아니하리로다
> (사 40:31)

다섯째, 하나님은 속사람과 함께 일하십니다.

새로운 피조물인 속사람이 주님을 앙망하면서 그것이 겉으로 드러날 때에 행함이 있는 믿음이 나타납니다. 이렇게 성령께서는 죄가 없는 속사람과 함께 하십니다.

성령이 친히 우리 영으로 더불어 우리가 하나님의

자녀인 것을 증거하시나니(롬 8 : 16)
The Spirit Himself bears witness with our spirit that
we are children of God (NKJV).

죄가 없는 곳에 하나님께서 함께하십니다. 우리의 겉사람은 죄로 물들어 있지만 예수를 믿음으로 다시 태어난 속사람은 죄가 없습니다. 성령은 이렇게 죄가 없는 속사람과 함께 하시는 것입니다. 하나님은 영이시기에 우리의 영과 함께 하시며, 우리의 영은 하나님의 일터입니다. 우리의 영과 더불어 하나님이 역사하십니다.

무릇 하나님의 영으로 인도함을 받는 그들은 곧 하나님의 아들이라(롬 8 : 14)
For as many as are led by the Spirit of God, these are sons of God (NKJV).

하나님의 아들은 겉사람이 아니라, 하나님의 성령으로 인도함을 받는 속사람입니다. 즉 하나님이 인도해 주시고 함께 하는 것은 우리의 영원한 영이며 이 영이 곧 하나님의 아들입니다. 하나님은 영인 속사람을 통해 우리를 깨닫게 해 주시고 인도해 주시고 위로해 주시고 가르쳐 주시고 생명의 양식을 먹게 해 주십니다. 하나님께서는 우리와 교통하기를 원하십니다. 하나님과 교통하는 것은 겉사람이 아닌 속사람입니다. 우리의 지식으로 하나님과 교통하는 것이 아닙니다.
  지식은 혼적인 것입니다. 혼적인 것으로는 하나님과 교통할 수 없으며 육적인 것으로도 하나님과 교통할 수 없습니다. 죄가 들어와서 활동하는 곳이 육이라고 성경은 말합니다. 우리는 혼적으로나 육적으로 하나님과 교통을 시도하기 때문에 늘 실패함니다. 하나님이 우리를 위로해 주시고 인도해 주시고 가르쳐 주시고 교통하는 것은 예수 그리스도 안에서 새로운 피조물인 우리의 속사람, 즉 하나님의 영(Spirit)이 함께 거하는 우리의 영(spirit)입니다.

여섯째, 속사람은 여호와의 등불입니다.

하나님은 우리의 속사람인 영과 교통하시기 때문에 사람의 영혼은 여호와의 등불인 것입니다(잠 20 : 27). 하나님은 빛이시기 때문에 그 빛이 우리의 영과 함께 함으로 우리의 영은 여호와의 등불입니다. 우리의 영이 밝으면 우리 생활이 밝고 우리의 영이 주님과 교통할수록 더욱 예수님을 닮아갑니다.

예수님은 속사람인 우리를 보고 "너희는 세상의 빛"(마 5 : 14)이라 하셨습니다. 예를 들면 석유등의 등은 몸이요 불은 영혼입니다.

빛이 희미하면 어둠이 찾아옵니다. 이 빛이 밝으면 어둠이 물러갑니다. 그러므로 우리 영혼의 빛이 늘 밝아야 합니다.

일곱째, 속사람에 역사하는 성령을 좇아 행할 때 빛을 발하며 하나님께 영광이 됩니다.

> 너희는 성령을 좇아 행하라 그리하면 육체의 욕심
> 을 이루지 아니하리라(갈 5 : 16)

성령께서 우리 영과 더불어 함께 역사하시므로 성령과 더불어 역사하는 그 영을 좇아 행하면 육체의 소욕을 이깁니다. 육체의 소욕을 이기면 이길수록 내 속의 빛은 밝아지며 이 빛이 밝아질수록 하나님께 영광을 돌리게 됩니다.

> 이같이 너희 빛을 사람 앞에 비춰게 하여 저희로 너
> 희 착한 행실을 보고 하늘에 계신 너희 아버지께 영
> 광을 돌리게 하라(마 5 : 16)

내 속에 있는 영인 속사람의 빛이 밝아질수록 하나님께 영광을 돌릴 수 있습니다. 하나님의 빛이 비추지 못하여 내 속이 어두우면 하나님의 영광을 가리게 됩니다. 속사람이 나타나서 하나님의 일을 할 때 밝음의 역사가 일어납니다. 이것을 하나님께 영광을 돌린다고 합니다. 빛이 없으면서 찬송으로 하나님께 영광을 돌릴 수 없습니다. 우리의 속사람은 하나님의 형상을 닮았으므로 죄가 없고, 빛이 되신 주님이 우리와 함께하실 때에 빛으로 나타납니다. 우리 영혼이 밝아지면 우리가 육신적으로 생각하지 않고 영적으로 주님이 원하시는 일만 하게 됩니다.

> 그리하면 모든 지각에 뛰어난 하나님의 평강이 그
> 리스도 예수 안에서 너희 마음과 생각을 지키시리
> 라(빌 4 : 7)

우리의 모든 생각을 주님 뜻에 순종할 때 주님이 늘 함께 해 주시므로 모든 일이 형통하게 됩니다.

하나님의 형상을 닮은 속사람은 생기가 있습니다. 성령과 함께 역사하는 속사람을 좇아 행할 때 주님의 놀라운 기적이 일어납니다. 속사람은 늘 주님만 바라봅니다. 속사람은 죄가 없기 때문에 생각하는 것이나 계획하는 모든 것이 틀림없이 이루어지며 속사람을 통하여 하나님의 복이 임하게 됩니다. 속사람이 밖으로 드러날 때 하나님께 영광을 돌리게 됩니다.

3. 하나님과의 교통

본문말씀 : 로마서 8:12~17

12 그러므로 형제들아 우리가 빚진 자로되 육신에게 져서 육신대로 살 것이 아니니라 13 너희가 육신대로 살면 반드시 죽을 것이로되 영으로써 몸의 행실을 죽이면 살리니 14 무릇 하나님의 영으로 인도함을 받는 그들은 곧 하나님의 아들이라 15 너희는 다시 무서워하는 종의 영을 받지 아니하였고 양자의 영을 받았으므로 아바 아버지라 부르짖느니라 16 성령이 친히 우리 영으로 더불어 우리가 하나님의 자녀인 것을 증거하시나니 17 자녀이면 또한 후사 곧 하나님의 후사요 그리스도와 함께 한 후사니 우리가 그와 함께 영광을 받기 위하여 고난도 함께 받아야 될 것이니라

예수께서 십자가에 못박혀 돌아가심으로 우리를 구속하시고 그가 부활하심으로 믿는 우리 속에 그의 영을 넣어주셨으며 이로써 우리의 영이 거듭나게 되었습니다. 하나님의 영이 우리의 거듭난 영과 함께하심으로 하나가 되었습니다. 로마서 8:16에 "성령이 친히 우리 영으로 더불어 우리가 하나님의 자녀인 것을 증거" 하신다는 말씀을 보면 한 영으로 생각할 수 있습니다. 그러므로 로마서 8:5~6에 "영을 좇는 자는 영의 일을 생각하나니…… 영의 생각은 생명과 평안이니라"라는 말씀에서 영(the

Spirit)이란 성령과 우리의 영이 하나가 된 것을 나타내고 있습니다.

이 영을 우리는 속사람, 숨은 사람 또는 거듭난 사람이라고 합니다. 속사람은 영이기 때문에 영이신 하나님과 교통할 수 있으며 진리의 성령님과 교통합니다.

하나님은 거룩하십니다. 거룩하시기 때문에 우리의 죄 많은 겉사람과 교통하는 것이 아니라 깨끗해진 속사람과 교통하십니다. 속사람은 보이지 않습니다. 보이는 것은 잠깐이요 보이지 않는 것은 영원합니다(고후 4 : 18). 속사람은 성령님과 늘 함께하며 성령님의 가르침을 받고 인도함을 받고 위로함을 받아서 늘 주님 안에 거할 수 있습니다. 그러므로 그리스도인들은 육신을 따라 살 것이 아니라 영을 좇아 살아야 합니다.

> 그러므로 형제들아 우리가 빚진 자로되 육신에게
> 져서 육신대로 살 것이 아니니라(롬 8 : 12)

첫째, 속사람이 겉사람을 이기면 삽니다.

1) 영으로써 몸의 행실을 죽이면 삽니다.

하나님 앞에서 우리의 육신은 죄로 말미암아 이미 죽어야 했습니다. 그러나 거듭난 영인 속사람은 죽지 아니하는 영원한 것입니다. 우리가 빚진 자로 육신대로 살면 반드시 죽을 것이지만 영으로 몸의 행실을 죽이면 영원히 산다고 말씀하십니다.

> 너희가 육신대로 살면 반드시 죽을 것이로되 영
> (the Spirit)으로써 몸의 행실을 죽이면 살리니(롬
> 8 : 13)

육신적인 겉사람은 죄의 종이지만 속사람은 하나님을 섬기는 하나님의 자녀라고 말합니다. 그래서 겉사람으로 살면 반드시 죽을 것이로되 영으로 겉사람인 몸의 행실을 죽이면 영원히 사는 것입니다. 신령한 그리스도인이란 속사람이 겉사람을 이기는 사람을 말합니다. 속사람이 겉사람을 이길 수 있는 유일한 길은 하나님의 영의 도움이 절대 있어야 합니다. 하나님의 영의 도움을 받는 것은 곧 속사람이요 이 속사람이 하나님의 자녀가 되는 것입니다.

2) 속사람은 하나님의 영의 인도와 도움을 받습니다.

> 무릇 하나님의 영으로 인도함을 받는 그들은 곧 하나님의 아들이라(14절)

하나님의 영으로 인도함을 받는 것은 겉사람이 아닌 속사람이요 이 속사람이 하나님을 향해 아바 아버지라 부르짖는 것입니다.

> 너희는 다시 무서워하는 종의 영을 받지 아니하였고 양자의 영을 받았으므로 아바 아버지라 부르짖느니라(15절)

아바 아버지라 부르짖는 것은 겉사람이 아니라 속사람입니다('아바'란 아람어로 '아버지'라는 뜻으로 특별히 친밀한 관계를 나타내는 표현임). 속사람이 "아바 아버지"라 부를 때 영으로써 몸의 행실을 죽이므로 겉사람을 순종하는 자세로 하나님께 영광을 돌리게 되는 것입니다. 성령은 친히 우리의 영인 속사람과 더불어 하나님 자녀답게 일하게 하여 하나님 자녀인 것을 증거합니다.

성령이 친히 우리 영으로 더불어 우리가 하나님의
자녀인 것을 증거하시나니(16절)
The Spirit Himself bears witness with our spirit that
we are children of God.

3) 성령께서 속사람인 우리 영과 함께 일하십니다.

너희가 하나님의 성전인 것과 하나님의 성령이 너
회 안에 거하시는 것을 알지 못하느뇨(고전 3 : 16)

겉사람 안에 속사람이 거합니다. 성령께서 친히 속사람과 함께 일하고 있다는 것을 말해 주고 계십니다. 속사람도 말하고 찬양하고 춤추고 주님의 사랑을 나누어 주려고 합니다. 예수님을 믿는 사람은 속사람이 살아 있고 믿지 아니하는 사람의 속사람은 죽었습니다. 속사람이 죽은 사람은 겉사람의 것으로 생각하고 말하고 느끼는 모든 일을 다합니다.

겉사람의 주인은 혼이라 합니다. 혼의 중심은 이성이라 할 수 있습니다. 우리가 예수를 구주로 영접할 때 우리 속에 속사람이 탄생하지만 겉사람은 옛모습 그대로 있습니다. 우리가 느끼고, 의식하고, 생각하는 것은 모두 혼의 작용입니다.

4) 믿는 자는 양심을 따라 살아갑니다.

오늘날까지 내가 범사에 양심을 따라 하나님을 섬
겼노라(행 23 : 1)

사도 바울이 양심을 따라 하나님을 섬겼다는 것은 양심이 자기에게 율법이 되고, 양심이 자기에게 증거가 되어 흠 없이 하나님을 섬겼다는 말씀입니다. 유대의 제사장들에게 복음이나 예수 그리스도를 전파해도 잘 이해하지 못하기 때문에 양심을 따라 하나님을 섬겼노라고 말한 것입니다.

베드로가 이방인 고넬료의 집을 방문하여 복음을 전할 때에 놀라운 성령의 역사가 일어났습니다. 하나님을 경외하고 의를 행하는 사람은 하나님이 받으시는 줄 깨달았다고 증거했습니다(행 10:35). 이때 깨달음은 영적 깨달음입니다. 믿는 자의 양심은 속사람이요, 영입니다. 믿지 않는 자들에게는 대자연의 현상(롬 1:18~20)과 양심(롬 2:15)으로 하나님을 알 수 있게 해 주었는데도 그들의 생각이 허망하여져서 썩어지지 아니할 하나님의 영광을 썩어질 사람과 금수와 버러지 형상의 우상으로 바꾸어버렸습니다(롬 1:21~23). 그들의 결국은 죽음 밖에 없습니다.

둘째, 겉사람이 십자가에 죽어야 영적 교통이 됩니다.

그러면 어떻게 하나님의 성령과 내 속사람이 영적으로 교통할 수 있습니까? 쉽게 말해서 우리가 기도할 때 응답 받았다는 것을 어떻게 알 수 있습니까? 우리가 기도를 해도 응답을 잘 받지 못하는 이유는 겉사람으로 기도하기 때문입니다. 인간의 감정, 생각, 이성, 철학 및 세상 지식의 소리에 익숙해져 있기 때문에 우리 마음이 무디어져서 영의 소리, 즉 속사람의 소리를 듣지 못합니다. 이것을 성경은 세상의 죄의 유혹으로 마음이 "강퍅해졌다"(히 3:13)고 표현합니다. 이런 것들은 세상과 연관되어 있기 때문에 죄의 유혹으로 마음이 강퍅해진 것입니다. 강퍅해진 이 겉사람을 십자가에 못박아야 영의 소리를 들을 수 있습니다.

내가 그리스도와 함께 십자가에 못박혔나니 그런

> 즉 이제는 내가 산 것이 아니요 오직 내 안에 그리
> 스도께서 사신 것이라……(갈 2 : 20)

여기서 "나"는 육체적, 이성적인 것을 말합니다. 우리는 이러한 "나"를 전부 십자가에 못박아야 합니다. 예수 그리스도와 함께하는 것이 내 영인데 이 영이 주를 믿는 것이 곧 믿음입니다. 겉사람의 믿음은 세상적인 믿음입니다. 우리가 막연히 입으로 "믿습니다!" 하면 하나님의 역사가 일어나지 않습니다. 왜냐하면 하나님이 속사람인 영에게 믿음을 주셨기에 이 믿음이 겉사람을 깨고 나오기 전에는 겉사람의 믿음이지 영의 믿음이 아니기 때문입니다.

1) 믿음이 있어야 주님과 교통합니다.

내 영에 믿음이 있을 때 내가 주님과 함께하고, 주님과 교통할 수 있습니다.

육이 세상 것에 민감한 것처럼 영도 성령에 민감해야 합니다. 누가 내 이름을 언급하며 무슨 말을 하면 귀가 쫑긋해지고 내 기분이 조금만 거슬려도 언짢아지는데 이것은 영의 역사가 아니라 겉사람의 반응입니다.

우리는 이 모든 육의 일들을 십자가에 못박아야 합니다. 겉사람의 것이 살아 있는 한 영의 소리를 듣기가 힘듭니다. 영의 소리 가운데 하나가 방언 기도입니다.

> 내가 만일 방언으로 기도하면 나의 영이 기도하거
> 니와 나의 마음은 열매를 맺히지 못하리라(고전
> 14 : 14)

영의 열매가 있고 마음의 열매가 있습니다. 우리가 방언으로

기도하면 영의 열매를 맺고 알아듣는 말로 기도하면 마음의 열매를 맺습니다. 아이가 금방 태어나면 말을 하지 못하나 자라면서 계속 연습함으로 말에 익숙해지는 것처럼 방언 기도를 함으로써 주님과 교통이 더 잘되며 성령에 민감해집니다. 영이 열매를 맺는다는 것은 이와 같이 내 영이 주님과 깊이 교통하면서 점점 성숙해지는 것을 말합니다. 마음의 열매란 알아듣는 말로 마음으로 기도할 때 심령이 가난해지고 마음이 온유해지며 청결해지는 복된 마음이 되는 것을 말합니다.

많은 분들이 예배와 찬양을 드릴 때 자기의 기분, 지식 및 이성을 만족시키려고 하는데 그렇게 되면 하나님과의 영적 교통을 가질 수가 없고 영의 열매를 맺을 수 없습니다. 방언기도는 영의 열매를 맺는 도구이기도 합니다. 방언을 계속할수록 성령의 도움으로 속사람이 강건하게 됩니다.

> 그 영광의 풍성을 따라 그의 성령으로 말미암아 너희 속사람을 능력으로 강건하게 하옵시며(엡 3 : 16)

2) 겉사람의 문을 열어야 합니다.

속사람과 겉사람은 서로 자기 일을 하려고 계속 투쟁합니다. 속사람은 성령의 일을, 겉사람은 육의 일을 생각합니다. 성령의 일을 이루기 위해서는 겉사람이 문을 열어야 합니다. 겉사람의 문이 열리기 위해서는 마음의 문이 열려야 합니다.

> 볼지어다 내가 문밖에 서서 두드리노니 누구든지 내 음성을 듣고 문을 열면 내가 그에게로 들어가 그로 더불어 먹고 그는 나로 더불어 먹으리라(계 3 : 20)

이 약속의 말씀을 믿고 마음의 문을 열어야 속사람이 나타날 수 있고 속사람의 능력을 기대할 수 있습니다. 어떻게 문을 열수가 있습니까? 성령을 좇아 행하면 성령님이 나를 예수님과 함께 십자가에서 죽게 합니다.

> 내가 이르노니 너희는 성령을 좇아 행하라 그리하면 육체의 욕심을 이루지 아니하리라(갈 5 : 16)

그러나 성령을 좇아 행하는 것이 무엇인지 모르기 때문에 마음의 문을 열지 못하는 분들이 많습니다. 예수께서는 성령의 힘에 의하지 않고는 우리가 귀신을 쫓아내지 못한다고 말씀하셨습니다. 먼저 강한 자를 결박한 후에야 그 강한 자의 집에 들어가 그 세간을 늑탈할 수가 있습니다(마 12 : 28~29). 우리에게는 속사람과 겉사람이 있습니다. 속사람이 있어도 겉사람이 강하여 강팍하면 속사람이 겉사람을 지배하지 못하는 것입니다.

3) 성령 세례를 받아야 합니다.

이 겉사람을 십자가에 못박아야 하는데 이것이 쉬운 일이 아닙니다. 우리는 이를 위해 성령의 도움을 받아야 합니다. 친히 우리 영으로 더불어 우리가 하나님의 자녀인 것을 증거하시는 (롬 8 : 16) 성령님께 도움을 요청해야 합니다.

> 자녀들아 너희는 하나님께 속하였고 또 저희를 이기었나니 이는 너희 안에 계신 이가 세상에 있는 이보다 크심이라(요일 4 : 4)

좀더 쉽게 표현한다면 "너희"는 속사람이고 "저희"는 세상의 지배를 받는 겉사람으로도 생각할 수 있습니다. 성령은 창조주

이신 삼위일체 하나님의 한 위(位)이시기 때문에 겉사람을 지배하실 능력이 있습니다. 그러므로 성령 세례를 받아야 하는 것입니다. 성령 세례를 받아야 성령님의 인도하심으로 겉사람을 이겨 죄와 사망의 권세에서 해방될 수가 있습니다.

신경질, 고집, 이성, 철학 및 세상 지식은 겉사람을 통해 역사합니다. 겉사람이 완고하고 강하면 은혜받기 힘듭니다. 어떤 분은 꿈에 하나님의 음성도 듣고, 찬송도 듣고, 방언도 하는데 꿈을 깨고 나면 겉사람으로 돌아옵니다. 이런 분은 천성적으로는 부드러운 분인데 겉사람이 강퍅해져서 문이 열리지 않은 것입니다. 그래서 그들의 육과 이성이 잠을 잘 때 하나님께서 영을 통하여 역사하는 영몽을 꾸고 있는 것입니다. 우리는 육적인 것들을 십자가에 못박아야 합니다. 이런 일은 인간의 힘으로 되는 것이 아니라 성령의 도움을 받아야 합니다. 우리가 간구하면 성령께서 도와주십니다.

예수님은 약속하셨습니다.

> 구하라 그러면 너희에게 주실 것이요 찾으라 그러면 찾을 것이요 문을 두드리라 그러면 열릴 것이니라 구하는 이마다 받을 것이요 찾는 이가 찾을 것이요 두드리는 이에게 열릴 것이니라 너희 중에 아비된 자 누가 아들이 생선을 달라 하면 생선 대신에 뱀을 주며 알을 달라 하면 전갈을 주겠느냐 너희가 악할지라도 좋은 것을 자식에게 줄줄 알거든 하물며 너희 천부께서 구하는 자에게 성령을 주시지 않겠느냐(눅 11:9~13)

우리는 예수님의 약속을 믿고 성령님의 도움을 받으면 할 수 있습니다. 내게 능력 주시는 자 안에서 할 수 있는 것입니다(빌 4:13). 저는 성도들을 위해 기도해 줄 때 마음으로 십자가에 못박히신 예수님을 바라보라고 합니다. 성령의 도우심으로 마음속에 예수님의 십자가를 바라보며 기도하면 우리의 겉사람을 못박을 수 있게 됩니다. 진리의 성령께서 어떻게 도와 주시느냐 하면 내 속사람을 능력으로 강건케 해주시며 겉사람을 결박합니다. 강하신 성령이 우리 육체를 결박할 때 우리 육신의 힘이 빠지는 현상 속에서 하나님의 성령이 속사람과 교통하므로 마음의 평안이 옵니다.

셋째, 말씀으로 판단하는 신호등을 세워야 합니다.

오늘날 많은 사람들이 성경을 읽기는 하나 묵상은 잘 하지 않습니다. 성경을 묵상해야 우리 속사람에 신호등이 세워집니다.
우리는 신호등이 빨간 불이면 정지해야 하고, 노란 불이면 정지할 준비를 해야 하고 파란 불이면 전진해야 합니다. 우리의 속사람에게 이 신호등이 없기 때문에 우리가 기도의 응답을 받아도 분별하지 못하고, 그에 따르는 행동을 취하지 못할 때가 많습니다. 기도하고 간구할 때 응답이 오면 내 생각과 관념에 맞지 않아도 "주여 믿습니다!" 하고 전진해야 합니다. 이때 행함이 있는 믿음이 필요합니다. 그러나 신호등에 빨간 불이 오면 아무리 내 생각으로 이루어질 것 같아도 그대로 전진하면 사고가 납니다.
하루에 5분 정도라도 하나님의 말씀을 붙잡고 묵상할 때 그 영혼에 신호등이 세워집니다. 말씀을 묵상해야 신호등이 세워지고 세워진 신호등에서 파란 불이 켜지면 그 길이 형통하게 됩니다. 말씀묵상하는 것을 훈련하면 내 영혼에 신호등이 세워집니다.
그러면 어떤 때에 내 영혼에 파란 불이 켜지며 언제 행함이 있는 믿음으로 전진해야 합니까? 언제 파란 불이 켜진 것을 알 수 있겠습니까?

하나님의 말씀을 묵상할 때에 자기가 해야 할 일을 깨닫게 됩니다. 문제를 놓고 기도할 때 하나님은 그 문제에 필요한 성경 구절을 생각나게 하십니다. 시간의 여유를 가지고 조용히 하나님의 말씀을 깊이 묵상하는 중, 기도 중 또는 기도 후에 은밀한 하나님의 응답을 듣는 것이 필요합니다. 말씀 묵상이나 기도할 때에 육적이고 혼적인 것이 잠잠해진 후에 영의 응답이 온다는 사실을 알아야 합니다. 우리는 문제가 생기면 답답해지고 우왕좌왕하고 괴로워합니다. 이때 대부분의 사람들은 자기의 이성이나 경험으로 문제를 해결하려고 합니다. 믿는 성도들은 이런 식으로 문제를 해결할 것이 아니라 여러 방안을 놓고 주님께 기도하며 그 지시를 기다려야 합니다. 왜냐하면 마음의 경영은 사람에게 있으나 말의 응답은 하나님께서 하시기 때문입니다(잠 16:1).

이와 같이 말씀의 신호등이 세워지게 되면 성령의 역사하심에 따라 신호가 나타나게 되어 하나님과 교통이 잘 되게 되는 것입니다. 신호등의 훈련은 하나님의 은혜로 즉시 되는 경우도 있으나 말씀이 마음속에 잘 새겨져 영의 양식이 된 후에라야 되기도 합니다. 말씀의 신호등에 대하여는 다음 장에서 좀더 상세하게 설명하겠습니다.

지금까지의 말씀을 종합해본다면 하나님과의 교통을 위해서는 속사람이 성장해야 하며 반면에 겉사람인 혼적인 것은 주님의 십자가로 매일매일 죽여야 영적 교통이 이루어집니다. 우리의 속사람이 말씀과 기도를 통해 강건함을 받을 때에 주님의 십자가로 겉사람을 억제할 수 있으며 하나님과의 영적 교통이 이루어집니다. 하나님과의 영적 교통을 깊이 가지며 속사람에 말씀의 신호등을 세우기 위해, 하나님의 말씀을 많이 묵상함으로써 이 세상에서 그리스도의 빛으로 하나님께 영광을 돌릴 수 있게 되는 것입니다.

4. 말씀으로 세운 신호등

본문말씀 : 마태복음 13 : 10~23

10제자들이 예수께 나아와 가로되 어찌하여 저희에게 비유로 말씀하시나이까 **11**대답하여 가라사대 천국의 비밀을 아는 것이 너희에게는 허락되었으나 저희에게는 아니 되었나니 **12**무릇 있는 자는 받아 넉넉하게 되되 무릇 없는 자는 그 있는 것도 빼앗기리라 **13**그러므로 내가 저희에게 비유로 말하기는 저희가 보아도 보지 못하며 들어도 듣지 못하며 깨닫지 못함이니라 **14**이사야의 예언이 저희에게 이루었으니 일렀으되 너희가 듣기는 들어도 깨닫지 못할 것이요 보기는 보아도 알지 못하리라 **15**이 백성들의 마음이 완악하여져서 그 귀는 듣기에 둔하고 눈을 감았으니 이는 눈으로 보고 귀로 듣고 마음으로 깨달아 돌이켜 내게 고침을 받을까 두려워함이라 하였느니라 **16**그러나 너희 눈은 봄으로, 너희 귀는 들음으로 복이 있도다 **17**내가 진실로 너희에게 이르노니 많은 선지자와 의인이 너희 보는 것들을 보고자 하여도 보지 못하였고 너희 듣는 것들을 듣고자 하여도 듣지 못하였느니라 **18**그런즉 씨 뿌리는 비유를 들으라 **19**아무나 천국 말씀을 듣고 깨닫지 못할 때는 악한 자가 와서 그 마음에 뿌리운 것을 빼앗나니 이는 곧 길가에 뿌리운 자요 **20**돌밭에 뿌리웠다는 것은 말씀을 듣고 즉시 기쁨으로 받되 **21**그 속에 뿌리가 없어 잠시 견디다가 말씀을

인하여 환난이나 핍박이 일어나는 때에는 곧 넘어
지는 자요 22가시떨기에 뿌리웠다는 것은 말씀을
들으나 세상의 염려와 재리의 유혹에 말씀이 막혀
결실치 못하는 자요 23좋은 땅에 뿌리웠다는 것은
말씀을 듣고 깨닫는 자니 결실하여 혹 백배, 혹 육
십배, 혹 삼십배가 되느니라 하시더라

    많은 사람들은 그들에게 필요한 것을 육체의 생각과 방법으로 구합니다. 그러나 육체를 따라 생각하고 요구하는 것은 썩어질 것밖에 없다고 성경은 말합니다(갈 6 : 8). 육신의 생각과 마음의 생각은 분명히 다른 것입니다. 마음으로는 하나님의 법을, 육신으로는 죄의 법을 섬긴다(롬 7 : 25)고 할 때 마음은 곧 속사람으로서 성령께서 친히 함께하십니다(롬 8 : 16). 그 속사람이 성령님과 함께 행하는 일의 결과는 영생과 평안입니다. 그러나 죄를 섬기는 육신의 일의 결과는 사망이외에 다른 것이 없습니다.
    교회에 출석하는 사람들 중 설교를 들을 때 육적인 겉사람의 지식이나 감정에 맞으면 말씀이 좋다고 하나 실은 속사람과 관계가 없을 때도 있습니다. 이와 같은 경우 겉사람의 사상이 더 강하여지므로 속사람을 위한 영의 말씀을 이해하기에 더 힘이 드는 경우가 되어 버립니다. 겉사람의 지식 때문에 영의 말씀을 이해하지 못하여 영적인 것을 거역함으로써 외식하는 사람, 회칠한 무덤이 되기 쉽습니다. 우리는 겉사람이 후패(朽敗)할지라도 우리의 속사람이 소생하고 자라서 그 속사람이 겉으로 나타나야 하나님께서 기뻐하십니다.

        육신을 좇는 자는 육신의 일을, 영을 좇는 자는 영
      의 일을 생각하나니 육신의 생각은 사망이요 영의

50 속사람

> 생각은 생명과 평안이니라(롬 8 : 5~6)

 "육으로 난 것은 육이요 성령으로 난 것은 영"(요 3 : 6)이기 때문에 육과 영은 완전히 분리되어 있습니다. 그래서 우리는 영적인 그리스도인이 되어야 합니다. 성령께서는 죽어야 할 육신과 함께 일하시지 않고 영과 더불어 역사하십니다.

> 성령이 친히 우리 영으로 더불어 우리가 하나님의
> 자녀인 것을 증거하시나니(롬 8 : 16)

 성령은 우리의 속사람을 통해 증거하고 속사람은 성령을 좇아 행합니다. 우리가 성령을 좇아 행할 때 영적 승리를 가져오게 되므로 육적 욕심을 이기는 승리 생활을 할 수 있게 되는 것입니다.

> 너희는 성령을 좇아 행하라 그리하면 육체의 욕심
> 을 이루지 아니하리라(갈 5 : 16)

 육신의 욕심은 사망입니다(약 1 : 15). 근심, 걱정, 괴로움, 눈물, 애통은 육신을 따라 옵니다. 육은 사탄이 와서 죄와 더불어 장난을 치는 곳이므로 하나님 나라를 유업으로 받지 못합니다(고전 15 : 50). 우리가 거듭날 때 외모, 체질, 성격 등 겉사람은 바뀌지 않은 채 속사람이 탄생합니다.
 속사람은 하나님께로 탄생되었고 성령님과 함께 일하므로 능치 못할 일이 없습니다.

> 자녀들아 너희는 하나님께 속하였고 또 저희를 이
> 기었나니 이는 너희 안에 계신 이가 세상에 있는 이

보다 크심이라(요일 4 : 4)

　　진리의 성령께서 우리의 속사람과 함께하는 역사가 겉사람보다 더 크고, 이 세상을 지배하고 있는 원수 마귀보다 더 위대한 일을 합니다. 속사람이 성령과 함께 겉사람을 이길 때에 예수 그리스도의 생명의 성령의 법이 죄와 사망의 법에서 우리를 해방시키는 것입니다(롬 8 : 2). 그런 즉 예수와 함께하면 정죄함이 없나니(롬 8 : 1), 속사람은 정죄함이 없습니다. 그래서 우리 속사람은 영원한 사람입니다.
　　그러면 속사람이 성령과 대화하는 것을 어떻게 알 수 있겠습니까? 속사람이 성령과 함께하며 겉사람을 이기고 세상을 이길 수 있는 길이 무엇입니까?
　　이 길을 우리에게 알게 해 주는 것이 곧 하나님의 말씀인 성경입니다. 그러나 성경을 읽고 기도를 하는 사람들 중에 기도의 응답을 받지 못하는 이유가 무엇인가? 타고난 천성은 세상적인 고로 죄를 범하기 쉬우며 이럴 경우 하나님으로부터 오는 좋은 것을 막아버리므로 내 심령속에 말씀이 새겨지지 않기 때문입니다. 즉, 내 속사람 속에 하나님의 말씀이 새겨 있지 못하고 육적인 우리의 생각의 바탕 위에 하나님의 말씀을 두기 때문입니다. 하나님의 말씀이 마음판에 새겨질 때 환경이 아무리 어렵더라도 하나님께서 속사람을 통하여 응답의 기쁨을 주십니다. 그러므로 속사람을 통하여 하나님의 응답을 받기 위해서는 말씀의 신호등을 세워야 합니다.

첫째, 말씀을 묵상하여 신호등을 세우십시오.

　　그러면 어떻게 나의 속사람이 주님과 교통하는지를 알 수 있습니까? 어떻게 이것이 주님과 교통하는 속사람의 반응임을 확인할 수 있습니까? 자동차가 달릴 때 신호등이 빨간 불이면 서고 파란 불이면 달립니다. 우리의 속사람에도 이런 신호등을 세워야 합니다. 어떻게 세웁니까? 하나님의 말씀을 묵상해야 합니다. 말씀을 묵상하는 것이 신호등을 세우는 것입니다. 성경구절을 계속 묵상하면 그 말씀이 내 영에 새겨지므로 신호등이 세워지는 것입니다.

> 복 있는 사람은 악인의 꾀를 좇지 아니하며 죄인의 길에 서지 아니하며 오만한 자의 자리에 앉지 아니하고 오직 여호와의 율법을 즐거워하여 그 율법을 주야로 묵상하는 자로다 저는 시냇가에 심은 나무가 시절을 좇아 과실을 맺으며 그 잎사귀가 마르지 아니함 같으니 그 행사가 다 형통하리로다(시 1:1~3)

1) 말씀을 묵상하고 지켜 행하면 형통하게 됩니다.

여호와의 율법을 주야로 묵상하고 즐거워하는 자가 복 있는 자라고 했습니다. 말씀을 묵상하지 않고 교회에 와서 그저 "믿습니다!" 하는 것은 참 믿음이 아닙니다. 여호와의 말씀을 묵상하면 마음이 시원해지고 진리가 솟아남을 알 수 있습니다. 내 영을 통하여 내 생활에 열매를 맺습니다. 입술에도 열매를 맺습니다. 잎사귀가 시들지 않듯이 늘 생기가 있습니다. 또 그 행사가 다 형통하게 됩니다. 형통은 내가 잡으려고 해서 잡아지는 것이 아니라 말씀을 묵상함으로써 따라오게 되는 것이 하나님의 은혜입니다. 주님의 말씀을 묵상하면 믿음이 생깁니다.

> 믿음은 들음에서 나며 들음은 그리스도의 말씀으로 말미암았느니라(롬 10:17)

성경 전체를 이해하기 위해서는 통독이 필요합니다. 그러나 전체적인 줄거리를 파악하신 후에 성경구절을 놓고 묵상해야 합니다. 읽다가 마음에 닿는 구절은 반복해서 읽고 그 의미를 되새겨 봐야 합니다. 여호와께서 모세에게 하신 것과 같이 여호수아에게 형통의 방법을 가르쳐 준 것이 있습니다. 여호와의 방법을 따르면 "네가 밟는 땅은 모두 너와 너의 후손의 것이 되리라"고 약속했습니다. 그 방법이 무엇입니까?

> 이 율법책을 네 입에서 떠나지 말게 하며 주야로 그 것을 묵상하여 그 가운데 기록한대로 다 지켜 행하라 그리하면 네 길이 평탄하게 될 것이라 네가 형통하리라(수 1:8)

여호수아가 여호와의 말씀을 듣고 묵상하며 실천할 때 그가 밟은 땅은 다 그와 그의 후손의 것이 되었습니다. 능력받는 방법은 율법책을 입에서 떠나게 하지 말며 주야로 묵상하며 기록한대로 다 지켜 행하는 것입니다. 말씀을 묵상하고 지켜 행하면 만사가 평탄해지며 형통합니다.

말씀을 묵상하고 말씀을 지켜 행하는 일은 양말을 신고 신을 신는 것과 같습니다. 말씀을 뒷전으로 하고 행위가 앞서는 것은 신을 먼저 신고 양말을 신는 격이 됩니다. 항상 여호와의 말씀 묵상이 앞서야 하고 행동은 그 다음입니다. 레위기 11장에는 되새김질 못하는 동물을 먹지 말라고 합니다. 말씀을 되새김질하여 묵상하는 자를 하나님은 기뻐하신다는 뜻입니다.

2) 말씀을 묵상하면 평안과 기쁨의 생수가 솟아납니다.

하나님의 말씀을 묵상하면 내 속에 신호등이 생깁니다. 많은 분들이 기도 응답을 분별하지 못하는 것은 이 신호등이 없기 때문입니다. 자기 마음대로 주장하기 때문입니다. 신호등을 세워 놓고 기도하면 많은 역사가 일어납니다. 말씀은 내 속사람의 양식입니다. 말씀을 묵상하는 것은 양이 푸른 초장에서 풀을 먹고 살이 찌는 것과 같습니다. 말씀을 묵상하는 마음은 쉴 만한 물 가가 되기에 그 마음에 평안이 깃들 뿐만 아니라 속에서 생수가 흘러납니다.

> 여호와는 나의 목자시니 내가 부족함이 없으리로다
> 그가 나를 푸른 초장에 누이시며 쉴 만한 물 가으로
> 인도하시는도다(시 23 : 1~2)

 여호와의 말씀이 내게 푸른 초장이 되고 쉴 만한 물가가 되기 때문에, 내 영혼이 그 말씀의 꼴을 먹고 물을 마시면 평안해집니다. 말씀이 푸른 초장이 되고 푸른 신호등이 될 때 내 마음에 말할 수 없는 평안과 기쁨이 솟아납니다. 기도 중이거나 기도 후 이 평안함이 오면 파란 불이 켜졌으므로 "주여, 믿습니다!" 하고 달리게 될 때 그 일이 형통합니다. 마음에 평안과 생수의 기쁨이 나타나는 것이 무엇을 뜻합니까?

> 또 새 영을 너희 속에 두고 새 마음을 너희에게 주
> 되 너희 육신에서 굳은 마음을 제하고 부드러운 마
> 음을 줄 것이며(겔 36 : 26)
> 평안을 너희에게 끼치노니 곧 나의 평안을 너희에
> 게 주노라 내가 너희에게 주는 것은 세상이 주는 것
> 같지 아니하니라(요 14 : 27)

3) 마음에 파란 불이 켜지는 것이 기도의 응답입니다.
 주위 여건이 아무리 어렵더라도 속사람에 파란 불이 켜지면

마음이 평안할 뿐만 아니라, 악착스런 생각이 없어지고 부드러워집니다.

　마음에 파란 불이 켜지는 것이 기도의 응답입니다. 응답이 왔을 때 주저하면 안 됩니다. 갈까 말까, 진짜일까, 가짜일까 하며 망서리다가는 오히려 사고가 납니다. 이때야말로 "주여, 믿습니다!" 하고 자동차의 액셀러레이터를 힘있게 밟는 것과 같이 일을 추진해야 합니다. 하지만 운전은 어디까지나 겸손하고 온유하며 조심스럽게 해야 합니다. 양털 방석이 깔린 푸근한 운전대에 앉아 평안한 마음으로 운전하십시오. 이렇게 믿고 가시면 하나님께서 모든 것을 다 채워주시기로 약속했습니다.

　　　　나의 하나님이 그리스도 예수 안에서 영광 가운데
　　　　그 풍성한 대로 너희 모든 쓸 것을 채우시리라(빌 4 : 19)

사도 요한이 말씀하기를,

　　　　사랑하는 자여, 내 영혼이 잘됨 같이 네가 범사에
　　　　잘되고 강건하기를 내가 간구하노라(요삼 1 : 2)

다윗은 시편 23편에서 간증하였습니다.

　　　　주께서……기름으로 내 머리에 바르셨으니 내 잔이
　　　　넘치나이다(시 23 : 5)

　4) 파란 불이 오면 믿음으로 전진하십시오.
　이것이 성경에서 일반적으로 말하는 기도의 응답입니다. 믿음이 이때 필요합니다. 파란 불이 켜졌을 때 주저하면 사고가 납니다. 하나님의 말씀을 묵상하고 심중에 파란 불이 들어올 때는 믿음으로 지켜 행하는 것이 중요합니다.

> 네가 보거니와 믿음이 그의 행함과 함께 일하고 행함으로 믿음이 온전케 되었느니라(약 2 : 22)

예수께서 "네 믿음대로 될지어다" 하실 때의 그 믿음이 이때 필요합니다. 이 믿음은 혼적인 것이 아니라 영적 믿음임을 알아야 합니다.

둘째, 하나님께서 응답하시는 파란 불은 어떠한 것일까요?

1) 속사람에게 부드러움이 오며 마음이 편안해집니다.
어떤 사람은 마음의 계획도 하지 않고, 막연히 "주여, 믿습니다!"라고 기도할 때가 많습니다. 한 처녀가 하나님께 아무라도 좋으니 신랑감 하나 보내달라고 했습니다. 그랬더니 하나님께서 "코 없는 사람도 괜찮겠느냐?"고 물으셨습니다. 처녀는 "하나님 너무 하십니다"라고 대답했습니다. 하나님은 "네가 아무라도 좋으니 보내달라고 하지 않았느냐?" 하고 말씀하셨다는 이야기가 있습니다.

많은 사람들이 기도하는 대로 달라고 원해 놓고 정작 하나님께서 주시면, 아니라고 합니다. 그래서 기도할 때에도 계획은 내가 하고 응답은 하나님으로부터 받아야 하는 것입니다. 계획을 하고 하나하나 세밀하게 기도할 때 내 마음이 부드러워지면서 편안하고 온유해지면 그 길은 하나님께서 주시는 길이요, 이것이 바로 파란 불임을 아는 첫째 방법입니다.

속사람에서 부드러움이 오는 것은 마치 솜방석 위에 앉은 것과 같습니다. 기도, 찬양 및 예배시 붕 뜨는 느낌이 드는 것은 육적인 소욕이 죽으면서 영적 관계 속에서 주님께서 기뻐하시며 파란 불을 켜 주시고 전진하라는 말씀으로 이해할 수 있는 것입니다.

즉 하나님의 말씀과 내 속사람이 일치가 될 때 내가 가야 할 길이 성경말씀과 일치가 되는 것이며, 이때 파란 불이 켜진 것입니다. 이때에는 "주여, 믿습니다!" 하고 힘차게 전진해야 합니다. 그러면 하나님께서 이스라엘의 열조에게 주신 꿀과 젖이 흐르는 땅과 같은 복을 우리에게 내려주십니다. 하나님은 우리가 잘못 되기를 원치 않으십니다. 잘못 되는 것은 우리가 잘못 생각하고 잘못 결정했기 때문입니다. 그래서 우리는 육체의 굳은 마음을 제거하기 위하여 늘 기도해야 합니다.

속사람의 신호등에 파란 불이 켜졌을 때 우리 생각과 다르다고 다른 길을 택하면 문제가 생깁니다. 겉사람과 속사람은 깨닫는 것이 다릅니다. 예수님을 믿는 근본은 겉사람이 아닌 속사람이기 때문에 겉사람의 두뇌가 중심이 아닙니다. 그래서 머리가 별로 좋지 않아도 예수를 잘 믿는 사람이 많습니다. 머리가 좋은 사람이라야 예수를 잘 믿는 것은 아니기 때문입니다. 왜냐하면 믿음은 속사람으로 믿는 것이지 겉사람으로 믿는 것이 아니기 때문입니다. 우리 속사람을 통하여 믿는 믿음은 속사람을 통하여 오므로 속사람이 역사할 때는 예수께서 네 믿음대로 되리라 하셨습니다.

2) 속사람에게 깨달음이 옵니다.

속사람에게 깨달음으로 응답이 옵니다. 속사람이 깨닫는 것은 육적인 감각, 지적인 생각 또는 심리적 현상이 아닙니다. 고린도전서 14 : 19에 "그러나 교회에서 네가 남을 가르치기 위하여 깨달은 마음으로 다섯 마디 말을 하는 것이 일만 마디 방언으로 말하는 것보다 나으리라" 한 말씀에서 깨달은 마음이란 속사람으로 하나님의 말씀을 깨달은 것을 말합니다. 우리에게 오는 영적인 체험은 겉사람을 통해 시작되는 것이 아니라 속사람을 통해 시작되어 겉사람에게 영향이 가서 어떤 현상이 나타나는 것입니다.

속사람이 깨닫는 것은 성령님의 역사로 되는 것이기에 속사람을 통하여 깨닫는 체험은 쉽게 잊어버리지 않습니다. 그래서 깨달은 마음으로 다섯 마디 말할 때는 깨닫게 해주시는 성령께서 역사하심으로 듣는 자에게 감동이 일어나게 됩니다. 성령의 역사가 없이 자기 말로 즉 자기도 깨닫지 못한 말로 수천 마디 설교를 하여도 별로 효과가 없습니다. 사도 바울은 "내 말과 내 전도함이 지혜의 권하는 말로 하지 아니하고 다만 성령의 나타남과 능력으로"(고전 2:4) 한다고 했습니다.

전도할 때 지혜의 권하는 말, 즉 인간의 말로 하지 않고 성령의 나타남과 능력으로 하여 내 마음에 깨달은 말로 증거할 때에 성령께서 역사해 주십니다. 이런 깨달음은 인간적, 지적, 육적인 것이 아니요 속사람의 신호등에 파란 불이 켜진 것이니 파란 불인 것을 믿고 달리면 됩니다.

이 속사람이 깨달은 것대로 행하면 열매를 맺게 됩니다.

> 이 복음이 이미 너희에게 이르매 너희가 듣고 참으로 하나님의 은혜를 깨달은 날부터 너희 중에서와 같이 또한 온 천하에서도 열매를 맺어 자라는도다
> (골 1:6)

머리의 지식이나 인간의 의지로 열매를 맺는 것이 아니라 우리의 속사람이 하나님의 말씀을 듣고 깨달을 때 열매를 맺어 자라는 것입니다. 목사님들이 예배 마지막에 축도할 때 성령의 감화 감동이란 말을 합니다. 성령의 감화 감동은 육적인 것도, 심

리적인 것도, 지적인 것도 아니요, 오직 성령께서 내 속사람에게 깨달음을 주시는 것입니다. 즉, 속사람의 깨달음을 성령의 감동이라 합니다. 육적인 자기의 느낌, 자기의 생각과 맞으니 성령의 감동이라 하고 그대로 행한다면 그것은 잘못된 것입니다. 진정한 성령의 감동은 속사람을 통해서 오는 것이며 신호등에 파란 불이 켜진 것이므로 이때는 힘차게 전진하면 형통하게 됩니다.

파란 불은 성령께서 우리와 동업하는 것입니다. "코이노니아"는 "교통한다, 동업한다"는 뜻입니다. 성령은 우리의 겉사람인 지식, 지혜와 동업하는 것이 아니라 우리의 속사람과 동업하는 것입니다.

* 말씀을 깨닫는 것

우리가 하나님의 말씀을 듣고 깨닫지 못하는 것은 성령과 교통이 없기에 즉시 악한 자가 빼앗아갔다는 것입니다.

> 아무나 천국 말씀을 듣고 깨닫지 못할 때는 악한 자
> 가 와서 그 마음에 뿌리운 것을 빼앗나니 이는 곧
> 길가에 뿌리운 자요(마 13 : 19)

길가에 떨어진 말씀은 새들이 주워먹는다고 했습니다. 여기서 새는 사단을 뜻합니다. 말씀을 듣고도 속사람에게 가지 않고 육에 떨어지면 육은 죄를 섬기기 때문에 사단이 주는 죄가 즉시 말씀을 빼앗아갑니다.

말씀이 돌밭에 떨어지면 들을 때는 기쁘나 뿌리가 없어 즉시 말라버립니다. 돌밭의 돌은 세상적인 것이며 미움, 질투, 시기, 불안, 초조 등입니다. 마음속에 이런 것들이 자리잡고 있으면 하나님의 말씀을 듣고도 곧 뿌리가 말라버립니다.

가시밭에 떨어진 말씀은 하나님의 말씀을 듣고 자라기는 해도 세상의 염려가 뿌리의 영양가를 흡수해버리므로 열매를 맺지 못합니다.

마지막으로, 말씀이 옥토에 떨어지면 삼십 배, 육십 배, 백 배의 열매를 맺습니다. 위의 말씀에서 열매를 맺지 못하는 이유는 하나님의 말씀을 들을 때 육신적인 소욕이 막으므로 속사람에게 전달되지 못하여 깨닫지 못하기 때문입니다. 하나님의 말씀은 지성적, 육적 두뇌로 해석되는 것이 아니라 성령의 감동과 영감으로 해석되어야 하며 또한 성령의 감동으로 깨달음이 와야 열매를 맺습니다.

* 옥토란 무엇입니까?

그러면 옥토란 무엇입니까? 옥토가 무엇이기에 성령께서 함께 일하시며, 우리로 하여금 하나님의 말씀을 깨닫게 하고 파란 불이 잘 켜져서 형통의 축복을 받게 하는가?

> 좋은 땅에 있다는 것은 착하고 좋은 마음으로 말씀
> 을 듣고 지키어 인내로 결실하는 자니라(눅 8 : 15)

여기서 옥토는 좋은 머리, 좋은 생각이 아니라 좋은 마음, 즉 우리의 속사람에게 말씀의 씨가 떨어져서 인내로 결실하는 자라고 합니다. 겉사람이 아닌 속사람이 옥토입니다. 옥토에 떨어지면 분명히 삼십 배, 육십 배, 백 배의 결실을 맺습니다. 왜 나는 일을 하더라도 약속한 만큼의 결실을 맺지 못하고 자꾸 어려움에 부딪칩니까? 바울 사도는 결실치 못하는 이유를 사도행전에서 자세히 말했습니다.

> 여러 날이 걸려 금식하는 절기가 지났으므로 행선
> 하기가 위태한지라 바울이 저희를 권하여 말하되
> 여러분이여 내가 보니(깨달으니) 이번 행선이 하물
> 과 배만 아니라 우리 생명에도 타격과 많은 손해가
> 있으리라 하되 백부장이 선장과 선주의 말을 바울
> 의 말보다 더 믿더라(행 27 : 9~11)

바울 사도가 예루살렘에서 체포되어 로마로 재판을 받으러 배를 타고 가던 중에 파도 때문에 미항에서 배가 멈추었습니다. 그때 사도 바울이 어떤 현상이나 계시를 받았기 때문에 백부장에게 출항을 연기할 것을 요구했습니까? 아닙니다. 그의 속사람으로 "보니" 속사람으로 "깨달아" 출항 연기를 부탁했습니다. 사도 바울은 깨달은 바 있어 출항 중지를 건의했습니다. 그러나 백부장은 인간적인 경험이 많은 선장의 말을 듣고 출항했다가 유라굴로라는 광풍을 만나 모든 화물을 바다에 버렸을 뿐만 아니라 배도 파손되고 열나흘 동안 바다 가운데서 헤맸습니다. 인간의 지혜로는 항해에 경험 많은 선장의 말을 듣는 것이 당연한 것이었습니다. 오늘날 많은 분들이 인간의 경험에 귀를 기울이고 속사람을 통해서 주시는 성령의 음성에 귀를 기울이지 않기 때문에 낭패를 당하는 수가 허다합니다. 우리는 오랫동안 지혜롭고 타산적인 겉사람에 의지해 왔기 때문에 속사람이 둔해져 있습니다. 우리 겉사람의 경험에 의지하지 말고 속사람의 깨달음으로 형통하는 복을 받아야 하겠습니다.

어떤 때에 내 속사람의 신호등에 불이 켜진 것을 알 수 있습니까?

3) 내 속에서 생기가 솟아납니다.

파란 불이 켜지면 내 속에서 생기가 솟아나면서 피곤했던 육체도 가벼워지며 힘이 납니다. 이런 것들은 내 머리에서 나오는 것이 아니라 내 속사람으로부터 올라옵니다. 속에서 올라오는 힘의 역사는 인간의 지혜와는 너무나도 다릅니다. 이것이 바로 내 속에 생기가 역사하는 것입니다.

이 현상을 성경은 여호와께서 주시는 새 힘이라고 말합니다.

> 오직 여호와를 앙망하는 자는 새 힘을 얻으리니 독수리의 날개치며 올라감같을 것이요 달음박질하여도 곤비치 아니하겠고 걸어가도 피곤치 아니하리로다(사 40 : 31)

이때는 우리의 지식과 경험으로는 안 될 것같아도 "주여, 믿습니다!" 하고 전진하면 형통하게 됩니다.

내 속에서 생기가 솟아나면 몸에 힘이 생기고 머리는 갑자기 맑아집니다. 이런 경우에도 인간의 머리로 계산을 하기 쉽습니다. 육의 생각을 버리고 달려가시기 바랍니다. 이것은 깨달은 마음에 오는 하나님의 복이지 깨달은 머리에 오는 것이 아닙니다. 이런 경우 우리는 삼십 배, 육십 배, 백 배의 결실을 얻게 됩니다. 이 진리를 세상살이에 잘 적용하면 우리는 풍성한 열매를 맺는 삶을 살아 하나님께 영광을 돌려드릴 수 있는 것입니다.

5. 세미한 음성

본문말씀 : 열왕기상 19:9~14

9엘리야가 그곳 굴에 들어가 거기서 유하더니 여호와의 말씀이 저에게 임하여 이르시되 엘리야야 네가 어찌하여 여기 있느냐 10저가 대답하되 내가 만군의 하나님 여호와를 위하여 열심이 특심하오니 이는 이스라엘 자손이 주의 언약을 버리고 주의 단을 헐며 칼로 주의 선지자들을 죽였음이오며 오직 나만 남았거늘 저희가 내 생명을 찾아 취하려 하나이다 11여호와께서 가라사대 너는 나가서 여호와의 앞에서 산에 섰으라 하시더니 여호와께서 지나가시는데 여호와의 앞에 크고 강한 바람이 산을 가르고 바위를 부수나 바람 가운데 여호와께서 계시지 아니하며 바람 후에 지진이 있으나 지진 가운데도 여호와께서 계시지 아니하며 12또 지진 후에 불이 있으나 불 가운데도 여호와께서 계시지 아니하더니 불 후에 세미한 소리가 있는지라 13엘리야가 듣고 겉옷으로 얼굴을 가리우고 나가 굴 어귀에 서매 소리가 있어 저에게 임하여 가라사대 엘리야야 네가 어찌하여 여기 있느냐 14저가 대답하되 내가 만군의 하나님 여호와를 위하여 열심이 특심하오니 이는 이스라엘 자손이 주의 언약을 버리고 주의 단을 헐며 칼로 주의 선지자들을 죽였음이오며 오직 나만 남았거늘 저희가 내 생명을 찾아 취하려 하나이다.

지금까지 말씀드린 것을 요약하면 다음과 같습니다.

우리에게는 속사람과 겉사람이 있습니다. 겉사람은 눈에 보이지만 속사람은 보이지 않습니다. 우리는 속사람을 알아야 신령과 진정으로 예배드릴 수 있고 구원을 받았다는 것이 무엇인지 알게 됩니다. 성령은 속사람과 함께 일을 하십니다(롬 8 : 16). 죄는 겉사람과 일하며 사망을 낳습니다(롬 7 : 18~25). 우리가 거듭났다고 하는 것은 겉사람이 아니라 우리가 예수 그리스도를 믿을 때 하나님께로부터 난 자인 영, 즉 속사람을 두고 말씀합니다. 거듭나는 것은 성령으로 되었습니다. 성령이 믿는 자를 예수 그리스도의 십자가로 인도하여 예수 그리스도와 함께 죽게 하고 부활에 동참하게 하여 거듭나게 합니다. 그래서 예수께서 요한복음 3 : 5에 말씀하시기를

> 진실로 진실로 네게 이르노니 사람이 물과 성령으
> 로 나지 아니하면 하나님 나라에 들어갈 수 없느니라

뿐만 아니라 베드로전서 1 : 23에서는,

> 너희가 거듭난 것이 썩어질 씨로 된 것이 아니요 썩
> 지 아니할 씨로 된 것이니 하나님의 살아 있고 항상
> 있는 말씀으로 되었느니라

위의 두 구절이 거듭난 것을 잘 설명해 주고 있습니다. 성령이 역사하실 때는 하나님의 말씀을 가지고 하십니다. 다시 말씀드리면, 성령이 복음의 말씀을 들고 우리의 영에서 일한 소산이 영생입니다. 그래서 "성령으로 난 것은 영이니"(요 3 : 6)라고 한 것입니다. 성령께서 하나님의 말씀을 들고 우리 속에서 역사하실 때에 우리가 거듭난다는 것입니다. 우리가 하나님의 말씀을

들을 때 또한 믿음이 생깁니다.

> 그러므로 믿음은 들음에서 나며 들음은 그리스도의
> 말씀으로 말미암았느니라(롬 10:17)

하나님의 말씀을 들을 때 생겨나는 믿음으로 말미암아 예수께서 우리 안에 거하게 되는 통로가 되며 예수께서 우리 안에서 일하시게 되는 것입니다.

> 성령으로 말미암아 너희 속사람을 능력으로 강건하
> 게 하옵시며 믿음으로 말미암아 그리스도께서 너희
> 마음에 계시게 하옵시고 너희가 사랑 가운데서 뿌
> 리가 박히고 터가 굳어져서(엡 3:16~17)

첫째, 속사람은 하나님의 말씀을 먹음으로 강건해집니다.

이같이 탄생된 속사람이 믿음으로 하나님의 말씀을 받아 먹음으로 성장하여 강건해지며 범사에 잘됩니다.

> 갓난 아이들같이 순전하고 신령한 젖을 사모하라
> 이는 이로 말미암아 너희로 구원에 이르도록 자라
> 게 하려 함이라(벧전 2:2)

> 그 영광의 풍성을 따라 그의 성령으로 말미암아 너
> 희 속사람을 능력으로 강건하게 하옵시며(엡 3:16)

속사람이 성장하며 강건하여 하나님의 뜻을 따라 예수 그리스도의 형상을 닮아 내 영과 혼과 육이 온전해지는 것을 가리켜 구원을 이룬다고 합니다. 그래서 사도 바울은 말씀하기를,

> ……두렵고 떨림으로 너희 구원을 이루라(work out your salvation:NKJV) (빌 2 : 12)

이것은 곧 성화의 과정을 의미합니다.
성령으로 말미암아 예수 그리스도의 십자가의 보혈 속에서 태어난 속사람은 혈과 육으로 된 것이 아닌 하나님께로 난 자이기에 죄가 없습니다.

> 영접하는 자 곧 그 이름을 믿는 자들에게는 하나님의 자녀가 되는 권세를 주셨으니(요 1 : 12)

> 하나님께로서 난 자마다 죄를 짓지 아니하나니 이는 하나님의 씨가 그의 속에 거함이요 저도 범죄치 못하는 것은 하나님께로서 났음이라(요일 3 : 9)

1) 속사람의 양식은 하나님의 말씀입니다.
속사람의 양식은 하나님의 말씀입니다. 이 말씀이 살았고 운동력이 있기에 죄가 속사람에게 침범할 수 없도록 보호하고 있습니다.

> 하나님의 말씀은 살았고 운동력이 있어 좌우에 날선 어떤 검보다도 예리하여 혼과 영과 및 관절과 골수를 찔러 쪼개기까지 하며 또 마음의 생각과 뜻을 감찰하나니(히 4 : 12)

> 하나님께로서 난 자마다 범죄치 아니하는 줄을 우리가 아노라 하나님께로서 나신 자가 저를 지키시매 악한 자가 저를 만지지도 못하느니라(요일 5 : 18)

하나님의 말씀이 사람의 속사람 안에서 역사함으로 악한 자가 만지지도 못하는고로 속사람에게는 평안과 생명이 있는 것입니다.

영의 생각은 생명과 평안이니라(롬 8 : 6)

속사람이 생명의 말씀을 먹고 사니 자연 그 속에서 생명이 약동하여 하나님께 영광을 돌리게 됩니다. 속사람이 생명의 말씀을 먹지 못하면 힘을 잃어버립니다. 우리가 꼭 알아야 하는 한 가지는 하나님의 말씀이 영이며 생명이기에 속사람과 관계되어 있다는 사실입니다.

살리는 것은 영이니 육은 무익하니라 내가 너희에게 이른 말이 영이요 생명이라(요 6 : 63)

2) 꿀보다 더 단 생명의 말씀

생명의 말씀이 속사람에게 들어갈 때 영에게 생명이 되고 기쁨이 되고 능력이 됩니다. 주린 영혼에게 생명의 말씀은 배고플 때의 맛있는 음식과 같아 꿀과 꿀송이보다 더 단 것임을 알게 됩니다. 다윗은 주린 영혼에게 생명의 말씀이 임할 때의 기쁨을 이렇게 표현했습니다.

금 곧 많은 정금보다 더 사모할 것이며 꿀과 송이꿀
보다 더 달도다(시 19 : 10)

주의 말씀의 맛이 내게 어찌 그리 단지요 내 입에
꿀보다 더하니이다(시 119 : 103)

또한 아가서에서는 다음과 같이 기록되어 있습니다.

68 속사람

> 네 입술에서는 꿀방울이 떨어지고 네 혀밑에는 꿀
> 과 젖이 있고(아 4 : 11)

꿀이 있다는 것은 말씀이 맛이 있다는 것이며, 젖이 있다는 것은 상대편에게 힘을 주고 성장시킬 수 있는 말씀의 능력이 있음을 의미합니다.

3) 속사람을 통한 입술의 말에는 불이 있습니다.

속사람이 성령으로 말미암아 능력으로 강건해진 사람들의 입술에서 나오는 말에는 불이 있습니다. 불은 소멸하는 역사, 능력의 역사 및 화목의 역사가 있습니다. 속사람의 말에는 힘이 있고 추진력이 있습니다. 이 속사람이 하나님과 교통을 합니다. 인간의 혼, 지식, 감정이 하나님과 교통하는 것이 아닙니다. 우리의 속사람에 말씀의 신호등을 세우고 파란 불이 켜질 때 비록 내 이성과 감정에 맞지 않아도 전진하면 하늘의 복이 임합니다. 다윗은 그 기쁨을 이렇게 표현했습니다.

> 주께서……기름으로 내 머리에 바르셨으니 내 잔이
> 넘치나이다(시 23 : 5)

다윗은 그의 속사람에 신호등이 세워졌던 것입니다. 다윗은 이스라엘 군사 모두가 블레셋의 골리앗을 두려워하여 떨고 있을 때 매끄러운 돌 다섯 개로 그와 맞섰습니다. 사울 왕은 전쟁터에 한 번도 나간 적이 없는 이 소년이 골리앗을 대적하려고 나섰을 때 심기가 편하지 못했습니다. 그러나 다윗은 만군의 여호와를 대적하는 악의 두목을 여호와께서 제거해주실 줄 믿고 사울 왕이 주는 갑옷과 검을 버리고 돌 하나로 쳐서 죽였습니다 (삼상 17 : 49). 다윗의 속사람의 신호등에 파란 불이 켜졌으므로,

상대편을 두려워하지 않고 믿고 전진했을 때 하나님께서 대신 싸움을 치러주신 것입니다.

우리의 환경이 아무리 어렵더라도 하나님께서 파란 불로 응답하시면 마음에 평안함과 부드러움과 확신이 옵니다.

신호등에 파란 불을 어떻게 알 수 있습니까? 하나님께 기도함으로써 하나님과 교통을 할 수 있습니다. 기도로써 교통하는 방법은 성경에 세 가지가 있습니다. 마음으로 기도하고, 영으로 기도(고전 14 : 14~15)하고, 성령으로 기도(유 1 : 20)합니다.

둘째, 속사람은 기도로써 하나님과 교통합니다.

우리는 보통 기도를 마음으로 합니다. 마음(mind), 즉 우리의 의식으로 기도하는 것입니다. 마음으로 기도하면 마음이 열매를 맺고, 영(spirit)으로 기도하면 영이 열매를 맺으며, 성령(Holy Spirit)으로 기도하면 마음과 영이 열매를 맺습니다.

속사람, 즉 영이 기도하는 것을 방언 기도라고 합니다. 방언 기도는 사람에게 하는 것이 아니라 하나님께 하는 것입니다(고전 14 : 2). 따라서 마음으로는 알지 못하고 다른 사람들도 알아듣지 못합니다. 이 방언 기도는 영에는 도움이 되나 마음에는 도움이 되지 않습니다. 그러므로 영으로 기도하는 사람은 마음에도 열매를 맺을 수 있도록 방언 통역의 은사를 구하라고 성경은 말합니다(고전 14 : 13).

방언 기도는 하나님께 하므로 자기의 속사람이 능력으로 강건해지는 복이 옵니다. 그래서 사도 바울은 속사람이 강건해지기 위해 누구보다도 방언 기도를 많이 한다고 했습니다(고전 14 : 18).

마음으로 기도하면 생각이 하나님의 말씀을 따라갈 수 있는 길이 열려집니다. 내 생각이 하나님의 말씀을 따라가야만 하는

데 가지 못하면 내 속사람과 겉사람 사이에 문제가 생겨 여러 가지 혼란이 옵니다. 그러므로 우리는 마음뿐만 아니라 영으로도 기도해야 합니다. 방언 기도를 많이 할 때 우리는 알아듣지 못하나 하나님은 알아들으시고 영이 원하는 바를 하나님이 응답해 주십니다. 영에 응답이 오면 마음에 영향을 주어 범사에 잘 되는 복을 받을 수 있습니다. 그래서 요한 3서 2절에 "사랑하는 자여 네 영혼이 잘됨같이 네가 범사에 잘되고 강건하기를 내가 간구하노라" 했습니다.

미국 교인 중에서는 방언을 하면 통역을 하는 사람들이 많습니다. 그러나 우리 한국인 중에서는 방언 통역하는 분들이 귀합니다. 왜냐하면, 하나님께서 주신 이 은사의 중요성을 가르쳐주지 않았고, 일부 교계에서 막아 소멸시켰기 때문입니다. 방언 통역이란 무엇입니까? 자신이나 다른 사람이 방언을 말할 때 그 뜻이 무엇인지 성령으로 인해 알게 되는 것입니다. 이 생각을 입을 열어 말하면 그때부터 주님께서 직접 주장해 주십니다.

성경에 이렇게 설명되어 있습니다.

> 모든 지각에 뛰어난 하나님의 평강이 그리스도 예수 안에서 너희 마음과 생각을 지키시리라(빌 4:7)

세상에는 뜻 없는 소리가 없으므로(고전 14:10) 주께서 우리의 마음과 생각을 주장하셔서 분명한 의미를 깨닫게 해주십니다.

셋째, 방언 통역은 곧 예언이 되기도 합니다.

방언을 통역할 수 있는 분은 예언의 은사를 동시에 할 수도 있습니다. 왜냐하면 성령은 우리의 영과 함께 우리에게 하나님의 일을 알려주고 장래 일을 알려주시기 때문입니다(요

16 : 13~14). 방언 기도를 할 때 방언의 뜻이 자기의 생각으로 들어오는 때에 바로 입을 열어 말하면 그것이 통역입니다. 대부분의 사람들은 이때 뭔가 잘못된 것이 아닌가 하고 의심하기 때문에 그 은사를 받지 못합니다. 또 체면을 존중하는 우리의 유교 사상으로 인해 다른 사람에게 나타내기를 꺼려합니다. 이제 하나님의 말씀을 깨닫게 되었으니 말씀에 따라 강하고 담대하여 성령의 역사하심대로 훈련을 받아 하나님의 복을 누릴 줄 아시기를 진심으로 바랍니다.

방언의 통역이 예언이 되기도 하는데, 이 예언은 우리 마음속에 숨은 것을 드러내고 장래 것을 알려 주고 문제 해결의 열쇠도 됩니다. 우리의 모든 기도는 응답을 받습니다. 철없는 어린 아이가 칼을 갖고 놀려고 할 때에 어머니가 주지 아니하는 것이 당연한 것입니다. 마찬가지로 하나님이 보시기에 우리에게 해가 되는 것을 주시지 아니하는 것도 응답입니다.

그러나 어떤 사람이 범죄하는 것을 알려 주는 통역이 오면 조심해야 합니다. 받은 것을 다른 사람에게 알림으로서 문제가 되어 마귀의 장난에 빠지게 됩니다. 이 경우에는 은사가 잘못된 것이 아니라 취급을 잘못했기 때문입니다. 자기의 권위와 자랑을 나타내려는 자신의 교만 때문입니다. 기도하면서 오직 본인에게만 주님이 주신 것을 그대로 이야기해 줄 때 그 사람 마음속에 숨은 것이 드러나면 본인이 회개하고 새사람으로 바뀌어집니다(고전 14:25).

넷째, 하나님의 사랑으로 예언해야 합니다.

그러면 어떻게 예언이 하나님으로부터 온 것인 줄 확신하는가?

사도 바울은 사랑을 따라 예언하기를 힘쓰라고 말합니다(고전

14 : 1). 예언하는 자의 인격이 주님의 사랑에 젖어 있어야 합니다. 구약에 나타난 예언자는 한결같이 하나님의 사랑에 젖어져 이스라엘 민족을 위하여 눈물흘린 사람들이었습니다. 하나님은 사랑이시기에 하나님의 사랑없는 예언은 있을 수 없습니다. 사랑이 있기에 예언하는 자는 교회에 덕을 세우고 듣는 자도 교회에 덕을 세워야 합니다(고전 14 : 2~4). 예언하는 사람은 상대편을 야단치는 것이 아니라 권면해야 합니다. 하나님께로부터 온 예언은 꾸중하고 책망하기 전에 권면과 안위가 있습니다(고전 14 : 3 ; 참고 : 계 2, 3장). 성령은 꾸중하는 자가 아니라 위로자—보혜사(Comforter)—입니다. 하나님께서는 칭찬 가운데서 내 잘못을 깨닫게 해주십니다. 위로 가운데서 내 잘못을 깨닫게 하셔서 스스로 회개하도록 하십니다. 이것이 하나님이 하시는 사랑의 방법입니다.

　방언은 사람에게 하는 것이 아니라 하나님께 하는 것입니다. 그러나 예언은 하나님으로부터 받아서 사람에게 하는 것입니다. 예언은 사랑을 따라 모두에게 덕을 세워야 합니다. 이와 같이 교회에는 방언하는 자, 방언 통역자 및 예언자가 있어야 합니다. 왜냐하면 우리 모두는 그리스도의 지체로 각 지체가 받은 은사가 다르기 때문입니다. 그러나 지체는 머리되신 그리스도께 모두 소속되어 있기에 상호 협조 관계가 잘 이루어져야 합니다.

다섯째, 방언은 은사 중 하나입니다.

　방언을 처음 할 때는 속에서 솟구쳐 나와 안하려고 입을 막아도 계속하게 되는 경우가 있습니다. 더러는 어린 아기가 말 배우는 식으로 한 마디씩 하는 사람도 있습니다. 이런 경우 의심하기도 하는데 이런 식으로도 방언이 나온다는 것을 염두에 두십시오. 열심히 방언 기도를 하면 우리의 마음과 의식이 잠잠해지고 세상 것에 대한 염려가 점점 사라지면서 영적인 사람으로 바꾸어집니다. 그러므로 사도 바울이 누구보다도 방언을 더 많이 한다고 한 것처럼(고전 14 : 18) 여러분도 방언 기도를 많이 할 수 있어야 되겠습니다.

　방언 기도를 탐탁치 않게 생각하는 분들은 일만 마디 알아듣지 못하는 말보다 알아듣는 다섯 마디가 낫다고 하는데 이것은 바른 해석이 아닙니다. 고린도전서 14:19을 보면 "그러나 교회에서 네가 남을 가르치기 위하여 깨달은 마음으로 다섯 마디 말을 하는 것이 일만 마디 방언으로 말하는 것보다 나으니라"라고 하였는데, 이 말씀은 방언 기도에 적용되는 것이 아니라 "남을 가르칠 때" 깨달은 다섯 마디가 일만 마디 방언보다 훨씬 낫다는 뜻입니다. 남을 가르칠 때 알아듣지 못하는 방언으로 하면 무슨 소용이 있겠습니까? 이와 같이 이 구절은 방언을 금지하는 구절이 아니므로 잘못된 이론적인 비판에 귀 기울이지 마시기 바랍니다.

　어떤 분들은 방언을 못하면 구원받지 못했다고 하는데 이것도 잘못된 생각입니다. 구원받음과 방언을 말함은 별개의 것입니다. 또한 어떤 분들은 방언 못하면 성령 세례 못받았다고 하는데 이것도 성경적이 아닙니다. 성령 세례받은 많은 사람들이 방언을 하기도 합니다만 그러나 못하는 사람들도 있습니다.

　바울 사도가 지체에 대하여 말씀하면서,

> 너희는 그리스도의 몸이요 지체의 각 부분이라 하나님이 교회 중에 몇을 세우셨으니 첫째는 사도요 둘째는 선지자요 세째는 교사요 그 다음은 능력이요 그 다음은 병 고치는 은사와 서로 돕는 것과 다스리는 것과 각종 방언을 하는 것이라(고전 12 : 27~28)

74 속사람

특히 30절에 "……다 방언을 말하는 자겠느냐" 한 것은 못하는 성도도 있다는 것입니다. 방언은 은사 중 하나입니다(고전 12:10).

여섯째, 성령으로 하는 기도의 역사 (役事)

성령으로 기도할 때는 영과 마음과 육이 하나가 되어 역사합니다. 성령으로 기도할 때, 즉 성령의 새 술에 취하여 기도하는 것같이 내 생각이 아닌데도 기도가 나오는데 이때는 마치 수도 꼭지를 틀 때에 물이 쏟아져 나오는 것처럼 기도가 나옵니다. 이때의 기도는 얼마나 은혜가 되고 좋은지 모릅니다. 한번은 어떤 환자들을 위해 기도하는데 갑자기 성령으로 기도가 나오면서 기도받는 분들에게 역사가 일어났습니다. 그중의 한 분이 축농증으로 15년 동안 매일 약을 먹고 고생을 해왔는데 깨끗이 나았습니다.

한번은 저녁 예배를 마치고 돌아와서 피곤하여 잠자리에 들었는데도 저의 영이 계속 기도하는 것이었습니다. 이때 저는 육신이 있는 인간이니까 영도 좀 쉬게 해달라고 간절히 기도했습니다. 그러나 저의 영이 계속 찬송하며 기도하므로 저는 뜬눈으로 꼬박 새웠습니다. 피곤한 가운데서도 속에서 찬송이 계속 흘러나왔습니다. 피곤한 몸을 이끌고 새벽 예배에 나와서 찬송을 부르는데 놀라운 기적이 일어나는 것을 보았습니다. 저는 제 생각과 하나님의 생각이 완전히 다른 것을 깨달았습니다. 속사람이 겉사람을 이길 때 주님과 저 사이에 큰 교통이 있음을 깨달았습니다. 그러므로 마음으로, 영으로, 성령으로 기도하며 하나님과 교통을 갖는 복이 모든 성도들에게 있기를 바랍니다.

일곱째, 예언에는 두 가지가 있습니다.

예언에도 두 가지가 있습니다. 선지자적인 은사를 받은 사람과 기도의 응답으로 성령의 역사로 인하여 종종 예언하는 경우가 있습니다. 선지자적인 은사로 받은 사람은 성령의 교통으로 필요할 때마다 예언하게 되는 것입니다. 영적으로 주님과 깊이 교제하는 사람들은 육신적인 면과 혼적인 면이 잠잠합니다. 육신적인 것과 혼적인 것이 강해지는 것은 세상 뉴스에 관심이 많기 때문이며 따라서 육적이고 혼적인 것이 잠잠해야 주님과 나와의 교통이 깊어집니다. 내 육신이 살았고 머리가 세상 일로 복잡해지면 내 영은 점점 약해집니다. 그러나 영적으로 깊이 들어갈수록 세상일에 관심이 적어집니다.

여덟째, 하나님과 교통하는 방법

하나님과 교통하는 방법에 대하여 생각해보겠습니다.
기도로 주님과 교통하는 이외에 어떻게 하나님으로부터 세미한 음성을 듣습니까? 성경 본문에 엘리야 선지는 하나님께 대한 열심이 특심하다고 하였습니다. 또한 엘리야는 하나님과의 영적 교통이 더 깊고 많기 때문에 더 많은 핍박을 받았습니다. 사도 바울이 디모데에게 한 말씀을 보면 "오직 하나님의 능력을 좇아 복음과 함께 고난을 받으라"(딤후 1:8) 하였고, 또한 갈라디아 교회에도 말씀하기를 "그때에 육체를 따라 난 자가 성령을 따라 난 자를 핍박한 것같이 이제도 그러하도다"(갈 4:29) 하였습니다.
아합 왕의 부인 이세벨에게서 도망한 엘리야는 호렙산 동굴에서 기도하던 중 주님의 세미한 음성을 들었습니다. 이때 하나님이 임재하시는 기적이 일어났습니다.

　본문 말씀 열왕기상 19 : 11~12을 다시 보면, 많은 사람들이 12절 후반에 있는 "……불 후에 세미한 소리가 있는지라" 하신 말씀을 두고 조용한 가운데 하나님이 역사하신다고 하면서, 예배 시간에 큰 소리로 통성 기도하고 찬송을 크게 하면서 손들고 손뼉치는 것을 비난합니다.

　위의 말씀을 보충 설명하기 위해서 출애굽기 19 : 16~19을 보면 하나님께서 모세에게 임재하실 때 일어난 역사가 기록되어 있습니다. 모세와의 대화 이전에 우뢰와 번개가 치고, 구름이 산을 둘러싸고 진동이 일며 나팔 소리가 점점 커지는 가운데 불 가운데서 하나님이 임하셨습니다. 비슷한 현상이 마가의 다락방에 모인 120 문도에게도 일어났습니다(행 2 : 1~4). 성령이 급하고 강한 바람과 불의 형상으로 임하시자 모두가 성령의 충만함을 받았습니다.

　나라는 존재, 내 자아에 하나님의 진리의 역사가 운행할 때에 진동이 일어나고 우뢰, 번개, 바람이 일어나고 또는 불의 역사가 일어나는 것은 내 자아가 깨어지는 것을 나타낸다고 해석할 수도 있습니다. 물론 진동이나, 불이나, 바람과 같은 급하고 강한 역사 없이도 성경 말씀을 통하여 자아가 깨어질 수도 있고 점진적으로 자아가 변화될 수도 있습니다. 자아가 깨어지면 나의 속사람이 주님과 교통할 수 있고 주님의 세미한 음성을 들을 수가 있습니다.

　저는 어느날 새벽 기도회에 가기 전에 육신이 너무 피곤하여 '주님, 한 시간만 더 자게 해주십시요' 하였을 때 주님께서 세미한 음성으로 "일어나라, 빛을 발하라"(사 60 : 1) 하신 말씀을 들은 적이 있습니다. 제가 목사가 되지 않으려고 하였을 때에도 주님께서는 세미한 음성으로 들려주신 적이 있었습니다.

> 너희 믿음이 사람의 지혜에 있지 아니하고 다만 하
> 나님의 능력에 있게 하려 하였노라(고전 2 : 5)

그리고 자세하게 저에게 설명하여 주셨습니다. 그때 저는 세미한 음성이 무엇인지 몰랐습니다. 그러면서 주님께서 저를 말씀 속으로 한걸음 한걸음 깊이 들어갈 수 있도록 성령을 통하여 역사해 주셨습니다. 그러던 어느날 주님께서 골고다 언덕에 십자가를 내려 놓으시는 마지막 장면을 보여 주시면서 저에게 주신 세미한 음성을 기억합니다. 주님은 십자가에 못박히기 직전 비참한 모습으로 "나는 너를 위해 몸버려 피 흘리건만 너는 나를 위하여 무얼 하느냐?"고 말씀하셨을 때 저는 목이 메어 울고 말았습니다.

아홉째, 세미한 음성을 들읍시다.

세미한 음성에도 두 가지가 있습니다. 나의 속사람이 말하는 세미한 음성이 있고, 하나님께서 말씀하시는 세미한 음성이 있습니다. 속사람의 세미한 음성은 성령과 함께한 내 속사람이 감동을 받아 나에게 전달하는 것입니다. 이때에 나에게는 피곤했던 육체에 새 힘이 소생하는 생기가 역사됩니다. 이 힘으로 내가 승리를 하게 됩니다. 속사람이 하는 것은 성경 말씀과 일치하므로 사단의 장난과 구별이 됩니다.

또한 성경 말씀을 나에게 적용시킬 때 내 욕심을 위하여 하는 것인지 하나님의 영광을 위하여 하는 것인지 잘 구별해야 합니다. 이런 이유 때문에라도 우리는 성경을 많이 읽어야 하고 성령의 감동하심을 바로 받아 깨달음이 많아야 합니다.

6. 자기 목숨이란?

본문말씀 : 마태복음 10 : 34～39

³⁴내가 세상에 화평을 주러 온 줄로 생각지 말라 화평이 아니요 검을 주러 왔노라 ³⁵내가 온 것은 사람이 그 아비와, 딸이 어미와, 며느리가 시어미와 불화하게 하려 함이니 ³⁶사람의 원수가 자기 집안 식구리라 ³⁷아비나 어미를 나보다 더 사랑하는 자는 내게 합당치 아니하고 아들이나 딸을 나보다 더 사랑하는 자도 내게 합당치 아니하고 ³⁸또 자기 십자가를 지고 나를 좇지 않는 자도 내게 합당치 아니하니라 ³⁹자기 목숨을 얻는 자는 잃을 것이요 나를 위하여 자기의 목숨을 잃는 자는 얻으리라

지금까지 우리는 죄로 인하여 어떻게 우리의 영이 죽었으며 죽은 우리의 영이 예수 그리스도에 의해 어떻게 탄생되었는가? 어떻게 성장하며 어떻게 하나님과 교통하는가? 그리고 어떻게 기도의 응답을 받을 수가 있는가에 대하여 살펴보았습니다. 하나님은 영이시기에 예수를 믿는 것도 영적으로 믿어야 하고 신령과 진정으로 하나님께 예배드려야 합니다. 하나님은 영이시기에 사람의 외모를 보지 아니하시고 심령을 보십니다.

첫째, 하나님은 우리의 영과 교통하십니다.

하나님은 영이시기에 우리의 영과 교통하시지 육과 교통하시지 않습니다. 하나님은 영인 속사람과 교통하면서 하나님 나라가 확장되기를 원하십니다. 그러나 사단은 육을 통해 우리를 공격하고 우리를 사망의 권세 아래 두려고 합니다. 이 사실을 좀 더 잘 이해하기 위해 이번에는 영인 속사람의 외부에 있는 혼에 대해서 살펴보고자 합니다.

본문 마태복음 10 : 39에서 예수께서 "자기 목숨을 얻는 자는 잃을 것이요 나를 위하여 자기 목숨을 잃는 자는 얻으리라" 하신 '목숨'이란 무엇입니까? 왜 어떤 분들은 방언도 하고, 예배도 열심히 드리고, 교회 일에 힘들여 봉사하지만 믿지 않는 사람보다 나은 것이 없고 오히려 그리스도인들을 욕보입니까? 왜 몇십 년을 믿어도 생활에 변화가 없습니까? 우리가 혼적인 일을 이해하면 이들에 대한 해답을 얻을 수 있습니다.

하나님께서 사람을 창조하실 때의 과정을 살펴보면 이해가 빠릅니다.

> 여호와 하나님이 흙으로 사람을 지으시고 생기를 그 코에 불어 넣으시니 사람이 생령이 된지라(창 2 : 7)

흙은 우리의 몸이요, 하나님의 호흡은 성령, 즉 영을 의미합니다. 하나님의 영이 사람에게 들어옴으로써 사람이 하나님과 동행할 수 있었고 사람의 중심이 육이 아닌 영이었기에 영적 사람과 하나님이 교통할 수 있었습니다. 이후 하나님께서는 에덴 동산의 많은 과실 중에 선악을 알게 하는 나무의 실과는 먹지 말라고 명령하셨습니다.

둘째, 인간의 범죄로 영이 죽게 되었습니다.

그러나 마귀요 사단인 뱀이 유혹했습니다. 사단이 하와를 유혹하여 아담과 하와로 하여금 선악과를 먹게 하고는 이들을 자기 사람으로 만들었습니다. 즉 하나님께서 아담에게 하신 말씀 "선악을 알게 하는 나무의 실과는 먹지 말라 네가 먹는 날에는 정녕 죽으리라" 하신 것에 순종치 아니하고 뱀의 유혹에 의하여 선악을 알게 하는 실과를 먹음으로 사단의 종이 되고 말았습니다. 창세기 2:17에 "정녕 죽으리라"고 하나님이 말씀하셨을 때 죽는다는 것은 하나님의 영이 그들에게서 떠나간다는 말씀입니다. 성경은 이렇게 기록했습니다.

　　　나의 신(神, Spirit)이 영원히 사람과 함께 아니하리
　　　니 이는 그들이 육체가 됨이라(창 6:3)

셋째, 영의 죽음이란 하나님과의 교통이 끊어진 것입니다.

사람이 선악과를 먹은 후, 육체의 사람이 됨으로써 하나님이 그 신을 거두어가셨습니다. 하나님의 신, 곧 성령이 떠남으로 인간의 영은 하나님과 교통하지 못하게 되었습니다. 이런 것을 하나님 앞에서 죽은 사람이라 합니다. 우리 영이 하나님과 교통이 끊어지는 순간 영적 사람이 죄의 사람, 육의 사람으로 바뀌었습니다. 첫사람 아담이 하나님께 범죄함으로 하나님의 신이 육체가 된 사람으로부터 떠나게 되어 혼도 몸도 죽게 되었습니다.

　　　모든 영혼(souls)이 다 내게 속한지라 아비의 영혼
　　　(soul)이 내게 속함 같이 아들의 영혼(soul)도 내게
　　　속하였나니 범죄하는 그 영혼(soul)이 죽으리라(겔

18:4)

넷째, 영이 죽음으로 혼도 육도 죽게 되었습니다.

여기서 '영혼', 즉 혼(soul)이 죽는다는 말은 영이 하나님과의 교통이 끊어짐으로 자연히 혼도 하나님과 교통이 없어진다는 말이며, 따라서 육도 하나님과 교통이 없어지게 되는 것입니다.
죄로 인해 사람의 영은 죽었어도 혼은 이 세상에 있는 동안 아직 살아 있습니다. 이 혼이 동물에게도 생명이요 사람에게도 생명입니다.

다섯째, 예수님을 영접함으로써 죽었던 영이 다시 삽니다.

우리가 예수님을 구주로 영접할 때 성령의 능력으로 죽었던 영이 다시 살아납니다. 이때 예수 그리스도의 십자가의 보혈로 우리의 모든 죄가 단번에 용서됩니다. 이것은 내 힘으로나 능력으로 되는 것이 아니라 하나님의 초자연적인 능력으로 이루어지는 것입니다. 우리가 예수님을 구주로 받아들일 때 성령의 역사로 죽었던 영이 새로 살아남으로써 가능한 것입니다. 이 사람을 거듭난 사람, 즉 속사람이라 합니다. 이 속사람은 썩지 않고 쇠하지 아니하므로 사람이 죽는 순간 이 속사람은 하늘 나라에 가는 것입니다.
우리는 죄의 후손으로 태어났으므로, 부모가 예수를 믿는다 하여 나의 육신의 사람도 예수를 믿으며 태어나는 것은 아닙니다. 부모가 천당 간다고 자식이 가는 것도 아닙니다. 구원은 하나님과 나와 1대 1의 관계이지 부모님의 구원과 이어지는 관계가 아닙니다. 아담의 후손인 우리는 죄의 사람, 즉 하나님과 교통이 없는 혼적인 사람으로 태어납니다. 따라서 부모의 신앙으로 자식을 잘 가르쳐 자식에게 예수를 영접하게 하여 구원을 받게 해야 합니다. 부모의 신앙이 자식에게 주는 영향이 큰 것입니다.

고린도전서 7:14을 보면, 부모가 거룩해지면 자식도 거룩해지며 부모가 거룩치 않으면 자식도 거룩해지지 않는데 그 이유는 부모의 믿음이 자식에게 영향을 주기 때문입니다. 부모 중 한 사람만 예수를 믿을 때 자식이 예수 믿는 쪽으로 가면 거룩해지고, 믿지 않는 쪽으로 가면 거룩해지지 않습니다. 또 한 가지 알 수 있는 것은, 부모가 예수 그리스도 안에서 거룩해진 가정에서 태어난 어린 아이는 부모의 영향을 받아 예수를 영접하게 되어 거룩해지는 것입니다.

> 믿지 아니하는 남편이 아내로 인하여 거룩하게 되고 믿지 아니하는 아내가 남편으로 인하여 거룩하게 되나니 그렇지 아니하면 너희 자녀도 깨끗치 못하니라(고전 7:14)

여섯째, 우리의 목숨이란 혼을 말합니다.

우리가 말하는 목숨이란 우리의 영을 두고 하는 말이 아닙니다. 마태복음 10:39에 있는 "목숨"은 사람의 생명으로, 우리의 혼을 두고 말합니다. 혼은 타고난 천성입니다. 영이 거듭나서 속사람이 생길 때 혼과 몸이 거듭나는 것은 아닙니다. 영이 거듭나더라도 혼적인 사람은 그대로 있습니다. 그래서 예수를 믿어도 성품과 기질은 그대로 있습니다. 예수를 믿지 않는 자들도 혼적인 생명이 있습니다. 이 혼에는 인간이 타고난 에너지, 즉 힘이 있습니다. 실생활에서 혼을 통해 힘이 공급되며 혼도 몸 안에서 활동합니다.

혼은 언제나 자기 중심입니다. 자기 중심의 혼은 모든 일을 자기 중심적으로 생각하므로 변덕이 있습니다. 그래서 혼적으로 생각하는 사람들은 변덕이 많습니다. 이와 같이 혼적으로 생각하는 사람들은 자기 중심이기에 하나님 앞에서 교만합니다.

많은 사람들이 예수를 믿고 자신이 죽었다 해도 행동이 교만할 때가 있습니다. 혼이 작용하기 때문입니다. 예를 들면 개가 밥을 먹을 때는 자기 욕심 때문에 건드리면 사납게 행동합니다. 그러나 자기를 사랑해 줄 때는 꼬리를 흔들며 온순해집니다. 혼적인 상태는 늘 자기 중심적으로 움직이기 때문에 변덕스러워 거칠 수도 있고, 조용할 수도 있고, 악할 수도 있고, 선할 수도 있습니다.

일곱째, 혼적인 목숨을 죽이고자 하는 자는 삽니다.

본문 마태복음 10:39에서 말하는 목숨은 혼입니다. 자기의 혼적인 목숨을 가지려 하면 죽을 것이며, 죽고자 하면 산다고 합니다. 본문 37절에서, 아비나 어미나 아들이나 딸을 더 사랑하는 자는 주님께 합당치 않다고 하셨는데 그 이유는 무엇입니까? 예수 믿는 자나 안 믿는 자나 모두 혼이 있으므로 가족을 사랑하는 것은 당연한 것입니다. 동물도 혼이 있기에, 사람이 자기 자식을 사랑하듯 동물도 자기 새끼를 사랑하는 것이 당연한 이치입니다. 이러한 사랑은 하나님과의 교통이 없는 혼에서 나오는 사랑이므로, 죽은(하나님과 교통이 없는) 사람이 죽은 사람을 사랑하는 것과 같습니다. 부모 자식간의 사랑은 혼적인 사랑입니다. 거듭나지 않은 혼으로 사랑하는 것은 일시적이며 순간적인 것입니다. 예수께서 가버나움에서 사역하실 때 제자들이 예수께 예수님의 모친과 형제들이 찾아왔다고 하자 예수께서는 이렇게 대답하셨습니다.

> 대답하시되 누가 내 모친이며 동생들이냐 하시고
> 둘러 앉은 자들을 둘러 보시며 가라사대 내 모친과
> 내 동생들을 보라 누구든지 하나님의 뜻대로 하는
> 자는 내 형제요 자매요 모친이니라(막 3:33~35)

여덟째, 혼적인 사랑은 일시적입니다.

예수께서 "누가 내 모친이며 동생들이냐" 하실 때 이 말씀은 혼적인 것과 육적인 것을 무시하고 영적인 말씀을 하신 것입니다. 하나님의 뜻대로 하는 자가 내 형제요, 자매요, 모친이라 하는 것은 그 속에 영이 살아나서 영적으로 주님을 사랑하고 영적으로 부모 형제를 사랑하는 자라야 내 부모 형제라는 뜻입니다. 우리의 사랑이 인간적인 것인가 하나님의 뜻에 의한 것인가에 따라 그 성격이 다릅니다. 하나님의 뜻대로 하지 않는 사랑은 혼적인 사랑입니다. 혼적인 사랑은 일시적이요 순간적입니다. 성경은 혼적인 사랑이 아닌 하나님의 사랑이 우리 마음에 부은 바 되어야 한다고 가르치고 있습니다.

> 우리에게 주신 성령으로 말미암아 하나님의 사랑이
> 우리 마음에 부은 바 됨이니(롬 5:5)

아홉째, 하나님의 사랑으로 사랑해야 참 사랑을 할 수 있습니다.

성령으로 말미암아 하나님의 사랑이 내 속에 들어와서 그 사랑으로 부모와 자식이 사랑할 때 자기의 목숨을 버린 자가 되는 것입니다. 오늘날 자식의 노예가 된 부모들이 너무나 많습니다. 이들은 혈적인 사랑으로 자식을 사랑하고 있는 것입니다. 이런 사랑에는 하나님의 사랑이 나타날 수 없습니다. 혈적인 사랑을 버리고 하나님의 사랑 가운데서 자식을 돌볼 때에 하나님이 책임져 주십니다. 우리는 이러한 하나님의 사랑으로 부모 자식 형제 자매 및 이웃을 사랑해야 합니다. 하나님의 사랑이 내 마음에 임하여 부모와 자식과 이웃을 사랑할 때 하나님의 영광이 나타납니다.

> 그런즉 너희가 먹든지 마시든지 무엇을 하든지 다
> 하나님의 영광을 위하여 하라(고전 10:31)

우리의 모든 생활이 하나님에 의해서, 하나님을 위해서, 하나님의 사랑 안에서 행해질 때 하나님께서 기쁘게 받아주십니다. 그렇지 않고 혈적으로 사랑하려는 자는 자기 중심적이기 때문에 자기 목숨을 잃어버리게 됩니다. 하나님의 사랑이 나타나면 희생적인 사랑이 나타나는데 거기에는 영원한 생명이 있습니다.

믿음의 조상 아브라함의 경우를 생각해 보겠습니다. 백 세에 낳은 독자 이삭을 제물로 바치라고 하나님의 명령을 받았을 때 아브라함의 심정이 어떠했을까요? 사람의 말로는 표현할 수가 없었을 것입니다. 그런데 하나님은 75세에 주겠다고 한 아들을 25년이 지난 백 세 때 주시고, 그 독자 이삭을 산 제물로 바치라고 명령하신 것입니다. 하나님이 보시기에 아브라함의 이삭에 대한 사랑은 혈적인 사랑이었습니다. 고슴도치같은 짐승도 혈적인 사랑으로 자기 새끼를 사랑하여 보호합니다. 하나님은 아브라함의 영적인 사랑이 혈적인 사랑보다 앞서기를 원했기 때문에 이삭을 바치라고 명령하신 것입니다.

열째, 혼이 영에 순종할 때 기적이 나타납니다.

우리가 하나님의 사랑 안에서 혼적인 것을 죽여야 영적인 것이 소생할 수 있습니다. 영은 혼안에 있으므로 혼이 순종되어 영이 나타날 때 이적과 기사와 표적이 따릅니다. 하나님은 우리의 혼적인 것이 완전히 영적인 것에 따르기를 원하십니다.

하나님께서는 저를 미국으로 불러주시고 신학 공부를 7년간 하게 하신 후 하나님의 일을 하기를 원하셨습니다. 그후 목회를 하면서 성령의 인도로 산에 가서 금식 기도 생활을 통해 은혜받고 사역할 때 세상이나 그 안에 있는 것들에 대한 가치관이 달라졌으며 오직 하나님을 찬양하고 전하고 나타내기를 원했습니다. 저는 하나님만을 사랑하는 마음이 불타올라 종이에다 '처자를 버리고 나를 따르라!' "하나님"이라고 써놓고 집을 나왔더니 아내가 주워서 성경에 붙여두고 몇 년 동안 서로가 서로를 버린 채 살았습니다. 그때 저는 왜 하나님께서 우리를 그렇게 인도하셨는지 깨닫지 못했습니다. 저는 계속 부흥성회를 인도하러 다니면서 집에는 한 달에 이삼일씩만 들른 적도 있었습니다. 처자식을 버린 채 시간만 나면 산에 올라가서 기도생활만 했습니다. 사람들은 저더러 미쳤다고 했습니다. 혼적으로 볼 때에는 미친 사람이었지만 하나님께서는 제가 영적인 사람이 되도록 연단을 주셔서 혼적인 것을 버리게 하신 것입니다.

열한째, 혼이 영에 순종해야 천국이 이루어집니다.

오늘날 교회에서 많은 사람들이 혼적으로 일을 처리하려고 하기 때문에 문제가 일어나는 것입니다. 교회에 혼적인 것이 앞서면 어려움이 옵니다. 영적인 것이 나타날 때에 하나님은 기뻐하시고 성령의 역사가 운행됩니다. 혼적인 것이 영적인 것에 순종하면 마음 천국, 가정 천국, 교회 천국이 됩니다.

이런 혼적인 것을 부인한다는 것은 말과 같이 쉽지 않습니다. 거기에는 눈물과 애통과 탄식이 있습니다. 저는 얼마나 힘들고 고통스럽고 안타까운지 이 세상을 떠나고 싶은 마음밖에 없었습니다. 한 때는 먹는 것조차 싫었고, 오직 저의 심령 속에는 복음을 전파하다가 강단에서 죽어 하나님 나라에 가고 싶은 마음뿐이었습니다. 이 세상의 모든 것이 싫었습니다. 그때 저는 아브라함의 심정을 이해할 수 있었습니다. 어떤 분은 아브라함이 이삭을 바칠 때 하나님의 뜻이니 기쁜 마음으로 응했을 것이라고 하는데 천만의 말씀입니다. 아브라함의 집에서 모리아 산까지 하룻길밖에 되지 않습니다. 그러나 얼마나 발걸음이 떨어지지 않았기에 사흘씩이나 걸렸겠습니까?

혼적인 것이 깨어질 때 고통이 따르고 힘이 듭니다. 그러나 혼적인 것이 깨어져야만 하나님의 역사가 나타납니다. 거기에는 십자가의 고통이 있습니다. 눈물이 있고, 안타까움이 있고, 괴로움이 있습니다. 살고 싶은 생각이 없습니다. 이런 과정을 겪고 나야 하나님의 참된 사랑이 무엇인가 깨닫게 되며 영의 역사가 나타납니다.

열두째, 혼이 구원(변화)받아야 예수님의 형상을 닮을 수 있습니다.

바울 사도는 고린도전서 15:31에서 "나는 날마다 죽노라"라고 말했습니다. 그는 이렇게 고백했습니다.

> 유대인들에게 사십에 하나 감한 매를 다섯 번 맞았으며 세 번 태장으로 맞고 한 번 돌로 맞고 세 번 파선하는데 일주야를 깊음에서 지냈으며 여러 번 여

행에 강의 위험과 강도의 위험과 동족의 위험과 이
방인의 위험과 시내의 위험과 광야의 위험과 바다의
위험과 거짓 형제 중의 위험을 당하고 또 수고하며
애쓰고 여러 번 자지 못하고 주리며 목마르고 여러
번 굶고 춥고 헐벗었노라(고후 11:24~27)

  죽음의 고비를 수없이 넘긴 그에게 무엇이 더 죽을 것이 있어서 날마다 죽노라고 했겠습니까? 그는 외적인 것이 아니라 내적인 투쟁을 이겨내기 힘들다고 고백한 것입니다. 육체는 연약하고 피곤해서 쓰러져 죽을 지경이더라도 혼적인 것이 자꾸 살아나기 때문에 괴로워한 것입니다. 마음의 법과 지체의 법, 즉 영적인 것과 혼적인 것이 서로 싸울 때에 혼적인 것이 늘 이기므로 바울은 탄식했습니다.

내 속사람으로는 하나님의 법을 즐거워하되 내 지
체 속에서 한 다른 법이 내 마음의 법과 싸워 내 지
체 속에 있는 죄의 법 아래로 나를 사로잡아 오는
것을 보는도다 오호라 나는 곤고한 사람이로다 이
사망의 몸에서 누가 나를 건져내랴(롬 7:22~24)

  그러나 바울 사도는 예수 그리스도로 말미암아 하나님께 감사했습니다. 왜 감사했습니까? 성령께서 그의 영을 도와 혼적이고 육적인 것을 이길 수 있는 길을 보여 주셨기 때문입니다.

그리스도 예수 안에 있는 생명의 성령의 법이 죄와
사망의 법에서 너를 해방하였음이라(롬 8:2)

  이 혼적인 것, 조개 껍질과 같이 단단한 혼적인 관념은 예수 그리스도와 함께 단번에 십자가에 죽은 것으로 하나님께 인정

받았으나 우리들의 실생활에 있어서 또 살아납니다. 우리의 육이 세상을 떠날 때까지는 어떻게 할 수 없습니다. 죽어도 또 살아나기 때문에 바울 사도는 "나는 날마다 죽노라"고 했습니다. 우리는 이 혼적인 것을 날마다 죽여야 합니다. 이것을 죽이지 않으면 신령한 그리스도인이 될 수가 없습니다. 우리가 예수님을 영접할 때 속사람은 거듭나서 죄가 없는 자이지만 혼은 그대로 있으므로 혼적인 것도 구원받아야 합니다. 야고보서 1:21에 보면 혼적인 것이 구원을 받아야 한다고 했습니다.

> 그러므로 모든 더러운 것과 넘치는 악을 내어 버리고 능히 너희 영혼을 구원할 바 마음에 심긴 도를 온유함으로 받으라

위의 구절 속에 "너희 영혼을 구원할 바" 하신 말씀은 혼의 구원(to save your souls)을 뜻하고 있습니다. 혼이 구원을 받아야만 우리는 예수님의 형상을 닮아가고 신의 성품에 참여할 수 있는 것입니다(벧후 1:4~6).

혼이 구원을 받는다는 것은 비록 거듭난 성도라 할지라도 죄악의 습성을 지닌 관념과 육체를 가지고 있으므로 이와 같은 것들이 성령의 도우심으로 말미암아 주님을 닮아감으로 하나님 앞에 온전한 성도가 되어가는 것을 의미합니다.

제2부

내 생각을 사로잡아

7. 영과 혼

본문말씀 : 마태복음 16 : 13~28

13예수께서 가이사랴 빌립보 지방에 이르러 제자들에게 물어 가라사대 사람들이 인자를 누구라 하느냐 14가로되 더러는 세례 요한, 더러는 엘리야, 어떤 이는 예레미야나 선지자 중의 하나라 하나이다 15가라사대 너희는 나를 누구라 하느냐 16시몬 베드로가 대답하여 가로되 주는 그리스도시요 살아계신 하나님의 아들이시니이다 17예수께서 대답하여 가라사대 바요나 시몬아 네가 복이 있도다 이를 네게 알게 한 이는 혈육이 아니요 하늘에 계신 내 아버지시니라 18또 내가 네게 이르노니 너는 베드로라 내가 이 반석 위에 내 교회를 세우리니 음부의 권세가 이기지 못하리라 19내가 천국 열쇠를 네게 주리니 네가 땅에서 무엇이든지 매면 하늘에서도 매일 것이요 네가 땅에서 무엇이든지 풀면 하늘에서도 풀리리라 하시고 20이에 제자들을 경계하사 자기가 그리스도인 것을 아무에게도 이르지 말라 하시니라 21이때로부터 예수 그리스도께서 자기가 예루살렘에 올라가 장로들과 대제사장들과 서기관들에게 많은 고난을 받고 죽임을 당하고 제 삼일에 살아나야 할 것을 제자들에게 비로소 가르치시니 22베드로가 예수를 붙들고 간하여 가로되 주여 그리 마옵소서 이 일이 결코 주에게 미치지 아니하리이다 23예수께서 돌이키시며 베드로에게 이르시되

사단아 내 뒤로 물러가라 너는 나를 넘어지게 하는
자로다 네가 하나님의 일을 생각지 아니하고 도리
어 사람의 일을 생각하는도다 하시고 24이에 예수
께서 제자들에게 이르시되 아무든지 나를 따라 오
려거든 자기를 부인하고 자기 십자가를 지고 나를
좇을 것이니라 25누구든지 제 목숨을 구원코자 하
면 잃을 것이요 누구든지 나를 위하여 제 목숨을 잃
으면 찾으리라 26사람이 만일 온 천하를 얻고도 제
목숨을 잃으면 무엇이 유익하리요 사람이 무엇을
주고 제 목숨을 바꾸겠느냐 27인자가 아버지의 영
광으로 그 천사들과 함께 오리니 그 때에 각 사람의
행한대로 갚으리라 28진실로 너희에게 이르노니
여기 섰는 사람 중에 죽기 전에 인자가 그 왕권을
가지고 오는 것을 볼 자들도 있느니라

    예수님 당시의 대제사장, 서기관 및 바리새인들이 예수님을 십
자가에 못박은 것은 예수 그리스도를 알지 못했기 때문입니다.
다시 말하면, 그들은 말씀이 육신이 되어 이땅에 오셔서 우리를
구원하시고 부활 승천하셨다가 재림하실 모든 일들을 육신적으로
만 생각했기 때문에 예수님을 십자가에 못박아 죽였던 것입니다.
    그러면 왜 속사람이 그토록 중요합니까? 인간이 죄로 말미암
아 하나님의 영광에 이르지 못하는 이유는 속사람이 죽었기 때
문입니다. 속사람이 죽은 사람은 죄의 사람이고, 예수를 믿지 않
는 사람이며, 이들은 어두움 가운데 사는 사람입니다. 이들 불신
자들은 어두움의 사람이요, 사망 권세에 사로잡힌 자요, 옛사람
입니다. 그러나 이러한 사람들도 예수님을 구주로 영접하면 그 순
간 흑암이 없어지며 빛의 사람으로 바뀌어 새사람으로 거듭나게
됩니다. 빛의 사람은 속사람이며 이를 신자, 성도라고 합니다.

첫째, 속사람은 예수를 영접한 빛의 사람이요, 새사람입니다.

예수를 영접함으로써 옛사람이 새사람으로 바꾸어집니다. 흑암의 사람이 빛의 사람으로 바꾸어집니다. 옛사람인 인간이 만든 종교는 빛이 없습니다. 흑암 속에서 만든 것이므로 빛이 있을 수 없습니다. 오직 빛이 되시는 예수를 영접하는 자만이 빛의 자녀가 되는 것입니다. 예수 그리스도를 영접함으로 달라진 것은 어두움 속에 있는 영이 빛으로 바꾸어진 것뿐이며 혼과 육은 옛날과 다름이 없습니다. 흑암 속에 있던 죄의 자녀가 십자가에서 보혈을 흘리신 예수님을 구주로 영접하는 순간 빛의 자녀인 속사람이 탄생합니다.

속사람이 탄생하기 전의 사람, 즉 예수 그리스도를 영접하지 않은 사람을 성경은 죄인이라 합니다.

> 모든 사람이 죄를 범하였으매 하나님의 영광에 이
> 르지 못하더니(롬 3:23)

그러나 예수 그리스도를 구주로 영접하는 그 순간 하나님의 영광이 내 속으로 들어와 옛사람이 새사람으로 바꾸어집니다. 우리의 영이 아직도 죄의 사람, 즉 어두움의 자식으로 있을 때를 "공중 권세에 사로잡힌 자" 또는 "불순종의 아들"(엡 2:2)이라고 합니다. 하나님의 자녀가 되므로 우리의 싸움의 대상은 우리의 혼과 육을 사로잡고 있는 어두움의 권세, 즉 악의 영들입니다.

> 우리의 씨름은 혈과 육에 대한 것이 아니요 정사와
> 권세와 이 어두움의 세상 주관자들과 하늘에 있는
> 악의 영들에게 대함이라(엡 6:12)

96 속사람

　　죄의 사람이 예수 그리스도를 영접할 때 순식간에 하나님의
권세를 받습니다. 권세라는 것은 우리의 이름이 태어나자마자
부모의 성을 따라 호적에 올려지는 것과 같습니다. 예수 그리스
도를 믿는 순간 심판에 이르지 않고 사망에서 생명으로 옮겨지
게 되었습니다(요 5:24). 사망에서 생명으로 옮겨짐으로써 우리
가 빛의 사람이 된 것입니다.
　　마태복음 5:14에 "너희는 세상의 빛이라" 했습니다. 우리는
속사람을 빛이라고 부릅니다. 혼적인 것, 육적인 것을 빛이라고
하지 않습니다. 왜냐하면 물과 성령으로 거듭난 것은 영이며 혼
이나 육은 아니기 때문입니다. 어둠의 자녀가 빛의 자녀로 변화
되는 것은 성령에 의해서 이루어진 영을 말합니다.

　　　　……이는 힘으로 되지 아니하며 능으로 되지 아니
　　　　하고 오직 나의 신(神)으로 되느니라(슥 4:6)

　　흑암에서 빛의 자녀가 되는 것은 사람의 힘이나 능력으로 되
는 것이 아니라 하나님의 성령에 의해 이루어지는 것입니다. 그
래서 요한복음 3:6에 "육으로 난 것은 육이요 성령으로 난 것은
영이니" 했습니다. 다시 말하면 예수를 믿게 되는 것이 사람의
지식, 능력 및 의지로 되는 것이 아니라 성령으로 말미암은 것
입니다. 성령으로 난 자를 하나님께로 난 자라 하는데 하나님께
로 난 속사람은 죄를 짓지 않습니다.

　　　　하나님께로서 난 자마다 죄를 짓지 아니하나니 이
　　　　는 하나님의 씨가 그의 속에 거함이요 저도 범죄치
　　　　못하는 것은 하나님께로서 났음이라(요일 3:9)

　　하나님의 씨인 말씀이 속사람에 거하면 죄가 그 속에 들어갈

수 없습니다. 말씀은 살았고 운동력이 있어(히 4:12) 죄의 침투를 막으며 늘 거룩하게 하는 힘이 있습니다(요 15:3 ; 딤전 4:5). 또한 속사람은 하나님과 함께 동행하는 거룩한 자가 됩니다. 예수께서 십자가에서 돌아가심으로 우리의 죄를 사하여 주시고 그가 부활하심으로 우리를 의롭다 하셨습니다(롬 4:25). 이와 같이 예수를 믿는 자마다 어둠의 자녀에서 빛의 자녀로 바꾸어지는 것입니다.

성령은 우리의 새사람, 즉 속사람과 함께 거하십니다. 이 속사람은 성령으로 말미암아 강건해집니다. 즉 성령 충만을 받으면 속사람이 강건해집니다.

> 그 영광의 풍성을 따라 그의 성령으로 말미암아 너
> 희 속사람을 능력으로 강건하게 하옵시며(엡 4:16)

둘째, 성령께서 하나님의 말씀으로 양육할 때 속사람이 강건해집니다.

속사람이 성장하고 강건해지기 위해서는 성령께서 주시는 하나님의 말씀을 계속 읽고 듣고 묵상하며 지켜 행하여야 합니다.

> 갓난 아이들같이 순전하고 신령한 젖을 사모하라
> 이는 이로 말미암아 너희를 구원에 이르도록 자라
> 게 하려 함이라(벧전 2:2)

성령이 하나님의 말씀으로 우리를 양육할 때 우리의 속사람이 강건해집니다. 그러나 속사람이 거듭날 때 겉사람도 바꾸어진 것은 아닙니다. 옛날 모습 그대로입니다. 얼굴이 바뀌었습니까? 말소리가 바뀌었습니까? 어두운 눈이 밝아졌습니까? 거듭 난 것은 속사람이지 겉사람은 아닙니다. 그렇다고 '겉사람이 바꾸어지지 않는구나!' 하고 낙심이나 포기는 하지 마십시오. 겉사람도 속사람에 따라 변화되어야 합니다. 변화되기 위해서 성경은 그 방법을 가르쳐 주고 있습니다.

> 그러므로 모든 더러운 것과 넘치는 악을 내어 버리고 능히 너희 영혼을 구원할 바 마음에 심긴 도를 온유함으로 받으라(약 1:21)

성경에서 구원이란 말은 여러가지를 포함합니다. 병이 낫는 것, 죄와 사망의 권세에서 생명으로 옮겨지는 것 모두 구원이라고 합니다. 그러나 영혼의 구원이 가장 중요한 것입니다. 여기에서 영혼(soul)을 구원한다는 것은 거듭난 영이 성령의 도우심으로 혼을 다스려 성화되어 감으로 구원을 이루어 나가는 것을 말합니다.

셋째, 혼의 구원은 점진적이며, 계속 새롭게 변화되는 것을 말합니다.

예수를 믿으면 영은 물과 성령으로 거듭나서 구원 받으나 혼은 그대로 있습니다. 그래서 혼도 구원을 받아야 합니다. 물론 믿음으로는 전인(全人)이 구원받은 것입니다. 그러나 우리가 세상에 사는 동안은 육이 있기에 말씀드리는 것입니다. 혼은 즉시 구원되는 것이 아니라 나 스스로가 주님의 십자가를 바라보고 말씀을 묵상함으로써 혼적인 것이 변화되고 날로 새로워져야 합니다.

> 너희는 이 세대를 본받지 말고 오직 마음을 새롭게

함으로 변화를 받아 하나님의 선하시고 기뻐하시고
온전하신 뜻이 무엇인지 분별하도록 하라(롬 12:2)

위의 말씀과 같이 혼적인 것이 주님의 십자가에서 죽고 성령께서 함께 일하시는 속사람을 따라 변화되어야 한다는 것입니다. 본문 말씀 마태복음 16장에서 예수께서 제자들에게 "사람들이 인자를 누구라 하느냐?"(13절) 하는 질문은 사람들이 혼적으로 생각하여 나를 누구라 하느냐 하는 뜻입니다. 예수님은 또 제자들에게 물으십니다. "너희는 나를 누구라 하느냐?"(15절) 이 말씀은 너희들은 영적으로 생각하여 나를 누구라 하느냐는 뜻입니다. 베드로는 영적으로 대답합니다. "주는 그리스도시요 살아계신 하나님의 아들이시니이다"(16절). 베드로의 영적인 대답에 예수님은 베드로를 극구 칭찬하셨습니다.

> 바요나 시몬아 네가 복이 있도다 이를 네게 알게 한
> 이는 혈육이 아니요 하늘에 계신 내 아버지시니라
> (17절)

예수님은 우리가 영적으로 기도하고, 영적으로 섬기고, 영적으로 찬송드릴 때 하나님께 영광이 됨으로 복이 있다 하셨습니다(17절). 영적으로 대답한 베드로의 고백 위에 주님의 몸된 교회를 세울 것을 허락하셨고 음부의 권세가 이기지 못할 것을 약속했습니다(18절). 이러한 영적 믿음의 반석 위에 세워진 교회는 비가 내리고 창수가 나고 바람이 불어 그 집에 부딪치되 무너지지 않습니다. 마귀가 아무리 우는 사자와 같이 우리를 삼키려 해도 그는 이미 발톱과 이빨이 빠지고 목에는 쇠사슬이 묶여 있습니다. 주님께서 이겨 놓으신 싸움이므로 빛의 자녀인 우리도 흑암의 권세를 이기게 되어 있습니다.

베드로가 영적으로 대답한 것에 예수님은 감격하시어 음부의 권세가 네 속사람에게는 이기지 못하고 그 속사람 위에 주님의 교회가 세워진다고 말씀하셨습니다. 또한 천국의 열쇠를 주어 땅에서 매면 하늘에서도 매이고, 땅에서 풀면 하늘에서도 풀린다고 말씀하셨습니다.

그러면 베드로와 우리와의 차이는 어디에 있습니까? 그도 하나님의 자녀요, 우리도 하나님의 자녀이므로, 우리도 영적으로 매고 풀 수도 있고, 영적으로 생활할 수 있는 능력이 있습니다.

베드로의 영적 대답을 통하여 자신을 분명히 알게 하신 후에 예수께서 자기가 예루살렘에 올라가 장로들과 대제사장 및 서기관들에게 고난을 받고 죽임을 당하고 제3일 만에 다시 살아날 것을 제자들에게 가르치기 시작하셨습니다. 예수님은 믿지 아니하는 사람들이 아니라 가장 잘 믿는다고 자부하는 육적인 사람들로부터 죽임을 당한다는 것입니다. 속사람이 빛의 사람으로 나타나면 주위에서 가만히 두지를 않습니다. 육체를 따라 난 자가 성령으로 난 자를 핍박한다는 것입니다(갈 4:29). 예수님도 이러한 핍박으로 십자가에 못박혀 돌아가시게 된 것입니다.

넷째, 베드로의 강권은 변화되지 못한 혼에서 나온 것입니다.

이 말을 듣고 베드로는 인간적인 정과 의리 때문에 영적인 분별력을 상실하고 예수님을 붙들고 간곡하게 "주여 그리 마옵소서 이 일이 결코 주에게 미치지 아니하리이다" 하고 만류하였습니다. '주께서 십자가에 못박히시다니 우리도 허락할 수 없고 주님께서도 허락하셔서는 안됩니다' 하는 강권입니다. 이제 베드로는 영적인 사람이 아니라 육적인 사람이 되었던 것입니다. 이에 예수께서는 베드로를 꾸짖으십니다.

사단아 내 뒤로 물러가라 너는 나를 넘어지게 하는
자로다 네가 하나님의 일을 생각하지 아니하고 도
리어 사람의 일을 생각하는도다(23절)

　베드로는 육적으로 볼 때 의리의 사나이요, 예수님과는 누구나 흠모할 만한 훌륭한 스승과 제자 사이입니다. 육적으로 생각할 때 존경할 만한 제자였습니다. 혼적으로 생각해 볼 때에 그럴 듯했고, 진리를 말한 것같고 멋있는 사람 같이 생각할 수 있습니다. 베드로가 예수님께 한 말은 타고난 혼적인 힘에서 나온 것이며, 인간적 의리에서 나온 것이지 영적인 것이 아닙니다. 그래서 예수님은 베드로에게 '사단아 내 뒤로 물러가라'라고 하셨습니다. 인간적인 세상 지혜와 지식이 많아질수록, 인간적인 것이 뿌리가 깊어질수록 자아에 사로잡혀 자아를 포기할 줄 모릅니다. 자기 속의 죄가 무엇인지도 모릅니다. 뿌리가 제일 깊게 들어가는 나무가 뽕나무입니다. 인간에게 자아의 지식과 자아의 소유가 많을수록 인간의 죄는 뽕나무 뿌리와 같이 점점 깊어갑니다. 혼적인 생각이 강하면 강할수록 하나님과의 관계가 멀어지고 사단에게 사로잡히기 쉽다는 것을 성경을 통해서 깨닫게 해 주십니다.

다섯째, 혼이 발달할수록 영이 둔화(鈍化)되기 쉽습니다.

　우리가 성장하여 혼적인 것이 많아질수록 주님과 나와의 거리는 자꾸 멀어집니다. 오늘 말씀을 보면 사단이 베드로의 혼의 중심에 앉아서 인간적인 의리를 이용해서 예수님이 십자가에 못 박히는 것을 막으려 했습니다. 사람들이 인간적인 생각에서 하는 이야기들은 그럴 듯하게 들리는 것이 많습니다. 그래서 사도 바울은 변론하지 말라고 했습니다(딤전 6:3~4).

교회에서는 변론하지 말고 알지 못하면 잠잠하면 됩니다. 혼적으로 말하지 않기를 바랍니다. 예수님은 베드로가 "하나님의 일을 생각하지 아니하고 도리어 사람의 일을 생각"(23절) 한다고 책망하셨습니다. 혼적인 것은 혈과 육이요 인간적인 것입니다. 그러므로 혈과 육으로 세워진 교회는 성장하지 못합니다. 하나님의 역사가 없기 때문입니다. 바울과 바나바가 싸운 이유도 마가라는 혈육 때문입니다(행 15:37~39). 주님과 나 사이에 인간적인 것이 끼어들면 안됩니다. 오직 영적인 관계가 이루어져야 합니다. 예수님은 우리가 혼적인 것을 버리기를 원하십니다.

> 아무든지 나를 따라오려거든 자기를 부인하고 자기
> 십자가를 지고 나를 좇을 것이니라(24절)

여섯째, 혼적인 자아를 부인하고 예수님을 따라야 합니다.

여기서의 '자기'란 혼적인 것입니다. 그러므로 혼적인 자아를 부인하고 예수님을 따라야 합니다. 자기의 혼적인 목숨을 살리려고 하면 잃을 것입니다. 예수님을 위해 혼적인 자기 목숨을 잃으면 영적인 구원을 얻는다는 말씀입니다. 만일 예수님이 베드로의 혼적인 간청을 들었다면 우리 죄의 대속도 없고, 우리들에게 구원이 없었을 것입니다.

베드로는 두 가지 상반되는 일을 했습니다. 그는 "주는 그리스도시요 살아 계신 하나님의 아들"이라고 영적인 고백을 했습니다. 그러나 한편으로는 예수님을 붙잡고 결코 십자가에서 돌아가실 수 없다고 혼적으로 이야기했습니다. 하나는 하나님의 일이요, 다른 하나는 사단의 일입니다. 우리가 어떤 일을 할 때, 다 잘하는 것은 아닙니다. 영적으로 하는 일에는 상이 있고 혼적으로 할 때는 사단에 의해 여러가지 어려움이 있습니다. 한 가지 예로 헌금을 드리는 것이 아까운 생각이 들거나 타산적으로 드릴 때는 혼적인 것이요, 기쁨과 즐거움으로 드리면서 '주님의 것이니 주님 받아주시옵소서' 하게 되는 심령은 영적인 것입니다.

일곱째, 가나안 여인의 영적 믿음

모든 것을 영적으로 하는 자에게는 복이 있습니다. 혼적으로 드리면 하나님은 기뻐하시지 않습니다. 영적으로 드릴 때에 기쁨과 감사가 있습니다. 생명 또한 주님의 것이니 정말 즐겁게 드리는 자는 하나님이 사랑으로 받아주시며 복되다고 하십니다. 가나안 여인의 사건에서 영적인 것과 혼적인 것이 대조됩니다.

> 예수께서 거기서 나가사 두로와 시돈 지방으로 들어가시니 가나안 여자 하나가 그 지경에서 나와서 소리 질러 가로되 주 다윗의 자손이여 나를 불쌍히 여기소서 내 딸이 흉악히 귀신 들렸나이다 하되 예수는 한 말씀도 대답지 아니하시니 제자들이 와서 청하여 말하되 그 여자가 우리 뒤에서 소리를 지르오니 보내소서 예수께서 대답하여 가라사대 나는 이스라엘 집의 잃어버린 양 외에는 다른 데로 보내심을 받지 아니하였노라 하신대 여자가 와서 예수께 절하며 가로되 주여 저를 도우소서 대답하여 가라사대 자녀의 떡을 취하여 개들에게 던짐이 마땅치 아니하니라 여자가 가로되 주여 옳소이다마는 개들도 제 주인의 상에서 떨어지는 부스러기를 먹나이다 하니 이에 예수께서 대답하여 가라사대 여자야 네 믿음이 크도다 네 소원대로 되리라 하시니 그 시로부터 그의 딸이 나으니라(마 15:21~28)

자기 딸이 귀신 들려 있는 이 여인이 고난과 고통 속에서 "주 다윗의 자손이여 나를 불쌍히 여기소서!" 하고 부르짖으며 예수님의 도움을 구할 때 예수께서 '자녀의 떡을 아직 구원이 이르지 못한 개인 이방인에게 주는 것이 마땅치 않다'(24절)고 모욕적인 말씀을 하셨습니다. 여인은 혼적인 자아의 기분을 온전히 죽였습니다. "개"라는 말을 들었을 때 얼마나 속이 상하고 화가 났겠습니까? 그러나 이 여인은 '개도 주인의 상에서 떨어지는 부스러기를 먹습니다'(27절)라고 대답했습니다. 이에 예수님은 '네 믿음이 크도다 소원대로 될지어다' 하시니 그 즉시로 딸의 병이 나았습니다(28절). 예수께서 말씀하신 네 믿음이란 혼적인 자아를 죽이고 영적인 것을 붙잡는 믿음이며 이 믿음에 예수님의 능력이 나타났던 것입니다.

우리의 믿음은 영에서 소생하는 것이지 혼에서 나타나는 것이 아닙니다. 이 여인은 혼적인 것을 다 무시했습니다. 오늘날 혼적인 대화를 하는 분들이 너무나 많습니다. 혼적인 것을 무시하고 영적인 것을 추구할 때 마음의 평안이 있습니다. 이럴 때 예수께서는 베드로에게 '네가 복이 있도다 음부의 권세가 너를 이기지 못하리라' 하시며 천국 열쇠를 주기로 약속하셨습니다.

이 가나안 여인이 혼적인 것을 제어(制御)하고 영적으로 주님 앞에 호소했을 때에 주님은 "네 믿음이 크도다. 네 소원대로 되리라" 하셨으며 그 즉시 응답되었습니다. 이와 같이 우리도 혼적인 것을 버리고 영적인 믿음으로 날마다 승리하여야 합니다.

8. 자아가 깨어질 때

본문말씀 : 요한복음 12 : 20~26

20명절에 예배하러 올라온 사람 중에 헬라인 몇이 있는데 21저희가 갈릴리 벳새다 사람 빌립에게 가서 청하여 가로되 선생이여 우리가 예수를 뵈옵고자 하나이다 하니 22빌립이 안드레에게 가서 말하고 안드레와 빌립이 예수께 가서 여짜온대 23예수께서 대답하여 가라사대 인자의 영광을 얻을 때가 왔도다 24내가 진실로 너희에게 이르노니 한 알의 밀이 땅에 떨어져 죽지 아니하면 한 알 그대로 있고 죽으면 많은 열매를 맺느니라 25자기 생명을 사랑하는 자는 잃어버릴 것이요 이 세상에서 자기 생명을 미워하는 자는 영생하도록 보존하리라 26사람이 나를 섬기려면 나를 따르라 나 있는 곳에 나를 섬기는 자도 거기 있으리니 사람이 나를 섬기면 내 아버지께서 저를 귀히 여기시리라

첫째, 왜 예수를 믿어도 변화나 감격이 없습니까?

요한복음 12:24에 '한 알의 밀알이 죽는다'는 의미는 무엇이며, 또 25절에 '자기의 생명을 사랑한다'는 말씀은 무슨 뜻입니까? 그리고 26절에 사람이 예수님을 섬기려면 어떻게 섬기는 것입니까? 우리가 예배를 드린다고 할 때 어떻게 예배를 드려야

합니까? 자아가 죽고 깨어진다는 것이 무슨 뜻이며 어떻게 죽고 깨어지는가? 자기의 생명을 사랑하는 자는 잃어버린다고 했는데 자기 생명이란 무엇인가? 하는 것을 제대로 알아야 하나님의 참된 진리를 깨달을 수가 있습니다.

예수를 믿고 내 영이 거듭나서 구원을 얻었는데도 내 생활이나 성품에 변화가 없는 사실로 인하여 많은 사람들이 고민하고 있습니다. 변화가 있다면 예수 믿는 그 사실 하나뿐입니다. 어떤 사람들은 한 주일에도 여러 번 교회에 나가서 가끔 눈물을 흘리고 은혜도 체험하는데 왜 옛사람 그대로 있습니까? 교회 가면 변화된 사람처럼 느껴지나 집에 오면 왜 다시 옛사람이 되어 버립니까? 다른 사람들은 기도할 때 탄식하며 눈물을 흘리고, 울부짖고, 손뼉도 치고, 통회 자복하는데 나는 왜 이렇게 무감각하며 왜 나는 예수를 아무런 감동도 없이 냉철한 심정으로 믿습니까? 나는 말씀에 감동도 받고, 기뻐하고 싶은데 안되는 이유가 무엇입니까? 나를 가로막는 요소가 무엇입니까? 이런 모든 의문들의 근원을 우리가 성경적으로 깨달아 변화되어야 하겠습니다.

예수를 믿는 분들 가운데에 스스로 다음과 같은 회의에 빠지는 경우가 많이 있을 것입니다. '예수를 믿고 나의 원죄는 사함을 받게 되었는데 내가 지은 자범죄가 그렇게 많습니까? 남을 미워하거나 시기, 질투하지 않고 그저 담담히 예수를 믿는 것밖에 없는데 왜 나에게는 아무런 감동이 없습니까? 어떤 분들은 예배를 드리면서 할렐루야! 아멘! 하는데 나는 왜 10년, 20년을 믿어도 아무 변화도 없습니까? 무엇이 은혜를 받지 못하게 하는 장애물입니까?'

어떤 성도가 이런 질문을 해 왔습니다. "저는 별로 죄 지은 것도 없는데 기도가 막히고 답답한데 어떻게 하면 기도의 문이 시원하게 터집니까?"

둘째, 하나님은 인간의 자아가 나타나는 것을 싫어하십니다.

우리 속에는 타고난 혼이라는 것이 있습니다. 타고난 이기주의적인 자기 욕심, 곧 자아가 하나님과 나 사이의 교통을 막습니다. 특별한 죄를 지어서가 아니라 내 속에 있는 잘못된 지식, 감정, 의지가 나와 하나님의 영적 교통을 방해합니다. 자아, 즉 나라는 존재가 내 생각을 주장합니다. 원수 마귀가 나의 혼에 작전 본부를 설치하고 자아를 나타내도록 조종합니다. 자아가 나타나는 것을 성경에서는 교만이라 하며 이는 하나님이 가장 싫어하시는 것 중의 하나입니다. 예수님은 말씀하시기를,

> 아무든지 나를 따라오려거든 자기를 부인하고 날마
> 다 제 십자가를 지고 나를 좇을 것이니라(눅 9:23)

세상과 정반대되는 이야기입니다. 이 진리를 깨달으면 세상의 모든 문제가 해결됩니다. 이 구절에서 "자기를 부인하고"의 "자기"란 타고난 자아, 즉 내 혼을 두고 말합니다. 혼적인 것을 부인해야 된다는 말입니다. 자신의 "자아"를 부인해야 한다는 것, 즉 깨어져야 한다는 것입니다. 영을 둘러싸고 있는 자아가 하나님과 나의 영과의 교통에 방해가 됩니다. 영은 거듭난 것이나 혼은 거듭난 것이 아니기 때문입니다. 이 자아는 언제나 나와 함께하므로 떼어 버릴 수가 없는 것입니다. 그러므로 23절에 계속하여 "날마다 제 십자가를 지고 나를 좇을 것이니라" 했습니다. 우리가 날마다 져야 할 십자가 중에 하나가 바로 나의 자아

라고 하는 십자가입니다.

"날마다 제 십자가를 지고"란 뜻을 자아와 관련시키면 혼적인 자아를 날마다 깨어버려야 한다는 것입니다. 혼적인 자아를 깨지 못하면 하나님의 역사가 일어나기 어렵습니다.

셋째, 자아를 깨기 위해서는 하나님의 도우심과 자신의 노력 이 필요합니다.

영적인 것이 나타나는 것을 방해하는 자아적인 것을 깨기 위해서는 자기의 노력이 필요하고 하나님의 도움이 필요합니다. 하나님께 간구하면서 내가 주님의 긍휼을 인내하며 기다릴 때 하나님께서 도와주십니다. 바울 사도는 이 자아적인 것을 아래와 같이 표현했습니다.

> 혈과 육은 하나님의 나라를 유업으로 받을 수 없고
> (고전 15:50)

즉 혼적인 것으로는 절대로 구원을 받지 못하며 하늘 나라에 들어갈 수 없습니다. 예수께서도 요한복음에서 말씀하시기를,

> 영접하는 자 곧 그 이름을 믿는 자들에게는 하나님
> 의 자녀가 되는 권세를 주셨으니 이는 혈통으로나
> 육정으로나 사람의 뜻으로 나지 아니하고 오직 하
> 나님께로서 난 자들이니라(요 1:12~13)

하나님의 자녀가 되는 것은 자아적이고 혼적인 혈통, 육정 및 사람의 뜻으로 난 것이 아닙니다. 성령으로 영이 거듭나서 되는 것입니다. 자아적인 것, 혼적인 것, 타고난 것을 부인할 때에 하

나님의 생명이 나타난다는 말입니다. 혼적인 것은 안정이 없고, 혼돈하고, 혼미하며, 여러가지 문제를 가져옵니다. 자기 중심적인 혼적인 것 때문에 교회에 분열이 일어나고, 부부가 헤어지고, 세상이 어지럽습니다. 이 혼적인 것이 우리를 파괴하려 한다는 사실을 깨달아야 합니다. 어떤 분은 혼적으로 주님을 열심히 섬기면서 만족해 합니다. 그러나 이런 것은 영원한 것이 되지 못합니다.

넷째, 혼적인 것이 왜 장애물이 됩니까?

그러면 자아란 것, 타고난 힘, 자기 혼적인 것이 왜 은혜받는데 장애물이 됩니까? 영적이고 새사람인 속사람과 타고난 혼적인 겉사람은 정반대 길을 가기 때문입니다. 거듭난 영과 타고난 혼은 동질이 아닙니다. 어떤 가정에 잘 믿는 아내가 있고 믿지 않는 남편이 있다고 할 때, 믿는 일에는 언제나 의견이 다릅니다. 영이 거듭난 사람과 혼적인 사람은 서로 동질이 아니기 때문입니다. 예수님의 제자들이 영적으로는 열심히 기도하고 싶었으나 혼적인 것이 말을 듣지 않았습니다. 그래서 "마음에는 원이로되 육신이 약하도다" 했습니다.

바울 사도가 영적인 면과 혼적인 면이 상반된다는 사실을 깨닫고 자세히 기록한 말씀이 로마서 7장에 있습니다.

> 그러므로 내가 한 법을 깨달았노니 곧 선을 행하기 원하는 나에게 악이 함께 있는 것이로다 내 속사람으로는 하나님의 법을 즐거워하되 내 지체 속에서 한 다른 법이 내 마음의 법과 싸워 내 지체 속에 있는 죄의 법 아래로 나를 사로잡아 오는 것을 보는도다(롬 7:21~23)

내가 거듭난 속사람으로는 손을 들고 손뼉치며 하나님을 찬양하면서 하나님을 기쁘게 해드리고 싶습니다. 그러나 '꼭 그렇게 해야만 하나?' 하는 생각은 혼에서 오는 것입니다. 영적인 면에서는 하나님을 찬양하는 데는 아무런 의문이 없습니다. 언제나 의심과 혼동을 주는 것은 혼적인 것입니다. 그래서 영적인 속사람과 혼적인 겉사람이 싸울 때 영적인 것이 이기지 못하기 때문에 "오호라 나는 곤고한 사람이로다"(롬 7:24)라고 탄식하는 것입니다.

왜 그렇습니까? 영은 제일 가운데 있고 그것을 둘러싸고 있는 것은 혼이며 이 혼을 담고 있는 것이 육, 즉 우리의 몸입니다. 속사람이 속에서 거듭나서 밖으로 나오려고 하는데 혼적인 것이 둘러싸서 막고 있으므로 하나님과 나 사이에 교통이 되지 않습니다. 영적인 속사람이 혼적인 겉사람을 이기려고 눈물로 기도하고 호소할 때 성령이 역사하시어 우리의 영과 하나가 되셔서 혼적인 것을 이기고 승리합니다.

> 그러므로 이제 그리스도 예수 안에 있는 자에게는 결코 정죄함이 없나니 이는 그리스도 예수 안에 있는 생명의 성령의 법이 죄와 사망의 법에서 너를 해방하였음이라(롬 8:1~2)

다섯째, 성령만이 내 속사람을 도우실 수 있습니다.

내 속사람을 도울 수 있는 것은 나의 지혜나, 세상의 부귀나, 처자나 친구가 아닙니다. 오직 하나님의 진리의 영이신 성령만이 도울 수 있습니다. 성령만이 친히 우리 영과 더불어 우리가 하나님의 자녀인 것을 증거합니다(롬 8:16). 예를 들어 교회에서 손뼉 치며 손드는 것을 안했으며 좋겠다는 생각은 혼에서 나오는 생각입니다. 이것을 바울 사도는 하나님과 원수가 되는 육신의 생각이라고 했습니다(롬 8:7). 성령의 도움으로 혼적인 것을 이기는 것이 복이며 영적 승리입니다.

육적인 그리스도인과 세상 사람들이 공통적으로 하는 말이 있습니다. "예수를 믿어 세상에서 재미 없는 사람이 될까봐 두렵다"고 합니다. "세상 재미 없이 어떻게 세상을 사느냐?"라는 말을 하는 분들은 혼적으로 살기를 원하는 사람들입니다. 하나님과 원수가 되는 이런 혼적인 것을 파괴해야 합니다. 예수께서는 혼적인 것을 생각하고 행동하는 사람들을 보고 심정이 너무나 답답하여 이렇게 말씀하셨습니다.

> 너희가 듣기는 들어도 깨닫지 못할 것이요 보기는 보아도 알지 못하리라 이 백성들의 마음이 완악하여져서 그 귀는 듣기에 둔하고 눈은 감았으니 이는 눈으로 보고 귀로 듣고 마음으로 깨달아 돌이켜 내게 고침을 받을까 두려워함이라 하였느니라 그러나 너희 눈은 봄으로 너희 귀는 들음으로 복이 있도다 (마 13:14~16)

오늘날 많은 사람들이 주님의 영적 말씀을 듣기를 원하지 않습니다. 하나님께서 역사하시는 기적을 보기를 원하지 않습니다. 깨어져 변화 받으면 세상 재미가 없어질 것이 두려워서 못합니다. 마음이 완악해졌고 죄와 유혹으로 마음이 강퍅해졌기 때문입니다(히 3:13).

마음이 완악해진 것은 혼적인 것이요, 세상적이요, 안목적이고 마귀적인 것에 둘러싸여 있기 때문입니다. 지금도 주님께서는 문 밖에서 두드리고 계십니다.

112 속사람

> 볼찌어다 내가 문 밖에 서서 두드리노니 누구든지 내 음성을 듣고 문을 열면 내가 그에게로 들어가 그로 더불어 먹고 그는 나로 더불어 먹으리라(계 3: 20)

우리는 들을 수 있는 귀, 볼 수 있는 눈, 열린 마음의 문이 되어야 합니다. 거듭난 새사람인 속사람은 이러한 혼적인 사람 속에 갇혀 있습니다. 하나님이 원하시는 것은 하나님께로 난 우리의 속사람을 통해 섬김을 받는 것이지 겉사람인 썩어질 육이 아닙니다. 그래서 예수께서 본문 말씀 요한복음 12:24~25에서 "내가 진실로 진실로 너희에게 이르노니 한 알의 밀이 땅에 떨어져 죽지 아니하면 한 알 그대로 있고 죽으면 많은 열매를 맺느니라. 자기 생명을 사랑하는 자는 잃어버릴 것이요 이 세상에서 자기 생명을 미워하는 자는 영생하도록 보존하리라" 하셨습니다. 밀알 자체가 중요한 것보다도 밀알 속에 있는 생명이 중요하지만 밀알 속에서 생명이 나올 수 있나 없나 하는 것도 중요합니다. 아무리 밀알 속에. 생명이 있어도 이 생명이 껍질을 깨고 나오지 않으면 한 알 그대로이며 열매를 맺지 못합니다. 예수를 믿고 영접하면 거듭난 자입니다. 그러나 거듭난 속사람을 둘러싸고 있는 혼적인 겉사람이 깨어지지 않으면 열매를 맺지 못합니다. 깨어지면 찬송이 흘러나오고, 기도가 솟아나고, 주님과 영적 교통이 일어납니다.

여섯째, 겉사람이 어떻게 깨어집니까?

이 겉사람이 어떻게 깨어집니까? 한 알의 밀은 땅 속에 들어가야 껍질이 깨어지고 싹이 돋습니다. 밀알이 길가에 떨어지면 새가 주워 먹어버리므로 깨어질 틈이 없습니다. 따라서 열매도 맺지 못합니다. 돌밭에 떨어지면 깨어져 싹이 돋는 것같지만 곧 말라 버립니다. 가시떨기 위에 떨어지면 세상 염려와 재리의 유혹으로 열매를 맺지 못합니다. 옥토에 떨어져야 삼십 배, 육십 배, 백 배의 열매를 맺습니다(마 13:3~23).

1) 씨앗이 떨어지는 환경이 중요합니다.

그러므로 씨앗이 떨어지는 환경이 상당히 중요합니다. 어떤 환경은 길가와 같고, 어떤 환경은 돌밭과 같고, 어떤 환경은 가시떨기와 같고, 어떤 환경은 옥토입니다. 깨어지고 변화받는 것이 환경에 따라 차이가 있습니다. 여러분의 자녀를 왜 좋은 학교에 보내려고 합니까? 환경에 따라 자녀들이 달라지기 때문입니다. 옥토에 떨어지는 사람은 빨리 깨어집니다. 그래서 옥토같은 교회를 잘 선택하는 것이 참으로 중요합니다. 무쇠를 아무리 뜨거운 태양 아래 두더라도 무쇠 그대로 입니다. 풀무 속에 넣어야 새로운 것이 만들어지듯이 불이 활활 타는 풀무 속같은 교회에 넣어야 나와 세상은 간곳없고 구속한 주만 바라보게 됩니다. 이것이 깨어지고 변화받는 것입니다.

흙의 색깔도 붉은 것, 검은 것, 노란 것 등으로 다양합니다. 흙 자신이 토기가 되는 것이 아닙니다. 토기장이의 손에 들어가야 식탁 위에 놓여질 수 있는 쓸모있는 그릇이 되는 것입니다. 우리의 자아가 깨어지기 위해서는 하나님의 손에 들어가야 합니다. 혼적인 자아가 깨어지고 부숴져야 내 속사람이 나올 수 있고 이 속사람으로 주님을 찬양할 때 주님께서 기뻐하십니다. 이 속사람이 나올 수 있도록 겉사람이 깨어지면 하나님의 능력이 나타납니다.

겉사람은 이렇게 깨어지는 환경 속에 들어가는 것을 싫어하며 변화를 받을 때에 고통스러워 합니다. 믿고 변화받는 과정에서 자아가 깨어질 때 여러가지 아픔이 따르기도 합니다.

2) 환경의 고통이 하나님의 사랑의 손입니다.

하나님은 환경으로 고통을 주실 때가 있습니다. 과거에는 잘 되던 일이 예수를 믿은 다음에 정신을 차릴 수 없게 될 때도 있습니다. 환경이나 물질에 어려움이 오는 것이 하나님의 사랑의 손길이며 환경이 자기 십자가입니다. 하나님은 나의 혼적인 것을 깨기 위해 물질, 부부간의 갈등 등을 사용하십니다. 사업이 망한 후에 예수님을 믿는 것, 부부간의 불화로 예수님을 믿는 사례들은 하나님이 주시는 풀무불 연단의 일종입니다.

하나님은 레위기에서 말씀하십니다.

> 나도 그들을 대항하여 그 대적의 땅으로 끌어 갔음을 깨닫고 그 할례 받지 아니한 마음이 낮아져서 그 죄악의 형벌을 순히 받으면 내가 야곱과 맺은 내 언약과 이삭과 맺은 내 언약을 생각하며 아브라함과 맺은 내 언약을 생각하고 그 땅을 권고하리라(레 26:41~42)

하나님은 이스라엘 민족의 혼적인 교만을 낮추시기 위하여 대적(對敵)의 땅으로 끌고 갔습니다. 대적의 땅에서 그들의 혼적인 교만이 무너짐과 동시에 자연히 강퍅한 자아가 깨어져 영적인 속사람이 기도를 드릴 때에 그 기도가 하나님께 상달되어 믿음의 선조 아브라함에게 하신 약속대로 복지(福地)를 회복해 주신다는 것입니다. 이를 영적으로 설명하자면 하나님이 이스라엘, 즉 혼적인 자아를 세상으로 끌고 가서 고난을 받게 만들었을 때 하나님께 항의하지 못하게 했습니다. 하나님의 뜻 가운데 인간적인 자아가 깨어지게 하는 환경을 복으로 알아야 한다는 것입니다. 자기 마음이 낮아져 혼적인 것이 완전히 깨어졌을 때에야 하나님의 복이 내려오는 것입니다. 완전히 깨어지고 난 후, 자아가 없어져서 천부께 두 손 들고 나올 때 하나님께서 복을 주신다는 약속의 말씀입니다.

> 내 형제들아 너희가 여러가지 시험을 만나거든 온
> 전히 기쁘게 여기라 이는 너희 믿음의 시련이 인내
> 를 만들어 내는 줄 너희가 앎이라(약 1:2)

내가 당하고 있는 어려운 환경을 하나님의 손으로 믿고 인내로 온전히 기쁘게 여기면 예수 그리스도의 성품을 닮게 되고 하나님으로부터 복을 받게 된다는 것입니다.

우리의 겉사람이 깨어지기를 원해도 오직 겉사람을 깨어지게 해주시는 분은 하나님이십니다. 어떤 분은 구경하러 교회에 왔다가 깨어져 변화를 받는가 하면 어떤 분은 '꼭 그렇게 믿어야 하나?' 하며 교회에 다니면서 이런 혼적인 생각을 하는 것을 봅니다.

깨어지는 데는 두 가지 형태가 있습니다. 어떤 분은 하나님의 은혜 가운데에서 순간적으로 깨어져 변화를 받고 어떤 분은 조금씩 깨어지다가 오랜 세월 후에야 완전히 깨어지기도 합니다. 이와 같이 깨어지는 것은 내 마음대로가 아니요 전적으로 하나님의 주권입니다. 그러나 어떤 환경에 들어가느냐 하는 것은 나의 책임입니다. 내가 빨리 깨어질 수 있는 환경, 즉 교회에 가야 합니다.

일곱째, 혼적인 것이 깨어지면 세상일에 대해 관심이 없어집니다.

혼적인 것이 깨어지면 세상의 하찮은 일에 대한 관심이 차차 줄어듭니다. 예전에는 그렇게 좋았던 것들이 별로 좋아지지 않습니다. 은혜를 받고도 세상 것을 좋아한다면 아직도 자아적인 것을 그대로 가지고 있기 때문입니다. 은혜를 받으면 세상 욕심이 없어지고 이생의 자랑, 육신의 정욕, 안목의 정욕을 자극하는 세상의 것들에는 관심이 적어지며 주님이 내 삶 가운데 주시는 축복에 온전한 감사를 주께 돌리고 싶어집니다. 예수께서 우리를 죄의 종에서(육은 죄를 섬김) 구원시켜 주셔서 하나님의 자녀가 되게 하셨는데 다시는 겉사람의 종이 되지 말라고 바울 사도가 강조했습니다.

> 그리스도께서 우리로 자유케 하려고 자유를 주셨으니 그러므로 굳세게 서서 다시는 종의 멍에를 메지 말라(갈 5:1)

자아를 나타내며 교만했던 혼적인 것이 전부 다 깨어지고 난 후 거듭난 속사람이 자유함을 얻게 됩니다. 이 자유함을 얻고 나면 감정, 혈기, 혼적인 것은 간곳 없고 내 마음속에 속사람의 평화와 기쁨이 넘치게 됩니다. 그래서 예수께서 말씀하시기를

> ……누구든지 목마르거든 내게로 와서 마시라 나를 믿는 자는 성경에 이름과 같이 그 배에서 생수의 강이 흘러나리라(요 7:37~38)

여덟째, 자아가 깨어지면 생수의 강이 흘러납니다.

자아가 깨어지고 나니 영적인 사람, 속사람이 나오면서 나의 삶을 풍성하게 해주는 생수의 강이 흘러나게 됩니다. 예수를 아무리 오래 믿었어도 이 혼적인 것이 깨어지지 않으면 하나님과의 진정한 교통이 없습니다. 깨어지면 내 마음이 평안하고 기뻐

마음껏 주님께 감사와 영광을 돌리는 자유함을 누리게 됩니다.
　예수께서 우리에게 자유를 주셨으니 우리는 이제 더 이상 종의 멍에, 즉 혼적인 것에 얽매이지 말아야겠습니다.

　　　　너희가 이같이 어리석으냐 성령으로 시작하였다가
　　　　이제는 육체로 마치겠느냐(갈 3:3)

　결코 혼적으로 마쳐서는 안됩니다. 예수님으로 말미암아 자유함을 얻은 속사람에게는 병아리가 알을 깨고 나오듯 새로운 역사가 있습니다. 이 자유함으로 예수를 믿으면 아무 거리낌없이 손도 들고 손뼉도 칠 수 있고 기쁜 마음으로 하나님을 섬길 수 있습니다. 이렇게 될 수 있도록 기도하고 사모하는 각 심령 속에 주 예수님의 은혜의 생수가 넘쳐 흐르기를 축원합니다.

9. 옥합을 깨뜨리고

본문말씀 : 마가복음 14:3~9 (참고 : 요한복음 12:1~8; 마태복음 26:6~13)

³예수께서 베다니 문둥이 시몬의 집에서 식사하실 때에 한 여자가 매우 값진 향유 곧 순전한 나드 한 옥합을 가지고 와서 그 옥합을 깨뜨리고 예수의 머리에 부으니 ⁴어떤 사람들이 분내어 서로 말하되 무슨 의사로 이 향유를 허비하였는가 ⁵이 향유를 삼백 데나리온 이상에 팔아 가난한 자들에게 줄 수 있었겠도다 하며 그 여자를 책망하는지라 ⁶예수께서 가라사대 가만 두어라 너희가 어찌하여 저를 괴롭게 하느냐 저가 내게 좋은 일을 하였느니라 ⁷가난한 자들은 항상 너희와 함께 있으니 아무 때라도 원하는 대로 도울 수 있거니와 나는 너희와 항상 함께 있지 아니하리라 ⁸저가 힘을 다하여 내 몸에 향유를 부어 장사를 미리 준비하였느니라 ⁹내가 진실로 너희에게 이르노니 온 천하에 어디서든지 복음이 전파되는 곳에는 이 여자의 행한 일도 말하여 저를 기념하리라 하시니라

첫째, 마리아를 칭찬하신 예수님

사람마다 자기의 지식, 이성 및 철학에 따라서 자기가 가장

제 2 부 내 생각을 사로잡아 119

옳다고 생각하면서 살고 있습니다. 또 자기 나름대로 옳바르게 하나님을 믿어 보기 위하여 종교를 만들어서 하나님을 믿는다고 합니다. 그래서 성경은 "어떤 길은 사람의 보기에 바르나 필경은 사망의 길이니라"(잠 14:12) 하였습니다. 그러나 성경은 분명히 말씀하기를 "다른 이로서는 구원을 얻을 수 없나니 천하 인간에 구원을 얻을 만한 다른 이름을 우리에게 주신 일이 없고"(행 4:12) 다만 예수 그리스도 한 분밖에 없다고 했습니다.

본문에는 네 종류의 인물이 등장합니다. 예수님, 마리아, 문둥이 시몬 및 가룟 유다입니다. 예수님이 이 중에서 왜 여인 마리아를 특별히 칭찬하고 기뻐하셨는지를 살펴보고자 합니다.

예수께서 제자들과 함께 문둥이 시몬의 집에 초청을 받아 식사를 하고 있었습니다. 이때 한 여인, 즉 마리아가 갑자기 다가와서 자기가 가지고 있던 옥합을 깨뜨려서 300데나리온이나 되는 향유를 예수님의 머리와 발에 붓고 자기의 머리털로 예수님의 발을 씻고 있었습니다.

이를 바라본 예수님의 제자들은 값비싼 향유를 허비하는 이 여인의 행동에 불만을 나타냈습니다. 한 데나리온은 당시 노동자의 하루 일당이므로 300데나리온은 노동자의 일년치 봉급에 해당하는 큰 돈입니다. 제자들, 특히 가룟 유다가 이 돈을 가난한 자 구제하는 데 썼으면 더 좋았을 것이라고 여인을 책망한 이 말 속에는 "예수님, 어찌 선생된 자로서 이런 이치를 깨닫지 못하고 바라만 보고 계십니까?"라는 원망도 들어 있었습니다. 그러나 가룟 유다의 심중에는 그 향유를 자기가 맡아 팔면 그 중에 얼마를 훔치고자 함이었습니다(요 12:6).

교회를 다니는 많은 사람들이 인간적인 가치관을 논하고 도덕적인 면을 강조하지만 실제로는 유다와 같이 자기의 욕심을 채우고자 하는 사람들이 너무나 많습니다. 이런 생각은 모두 혼적인 것에서 나오는 것들입니다. 자기의 욕심이 나타날 때에 성경

은 말씀하기를,

> 욕심이 잉태한즉 죄를 낳고 죄가 장성한즉 사망을 낳느니라(약 1:15)

자아의 욕심이 자기를 멸망케 하기 때문에 예수께서는 자기 목숨을 잃어버리는 자는 구원을 얻으리라고 말씀하셨습니다. 이런 모든 혼적인 것을 파괴하는 자에게는 승리의 개가를 부르는 복이 임한다는 말씀입니다. 돈궤를 맡아 도둑질하던 가롯 유다는 그 욕심이 잉태하여 은 30냥에 예수님을 팔았으며 결국 스스로 목매어 죽는 결과를 초래하였습니다.

오늘날 혼적인 계산으로 교회에 나오는 사람들이 너무나 많습니다. 이렇게 예수를 믿는 사람들은 물질적으로 어려움에 부딪치면 예수님을 다 버립니다. '내가 교회를 오래 다녀서 집사까지 되고 십일조까지도 바쳤건만 내가 이렇게 어려울 때 도와 주지 않는 예수는 못믿겠다'는 분들이 참 많습니다. 이런 분들은 가롯 유다와 같이 혼적으로 생각하여 물질적인 것에만 관심을 두는 사람들입니다.

둘째, 바리새인 시몬과 죄인 여자

또 누가복음 7장 36절에서 50절을 보면 죄인인 한 여자가 바리새인 시몬의 집에서 향유 담은 옥합을 가지고 와서 눈물로 예수님의 발을 적시고 자기 머리털로 씻고 그 발에 입맞추고 향유를 부은 일이 기록되어 있습니다.

바리새인 시몬은 하나님을 가장 잘 믿는다고 자만하던 사람 중 하나였습니다. 그는 죄인 여자가 예수님의 발에 향유를 붓고 머리털로 발을 씻도록 허용하는 것을 이해할 수가 없었습니다.

그는 자신이야말로 하나님께 용서받아야 할 죄인이라는 것을 깨닫지 못하고 마음으로 여인을 정죄하며 예수님을 비난했습니다 (눅 7:39).

교회는 죄로 인하여 죽어야 할 죄인들이 하나님의 자비로운 은총으로 구원을 받아 집사가 되고 장로가 되고 목사가 된 분들의 공동체입니다. 그러나 많은 분들이 자기의 과거를 생각하지 못하고 다른 사람의 잘못된 것을 관용하지 못하는 바리새인같은 마음을 가지고 있습니다.

이에 예수님은 바리새인 시몬을 향해 이렇게 말씀하셨습니다.

> 빚 주는 사람에게 빚진 자가 둘이 있어 하나는 오백 데나리온을 졌고 하나는 오십 데나리온을 졌는데 갚을 것이 없으므로 둘 다 탕감하여 주었으니 둘 중에 누가 저를 더 사랑하겠느냐 시몬이 대답하여 가로되 제 생각에는 많이 탕감함을 받은 자니이다(눅 7:41~43)

예수께서 말씀하시기를,

> 네 판단이 옳다……너는 내게 발 씻을 물도 주지 아니하였으되 이 여자는 눈물로 내 발을 적시고 그 머리털로 씻었으며(43~44절)

예수님은 자기의 모든 것을 바쳐서 섬기는 마리아와 죄인인 이 여자를 칭찬하셨습니다.

셋째, 옥합이 깨어져야 향기가 나듯이

마리아는 너무나 주님을 사랑하고 주님의 은혜가 감격되어 자기가 한 평생 가장 귀중히 여기던 옥합을 예수님 앞에서 깨뜨린 것입니다. 옥합은 겉은 아름다울지라도 속은 비어 있는 생명 없는 것입니다. 그런데도 사람들은 옥합을 귀중히 여기고 외형을 중시합니다.

그러나 속에 있는 귀중한 향유가 밖으로 흘러나오기 위해서는 옥합을 깨뜨려야 합니다. 향유가 옥합 속에 있으면 향기를 발할 수가 없습니다. 우리의 혼적인 옥합을 깨뜨려야만 우리의 거듭난 속사람이 밖으로 나타나서 향기를 발할 수 있는 것입니다.

10년, 20년 예수를 믿었다 해도 속사람은 거듭났으나 한 번도 속사람이 밖으로 나와서 그리스도의 향기를 나타내 보지 못한 사람이 많이 있습니다. 이 겉사람이 깨어지고 우리의 속사람이 밖으로 나올 때 우리는 빛과 소금의 직분을 감당할 수 있습니다.

자기의 관념을 깨뜨리지 못한 가룟 유다는 인간적으로 계산할 수밖에 없었습니다. 오늘날 교회에는 계산하는 분들이 많습니다. 너무나 자아가 발달되어 있습니다. 이론과 세상의 가치관을 내세워 따지는 것을 완전히 포기할 줄 아는 사람이 하나님의 복을 받은 사람입니다.

사람들에게 비난의 대상이었던 죄인 여자는 주님께서 베풀어 주신 사죄(赦罪)의 은혜가 너무나 감사하여 자기의 혼적인 모든 것을 주님 앞에서 깨어버렸을 때 속사람이 밖으로 나오는 즐거움으로 눈물을 흘리게 된 것입니다.

이와 같이 속사람이 밖으로 나올 때는 즐거움과 기쁨이 솟아납니다. 교회는 이러한 기쁨이 넘치는 성도들로 채워져야 합니다. 그런데도 은혜받고 감사해 눈물흘리고, 머리를 땅에 대고 주님 앞에 호소하면 "너무 감정적이다, 샤마니즘적이다"라고 비난합니다. 즉 바리새인 시몬같은 사람이 얼마나 많은지 모릅니다.

시몬이 자기의 머리털로 예수님의 발을 씻길 수 있다고 생각하십니까? 시몬이나 가룟 유다같은 사람들은 이 여인이 크게 잘 못되었다고 생각합니다. 그들은 '예수님을 너무 광적으로 섬긴다. 정말 무식하기 짝이 없다'라고 비난합니다. 내 안에 있는 영적인 것이 폭발적으로 솟아날 때에 이것을 다른 사람이 보면 도저히 이해할 수가 없을 때가 많습니다. 그러나 믿음이 역사되는 여러분에게는 무한한 복이 된다는 것을 알아야 합니다.

못마땅해 하는 시몬에게 예수께서 말씀하십니다.

> 너는 내게 발 씻을 물도 주지 아니하였으되……내
> 게 입맞추지 아니하였으되……(눅 7:44~45)

'너는 죄 사함 받은 은혜를 겨우 저녁 한 끼로 때우려고 하느냐?' 예수님의 마음이 얼마나 섭섭했겠습니까?

예수께서는 마리아를 칭찬하셨습니다.

첫째로 마리아가 옥합을 깰 때 가만히 두라고 했습니다. 하나님 마음에 기억한 바가 되었기 때문입니다. 우리 모두 이 여인과 같이 하나님 마음에 합한 자가 되어야 합니다. 예수를 믿더라도 바리새인 시몬이나 가룟 유다같이 믿어서는 안됩니다.

둘째로 이 여인이 내 장사를 미리 준비했다고 말씀하셨습니다 (막 14:8). 이 여인은 옥합을 깨뜨림으로 말미암아 나와 함께 십자가에 동참했다는 뜻입니다. 오늘날 예수를 믿으면서 십자가에 동참하지 않는 분들이 얼마나 많습니까?

셋째로 내 복음이 전파되는 곳에 이 여인의 행위도 전파되어 기념되리라고 말씀하셨습니다.

여러분들이 예수 믿고 하나님의 영광을 위해 일할 때에 얼마나 향기가 나타납니까? 예수님의 복음이 전파될 때에 나도 그 속에서 전파되는 주님의 도구로 사용되고 있습니까? 이 여인의 행위는 기념책에 분명히 기록되어 있다(말 3:16)는 말씀입니다.

우리의 모든 행위도 주님의 기념책에 상으로 기록될 수 있어야 되겠습니다.

넷째, 옥합이 향유 때문에 존재하듯

옥합의 존재 가치는 향유 때문입니다. 우리의 겉사람은 거듭난 속사람을 위해서 존재합니다.

속사람이 겉사람을 깨고 나올 때 하나님께 영광을 돌릴 수가 있습니다. 속사람이 나올 때 내 영과 혼과 몸이 온전히 주님께 드려집니다.

다섯째, 어떻게 속사람이 밖으로 나올 수 있습니까?

그러면 어떻게 이 속사람이 하나님이 원하시는 대로 밖으로 나올 수가 있겠습니까?

우리의 겉사람이 깨어져야 한다는 것은 없어져야 한다는 것이 아니라 변화를 받아야 한다는 말씀입니다. 우리가 거듭날 때 속사람이 생기지만 겉사람은 옛모양 그대로 있습니다. 우리가 예수를 믿지만 내 생각이나 관념은 그대로 있습니다. 하나님은 그것을 기뻐하시지 않습니다. 우리의 겉사람도 변화를 받아야 합니다. 이 혼적인 것이 변화받기 위해서는 어떻게 해야 합니까?

1) 하나님 말씀에 순종하십시요.

하나님의 말씀에 순종해야 합니다. 그 이유는 하나님의 말씀은 우리의 혼과 영 및 관절과 골수를 찔러 쪼개기 때문입니다 (히 4:12). 하나님의 말씀을 내가 먹고 그것이 나에게 생명으로 역사할 때 혼적인 것이 파괴되고 옥합이 깨어지는 역사가 일어납니다. 우리의 힘으로는 도저히 혼적인 것을 깰 수가 없습니다.

하나님의 말씀으로 깨어져야 합니다.

> 너희는 내가 일러 준 말로 이미 깨끗하였으니(요 15:3)

말씀이 혼 속에 들어가면 혼이 변화를 받습니다. 우리는 하나님의 말씀과 기도로 거룩하여집니다. 시간이 지날수록 본인 자신이 변화되었다는 사실을 느끼게 됩니다. 이러한 변화가 우리에게 나타나야 합니다.

2) 성령으로 변화됩니다.

성령으로 변화됩니다. 나를 지으신 하나님의 성령께서 나를 변화시키시는데, 그렇다고 강권적으로 하시지는 않습니다. 우리에게 감동을 주시면서 내가 그 일에 협조하기를 기다리십니다. 방언 기도 하는 분들이 열심히 소리 내서 기도하면 자기도 모르는 사이에 영적인 방언 기도로 바꾸어집니다. 기도하지 않고 입을 다물고 있으면서 강권적으로 해주시옵소서 하며 아무리 기다려도 응답이 없습니다. 성령은 꼭 나의 협조를 기다리십니다.

3) 순종과 믿음이 필요합니다.

협조를 하는 데는 두 가지 방법이 있습니다. 먼저 하나님의 말씀에 무조건 순종해야 합니다. 하나님은 순종하는 자를 변화시켜 주십니다. 순종한 후 의심하면 또 되지 않습니다. 그러므로 순종과 믿음이 절대적으로 필요합니다. 오늘날 많은 사람들이 믿는다고 하지만 말씀에 제대로 순종하는 사람들이 얼마나 있습니까? "아이구 목사님, 마음은 원하되 세상 일에 바빠서……" 주님이 말씀하시기를 "그래 나도 바빠서 복 내려 줄 시간이 없다" 하십니다. 혼적인 모든 것을 이겨 나갈 수 있기 위해서는 말씀을 듣고 믿음으로 추진해 나가야 합니다.

그러면 속사람이 밖으로 나타날 때 우리의 지(知), 정(情), 의(意)는 어떻게 사용되겠습니까?

과거에는 쓰레기장 같던 내 혼이 깨끗이 청소됩니다. 내 생각, 느낌, 행하는 것 모두가 다 청소가 되면서 변화를 받습니다. 그러면서 내 지식이 하나님의 도구로 바꾸어진 지식으로 하나님께 영광을 돌리게 되는 것입니다.

이 혼적인 것이 마리아나 죄인 여자와 같이 철저히 깨어질 때에 온 집안이 향유로 가득 차게 되고 하나님이 기뻐하시게 됩니다. 여러분은 이러한 진리를 깨닫고 과거에 갖고 있던 이론과 감정과 지식을 모두 변화시키시기 바랍니다. 하나님의 말씀에 순종하며, 믿음으로 변화되고, 성령으로 변화되시기를 바랍니다. 이때 나의 지, 정, 의가 내 영의 도구가 되어 나의 전 인격을 사로잡으면서 하나님 앞에 온전히 산 제물로 바쳐집니다. 이러한 복이 여러분에게 넘치기를 축원합니다.

10. 혼이 하는 일

본문말씀 : 고린도 전서 15 : 42~49

⁴²죽은 자의 부활도 이와 같으니 썩을 것으로 심고 썩지 아니할 것으로 다시 살며 ⁴³욕된 것으로 심고 영광스러운 것으로 다시 살며 약한 것으로 심고 강한 것으로 다시 살며 ⁴⁴육의 몸으로 심고 신령한 몸으로 다시 사나니 육의 몸이 있은 즉 또 신령한 몸이 있느니라 ⁴⁵기록된 바 첫 사람 아담은 산 영이 되었다 함과 같이 마지막 아담은 살려 주는 영이 되었나니 ⁴⁶그러나 먼저는 신령한 자가 아니요 육 있는 자요 그 다음이 신령한 자니라 ⁴⁷첫 사람은 땅에서 났으니 흙에 속한 자이거니와 둘째 사람은 하늘에서 나셨느니라 ⁴⁸무릇 흙에 속한 자는 저 흙에 속한 자들과 같고 무릇 하늘에 속한 자는 저 하늘에 속한 자들과 같으니 ⁴⁹우리가 흙에 속한 자의 형상을 입은 것같이 또한 하늘에 속한 자의 형상을 입으리라.

첫째, 예수님은 살려주는 영입니다.

혼이란 무엇이며 혼이 가지고 있는 능력은 어떤 것입니까? 사단은 거듭난 영에 들어와서 장난을 칠 수 없으므로 우리의 혼에 들어와서 많은 사람을 실족케 합니다. 사단은 사람의 혼에 들어와 영적으로 믿지 못하도록 하며 혼적으로 예수를 믿게 하여 멸망시키려는 계획을 합니다. 본문 45절을 보면 첫사람 아담은 산 영(a living soul)이 되었다 함과 같이 마지막 아담, 즉 예수님은 살려주는 영, 즉 생명을 주는 영(a life-giving spirit)이 되었습니다. 첫 아담은 혼의 힘으로 살고 마지막 아담 예수님은 생명을 주는 영으로 이 생명을 믿는 자들에게 주신다는 것입니다.

영적인 것과 혼적인 것을 잘 모르기 때문에 예수를 열심히 믿어도 실생활에 변화가 별로 없습니다. 예수를 믿을 때 왜 고통과 괴로움이 많이 옵니까? 고통과 괴로움은 혼을 통해 옵니다. 생활에서 혼이 나타날 때는 자아가 살아 있다는 것을 말합니다. 살아 있는 혼은 다른 사람을 살릴 수 없습니다. 왜냐하면 혼은 언제 어디서나 자기 위주, 자기 교만, 자기의 것으로 행하기를 원하기 때문입니다. 이러한 혼적인 것이 나타날 때 하나님의 영광이 가리워집니다. 이러한 사실을 잘 알고 있는 사도 바울은 자기의 전도 사역이 혼적인 것으로 하는 것이 아님을 분명히 말합니다.

> 내 말과 내 전도함이 지혜의 권하는 말로 하지 아니하고 다만 성령의 나타남과 능력으로 하여(고전 2:4)

둘째, 전도는 영으로 해야 합니다.

이와 같이 인간의 지혜나 혼적인 것으로는 절대로 전도가 되지 않습니다. 아무리 유창한 말로 설교하고 인간적인 지혜로 전도하더라도 하나님의 영이 없이는 되지 않습니다. 영으로 믿지 않고 혼적으로 믿는다면 신령한 그리스도인이 아닙니다.

예수님은 생명을 주는 영이므로 죽었던 영을 살려주십니다. 그래서 우리의 영이 거듭납니다. 이 살려주는 영은 스스로 살아 있을 뿐만 아니라 남도 살려주는 일을 합니다. 예수를 믿지 않

는 다른 종교는 우리의 죽었던 영을 살릴 수가 없습니다. 예수
님만이 살려주는 영이고 생명을 주는 영이기 때문에 그의 말씀
도 영입니다.

> 살리는 것은 영이니 육은 무익하니라 내가 너희에
> 게 이른 말이 영이요 생명이라(요 6:63)

이는 혼에 대한 말씀이 아니요 영의 양식에 대한 말씀입니다.

셋째, 왜 영적인 그리스도인이 되어야 합니까?

그러면 왜 우리는 영적 그리스도인이 되어야 하고 영적 생활
을 해야 합니까?
하나님은 사람을 창조하여 영원히 동행하기를 원하셨습니다.
하나님께서 아담을 영적인 사람으로 만드셨지 육적인 사람으로
만드신 것은 아닙니다. 즉 몸은 혼에, 혼은 영에 순종하도록 만
드셨습니다. 하나님은 영적인 사람 아담과 에덴 동산에서 교통
하셨습니다. 그러나 사단이 아담과 하와를 유혹하여 혼적, 육적
으로 범죄케 했습니다.

> 여자가 그 나무를 본즉 먹음직도 하고 보암직도 하
> 고 지혜롭게 할 만큼 탐스럽기도 한 나무인지라
> (창 3:6)

하와의 혼과 육에서 탐심이 생겼습니다. 이때 사단이 기회
를 놓치지 아니하고 너희가 그것을 먹는 날에는 하나님과 같이
되리라(창 3:5)는 말로 하와를 유혹하여 그와 남편 아담이 금지
된 선악과를 따먹음으로써 둘다 죄인이 되었습니다. 죄로 인해
영이 죽어버리고 혼적이고 육적인 사람으로 바꾸어졌습니다..

원래는 영적인 것이 제일 중요하고 그 다음이 혼, 육이었습니다. 그러나 범죄로 인해 육적인 것이 제일 위로 올라가고 그 다음이 혼적인 것이 되고 영(spirit)은 영(Spirit)이신 하나님과 교통이 끊어짐으로 죽어버렸습니다.

> 나의 신이 영원히 사람과 함께하지 아니하리니 이는 그들이 육체(flesh)가 됨이라(창 6:3)

이때부터 세상 모든 사람들이 혼적으로 생각하고 육적으로 행동하게 되었습니다. 우리는 예수를 믿음으로써 영이 거듭나서 영이 원래 위치인 제일 위로 올라가고 그 다음 혼, 육의 순서로 되어야 정상적인 그리스도인이 됩니다. 첫 사람 아담은 육적인 사람이 됨으로 말미암아 흙에 속한 자요, 아담 안에서 모든 사람이 죽었습니다(고전 15:22). 그러나 마지막 아담인 예수를 믿을 때 죽었던 우리의 영이 다시 살아나 하나님과 교통할 수 있습니다.

넷째, 사단(Satan)은 혼과 육을 지배하려 합니다.

그러나 사단은 잠시도 쉬지 않고 우리를 괴롭힙니다. 금지된 선악과를 따먹도록 유혹하여 우리를 혼적이고 육적인 사람으로 만든 사단은 우리가 영적인 사람이 되지 못하도록 온갖 궤계를 행합니다. 사도 바울은 우리가 사단의 궤계를 모르는 바가 아니라고(고후 2:11) 말했습니다. 사단은 우리의 혼과 육체가 원하는 대로 하도록 장난합니다.

> 너희의 허물과 죄로 죽었던 너희를 살리셨도다 그 때에 너희가 그 가운데서 행하여 이 세상 풍속을 좇

제 2 부 내 생각을 사로잡아 131

> 고 공중의 권세 잡은 자를 따랐으니 곧 지금 불순종
> 의 아들들 가운데서 역사하는 영이라 전에는 우리
> 도 다 그 가운데서 우리 육체의 욕심을 따라 지내며
> 육체와 마음의 원하는 것을 하여 다른 이들과 같이
> 본질상 진노의 자녀이었더니 (엡 2:1~3)

2~3절에 있는 말씀을 보니 공중 권세 잡은 자를 따라 우리가 육체와 마음이 원하는 것을 하여 하나님의 심판을 받을 수 밖에 없는 자들로 생활을 해 왔습니다. 오늘도 원수 마귀는 우리의 혼과 육체를 이용하여 우리를 혼적이고 육적인 사람으로 타락시키려는 것을 알 수 있습니다. 이상근 목사의 로마서 주석에서 죄는 율법이란 기계를 가지고 육체에서 일한 결과 사망이며, 성령은 복음이란 기계를 가지고 영에서 일한 결과 영생이라고 하셨습니다. 사단은 우리의 마음과 육체를 지배하여 우리를 망하게 하려 합니다. 사단이 우리의 생각을 조종하여 우리의 생각을 빗나가게 만듭니다. 우리는 영적인 사람에서 조금만 빗나가도 육적이고 혼적인 사람이 되어버립니다. 사단은 우리의 생각을 자기가 원하는 대로 조종하여 생각하고 말을 하게 합니다. 이것이 곧 사단의 궤계이므로(고후 2:11) 바울 사도는 "누구든지 헛된 말로 너희를 속이지 못하게 하라"(엡 5:6)고 부탁했습니다. 사도 야고보는 말씀하기를 "우리가 다 실수가 많으니 만일 말에 실수가 없는 자면 곧 온전한 사람이라"(약 3:2) 했습니다.

다섯째, 사단의 궤계(詭計)에 속지 마십시오.

사단의 궤계에 속지 않는 자는 온전한 사람입니다. 사단은 우리의 혼적인 생각을 조종하고 속임수를 써서 헛된 말과 거짓말을 하게 해 넘어뜨리려고 합니다. 사단은 궤계를 써서 하나님을 가장 잘 안다고 자처하는 유대인들을 책동하여 예수님을 십자가에 못박게 하였고, 바울 사도도 로마에서 순교당하게 했습니다.

예수님은 사단에 대해 이렇게 말씀하십니다.

> 너희는 너희 아비 마귀에게서 났으니 너희 아비의
> 욕심을 너희도 행하고자 하느니라 저는 처음부터
> 살인한 자요 진리가 그 속에 없으므로 진리에 서지
> 못하고 거짓을 말할 때마다 제 것으로 말하나니 이
> 는 저가 거짓말장이요 거짓의 아비가 되었음이니라
> (요 8:44)

여섯째, 헛된 속임수에는 하나님의 진노가 임합니다.

사단은 거짓말을 하고 헛된 소문을 퍼뜨려 예수님을 십자가에 못박았습니다. 그의 제자들도 전부 죽임을 당하게 만들었습니다. 오늘날에도 사단은 궤계를 써서 헛된 소문을 퍼뜨려 영적인 사람을 쓰러뜨리려고 합니다. 우리는 헛된 속임수에 넘어가지도 말고 헛된 속임수로 남을 넘어뜨리지도 말아야겠습니다. 헛된 속임수에는 하나님의 진노가 분명히 임합니다(엡 5:6).

"아니 땐 굴뚝에 연기 날까?"라는 속담도 있지만 기독교계에 사단의 궤계가 너무 심하여 아니 땐 굴뚝에서도 연기가 납니다. 사단의 장난에는 반드시 하나님의 진노가 임합니다. 저는 고난을 받을 때마다 양심에 따라 제 자신을 비추어봅니다. 그동안 수많은 성회를 인도하면서 하나님 말씀 이외에 인간적인 욕망 때문에 잘못한 적이 있는가 늘 스스로를 점검해 왔습니다. 저는 생명이 다할 때까지 있는 힘을 다하여 주님의 복음을 전하려고 했습니다. 그러나 제 자신을 바라볼 때 정말 하나님 앞에서 보잘것없는 존재로 부끄러운 것뿐입니다.

여러 성회를 통해 은혜를 받은 분들이 많습니다. 그러나 이와 비례하여 얼마나 많은 헛된 속임수의 말이 저를 모함하여 고통스럽게 했는지 모릅니다. 헛된 말을 들을 때마다 저는 얼마나 안타까웠는지 모릅니다.

> 의를 위하여 핍박을 받은 자는 복이 있나니 천국이
> 저희 것임이라……하늘에서 너희의 상이 큼이라
> (마 5:10, 12)

저는 말씀을 부여잡고 간구합니다. '주여 상이 적더라도 좋으니 제발 도와주시옵소서' 하며 탄식한 적도 있습니다. 이와 같이 원수 마귀는 헛된 소문을 퍼뜨려 2천년 전의 예수님을 십자가에 못박고 제자들을 순교당하게 만들었듯이 오늘날도 택함 받은 자들을 쓰러뜨리려고 헛된 소문들을 계속 퍼뜨립니다. 여러분은 헛된 소문들에 귀를 기울이지 마시기 바랍니다.

> 누구든지 헛된 말로 너희를 속이지 못하게 하라 이
> 를 인하여 하나님의 진노가 불순종의 아들들에게
> 임하나니 그러므로 저희와 함께 참예하는 자 되지
> 말라(엡 5:6~7)

불순종하는 인간의 혼과 육을 지배하고 있는 것은 악의 영들입니다.

일곱째, 먼저 하나님 나라와 그 의를 구하십시요.

마지막 때인 오늘날 원수 마귀는 어떻게 해서라도 믿는 자를 혼적이고 육적인 그리스도인으로 만들려고 합니다. 그래서 열심으로 예수를 믿은 것 같았는데 주님 앞에 갔을 때 예수께서 "나는 너를 도무지 모른다"(마 7:23 참조)고 말씀하실지도 모르는 일입니다. 예수님이 나를 모른다고 하시면 모든 것이 끝입니다. 우리는 작은 일에 충성함으로 큰 일을 맡아 구원의 즐거움 속에서 마음껏 기뻐할 수 있기를 바랍니다.

사단은 언제나 우리의 혼적, 육적인 것을 통해 공격해 옵니다.

사단은 40일간 금식하신 예수님을 혼적이고 육적인 사람으로 만들려고 했습니다(마 4:2~10). 사단은 말합니다. '사십일간 금식을 하고 났으니 얼마나 배고프냐? 미국의 이민자에게 말하기를 '먼저 먹고 살아야 되지 않느냐? 예수는 차차 믿어도 된다.' 이와 같이 우리 주위에서 육적인 것을 앞세우게 하는 것은 사단의 일입니다.

이에 예수께서는 "사람이 떡으로만 살 것이 아니요 하나님의 입으로 나오는 모든 말씀으로 살 것이라"(마 4:4) 하심으로 육의 시험에 승리를 거두신 것입니다. 그래서 예수께서는 "먼저 그의 나라와 그의 의를 구하라"(마 6:33)고 말씀하셨습니다. 즉 영적인 것이 제일 위에 오고 그 다음에 혼과 육이 따라와야 한다는 말씀입니다.

여덟째, 모든 유혹을 하나님 말씀으로 물리치십시요.

예수님의 육적인 것을 시험한 사단은 또 혼적인 것을 시험합니다(마 4:6~7). 사단은 예수님을 성전 꼭대기에 세우고 하나님의 말씀(시 91:11, 12)을 교묘하게 끌어와서 말하기를 '네가 만일 하나님의 아들이거든 뛰어내리라. 천사들이 너를 받들어 발이 돌에 부딪히지 않게 하리라' 하였을 때 예수께서는 '주 너의 하나님을 시험치 말라' 하심으로 영적 승리를 거두셨습니다. 영적인 것은 사람들 앞에서 전시하여 보이거나 뽐내기 위한 것이 결코 아닙니다.

사단은 더욱 교활해집니다. 거짓 술수로 빼앗은 천하 만국의 영광을 예수님께 순식간에 보여 주고 자신에게 경배하면 세상의 권세를 다 주겠다고(눅 4:6) 할 때 예수께서 "주 너의 하나님께 경배하고 다만 그를 섬기라" 하심으로 이생의 자랑을 갖게 하는 사단의 유혹을 이긴 것입니다. 사단의 지혜가 얼마나 간교합니까? 예수님은 사단의 혼적이고 육적인 유혹들을 모두 말씀으로 물리치고 승리하셨습니다.

예수께서 베드로에게 자신이 십자가에서 돌아가실 것을 미리 말씀하셨을 때 베드로는 "그리 마옵소서"(마 16:22)라고 하면서 예수님을 만류했습니다. 사실 베드로가 예수님께 나무라듯 말린 말 뒤에는 영적인 하나님의 일보다 사람의 일을 생각하는 혼적이고 육적인 것이 더 컸습니다. 이에 예수님은 베드로에게 "사단아 내 뒤로 물러가라"(마 16:23)고 꾸짖으신 것입니다.

오늘날 우리가 주님의 일을 한다고 하면서도 혼적이고 육적으로 할 때가 너무나 많습니다. 그래서 예수님은 우리를 책망하십니다.

> 인자가 올 때에 세상에서 믿음을 보겠느냐?(눅 18:8)

많은 사람들이 잘 믿는 것같고 주님 앞에서 잘하는 것같습니다. 그러나 '주여! 주여!' 한다고 해서 하나님 나라에 다 들어가는 것은 아닙니다. 여러분은 사단의 궤계에 넘어가지 마시기 바랍니다. 진정으로 우리의 심령 속에 진리의 성령이 역사하심으로 우리가 영적으로 생활하고 말씀을 묵상하여 하나님의 뜻을 깨달음으로써 헛된 속임수에 넘어가지 않기를 바랍니다. 사단의 궤계를 성경은 이렇게 표현합니다.

> 세상에 있는 모든 것이 육신의 정욕과 안목의 정욕과 이생의 자랑이니 다 아버지께로 좇아 온 것이 아니요 세상으로 좇아 온 것이라(요일 2:16)

사단은 혼적, 육적인 것으로 우리를 얽매고 있습니다. 사단은 땅의 것, 세상 것을 바라보게 합니다. 본문 고린도전서 15:47에서 첫 아담은 땅에서 났으니 흙에 속한 자요 마지막 아담은 신령한 자라 했습니다.

바울 사도는 혼적이고 육적인 자의 마지막을 빌립보서에서 경고합니다.

> 저희의 마침은 멸망이요 저희의 신은 배요 그 영광은 저희의 부끄러움에 있고 땅의 일을 생각하는 자라(빌 3:19)

아홉째, 위엣 것을 사모하십시요.

육적이고 혼적인 사람은 자기의 배가 신(神)입니다. 그러나 영적인 사람은 위엣 것을 사모합니다.

> 그러므로 너희가 그리스도와 함께 다시 살리심을 받았으면 위엣 것을 찾으라 거기는 그리스도께서 하나님 우편에 앉아 계시느니라 위엣 것을 생각하고 땅엣 것을 생각지 말라(골 3:1~2)

우리는 이미 예수와 함께 죽고 예수와 함께 살아났으므로 영적인 사람으로 바꾸어져야 된다는 말씀입니다.

결론적으로 말씀드리면, 사단은 사람의 혼과 육을 유혹하고 지배하여 하나님의 뜻을 거역하게 하고 자기의 욕망을 확장시키려 하고 있습니다. 모든 성도들은 사단의 궤계를 알고 성령 충만하여 하나님의 말씀을 붙잡고 사단을 대적하여 승리하는 영적 그리스도인이 되어야 합니다.

11. 혼(魂)
─ 구원받아야 할 대상 ─

본문말씀 : 요한계시록 13 : 11~18

¹¹내가 보매 또 다른 짐승이 땅에서 올라오니 새끼 양같이 두 뿔이 있고 용처럼 말하더라 ¹²저가 먼저 나온 모든 짐승의 모든 권세를 그 앞에서 행하고 땅과 땅에 거하는 자들로 처음 짐승에게 경배하게 하니 곧 죽게 되었던 상처가 나은 자니라 ¹³큰 이적을 행하되 심지어 사람들 앞에서 불이 하늘로부터 땅에 내려오게 하고 ¹⁴짐승 앞에서 받은 바 이적을 행함으로 땅에 거하는 자들을 미혹하며 땅에 거하는 자들에게 이르기를 칼에 상하였다가 살아난 짐승을 위하여 우상을 만들라 하더라 ¹⁵저가 권세를 받아 그 짐승의 우상에게 생기를 주어 그 짐승의 우상으로 말하게 하고 또 짐승의 우상에게 경배하지 아니하는 자는 몇이든 다 죽이게 하더라 ¹⁶저가 모든 자 곧 작은 자나 큰 자나 부자나 빈궁한 자나 자유한 자나 종들로 그 오른손에나 이마에 표를 받게 하고 ¹⁷누구든지 이 표를 가진 자 외에는 매매를 못하게 하니 이 표는 곧 짐승의 이름이나 그 이름의 수라 ¹⁸지혜가 여기 있으니 총명 있는 자는 그 짐승의 수를 세어 보라 그 수는 사람의 수니 육백 육십 육이니라.

예수를 믿을 때 우리의 영, 속사람이 거듭납니다. 그러나 혼적인 것은 거듭난 것이 아니라 타고난 것으로 세상에 살던 그대로 남아 있습니다. 거듭나는 것은 우리의 영인 속사람입니다. 적그리스도가 혼적인 힘을 발휘하여 이 마지막 시대에 세상을 통일시키는 일이 본문에 기록되어 있습니다.

본문을 이해하려면 다니엘서의 내용을 알아야 합니다. 다니엘 7장에 나오는 네 짐승은 네 나라를 의미합니다. 첫째는 바벨론의 느부갓네살에 대한 것이요, 둘째는 메대와 파사의 다리오와 고레스왕에 대한 것이요, 셋째는 헬라의 알렉산더 대왕에 대한 것이요, 넷째는 로마의 시저에 대한 것입니다. 이들은 모두 힘과 무력으로 전 세계를 통일시키려 했던 사람들입니다. 또한 하나님의 백성인 이스라엘을 핍박했던 나라들입니다.

요한계시록 13장에 한 짐승이 묘사되어 있습니다. 이 짐승은 다니엘서에 나오는 넷째 짐승의(단 7:7) 형상을 띠고 있으며 용이 이 짐승에게 능력을 주었다고 합니다(계 13:2). 이 용에 대해서 성경은 다음과 같이 말합니다.

> 용을 잡으니 곧 옛 뱀이요 마귀요 사단이라(계 20:2)

사단인 용이 위의 네 나라 왕들의 혼을 통하여 역사했다는 사실을 우리는 성경을 통해 알 수 있습니다. 용이 한 인간에게 초인적 능력을 주었는데, 이 능력을 받은 자가 곧 적그리스도의 모형입니다(계 13:4). 본문 말씀에 이 적그리스도가 머리에 치명상을 입어 곧 죽게 되었다가 다시 기적적으로 소생하자 세상의 많은 무리들이 그를 따릅니다. 적그리스도는 사단이 준 능력을 행하고, 그에게 경배하지 않는 자는 모두 죽이며 또한 이마나 오른손에 666이란 표를 주어 모든 사람을 통제합니다(12~18절).

현재 유럽에서는 유럽공동체(EC)가 있고 앞으로 정치 공동체인 유럽합중국을 설립할 것을 결의했습니다. 유럽합중국의 수도가 될 브뤼셀에는 세계 모든 인간의 자료를 넣을 수 있는 거대한 컴퓨터가 설치되어 있습니다. 이 컴퓨터로 세상 모든 사람에 대한 일련 번호를 넣으려면 그 숫자에 666이 들어가야 한다고 합니다. 현재 우리가 쓰고 있는 것같이 카드식으로 하면 잃어버릴 우려가 있으므로 이를 방지하기 위해 손이나 이마에 자기를 나타내는 번호를 새길 수 있습니다.

첫째, 적그리스도의 세 가지 일

적그리스도는 세 가지 큰 일을 하는데, 첫째로 그는 세계의 모든 종교를 하나로 통일시키는 일을 합니다. 둘째로 작은 자나 큰 자나, 부자나 빈궁한 자나 모두에게 짐승의 표 666을 받게 하여 경제적인 통일을 시키려 합니다. 셋째로 다니엘서의 네 나라 왕들같이 전 세계를 정치적으로 통일시키려고 합니다. 적그리스도는 세상에서 어느 정도 기반을 잡은 후 예루살렘으로 갑니다.

> 저는 대적하는 자라 범사에 일컫는 하나님이나 숭배함을 받는 자 위에 뛰어나 자존하여 하나님 성전에 앉아 자기를 보여 하나님이라 하느니라 (살후 2:4)

적그리스도는 세계의 종교 통일을 위해 예루살렘으로 본부를 옮기고 자기를 하나님이라 합니다.
  노아의 홍수로 심판 받은 인간들은 또다시 하나님을 대적하고 자기 이름을 위하여 바벨탑을 구축했습니다.

> 또 말하되 자, 성과 대를 쌓아 대(Tower) 꼭대기를

> 하늘에 닿게 하여 우리 이름을 내고 온 지면에 흩어
> 짐을 면하자(창 11:4)

그들은 하나님의 이름이 아닌 자기들의 이름을 내고 하나님과 대적하기 위해 흩어지지 말고 하나로 뭉치자고 하였습니다. 이와 같이 적그리스도는 이 세상의 마지막 때에 세계의 정치, 경제, 종교를 하나로 통일시켜 하나님을 대적하고 자기 자신을 하나님으로 내세우고자 합니다.

적그리스도가 하는 모든 행동, 구약에서 타락한 인간들이 저지른 죄악들, 다니엘서의 네 나라 왕들의 세계 통일 시도 및 아담과 하와에게 금지된 선악과를 먹게 한 일, 이 모든 것이 사단이 우리 인간을 통해 한 일들입니다. 사단은 교묘하게 인간을 유혹합니다.

> 뱀이 여자에게 이로되 너희가 결코 죽지 아니하리
> 라 너희가 그것을 먹는 날에는 너희 눈이 밝아 하나
> 님과 같이 되어 선악을 알 줄을 하나님이 아심이니
> 라(창 3:4~5)

인간을 교만하게 만들어 하나님과 같이 된다는 허망한 욕심을 갖게 만든 것입니다. 사단의 과거와 본성은 이사야서에 잘 설명되어 있습니다.

> 네가 네 마음에 이르기를 내가 하늘에 올라 하나님
> 의 뭇별 위에 나의 보좌를 높이리라 내가 북극 집회
> 의 산 위에 좌정하리라 가장 높은 구름에 올라 지극
> 히 높은 자와 비기리라 하도다(사 14:13~14)

이와 같이 사단은 교만하여 하나님의 자리에 올라가려고 하다

가 하늘에서 떨어졌습니다(사 14:12). 사단의 본성은 하나님과 대적하여 하나님과 같이 높아 보자는 것입니다. 사단은 이러한 궤계(詭計)를 우리 인간을 통하여 지금도 실행하고 있습니다.

사단은 수단과 방법을 가리지 않고 하나님과 교통하는 우리의 영을 파괴시키기 위해 우리를 혼적이고 육적인 인간으로 타락시키려고 합니다. 창세기 6:1~3은 이러한 사단의 계략에 의하여 사람이 범죄함으로 하나님의 신이 떠나가고 육적인 인간으로 바꾸어진 후에 인간이 점점 더 타락해간 모습을 설명하면서 하나님이 인류를 물로 심판하시는 이유를 설명하고 있습니다.

> 여호와께서 가라사대 나의 신이 영원히 사람과 함
> 께하지 아니하리니 이는 그들이 육체가 됨이라
> ……(창 6:3)

둘째, 영이 구원을 받은 후에 우리의 혼도 구원을 받아야 합니다.

예수를 구주로 영접하지 않은 사람은 모두 혼적, 육적인 사람입니다. 예수를 영접할 때 죽었던 우리의 영이 다시 살아납니다. 우리는 이를 거듭난다고 말하며 이것이 구원의 첫째 목적입니다.

구원의 둘째 목적은 영이 죽음으로 말미암아 사단에게 점령되어 완전히 그 지배를 받던 혼을 구원시키는 것입니다. 우리가 예수를 구주로 모시는 순간 영은 구원을 받지만 혼은 아직 구원 받은 것이 아닙니다. 혼이 구원을 받는다는 뜻은 혼이 성령의 지배 하에 들어와서 그리스도의 형상, 즉 우리가 하나님이 원하시는 인격으로 변화된다는 말로서 성화되어 가는 것을 말합니다.

베드로전서 1:9에서 믿음의 결국은 영혼의 구원(salvation of your souls)이라 했습니다. 우리가 예수 그리스도를 믿는 궁극적인 목표는 영이 구원 받을 뿐 아니라 우리의 혼(soul)도 구원을 이루어야 한다는 말입니다. 그래서 빌립보서 2:12에서 "두렵고 떨림으로 너희 구원을 이루라"고 한 것입니다. 또 야고보서 1:21에서도 "너희 영혼을 구원할 바"(to save your souls)라고 했습니다.

> 그러므로 모든 더러운 것과 넘치는 악을 내어 버리고 능히 너희 영혼을 구원할 바 마음에 심긴 도를 온유함으로 받으라(약 1:21)

우리는 하나님의 말씀대로 이 혼적인 것도 구원받아야 합니다.

셋째, 우리의 몸도 구원을 받아야 합니다.

우리의 몸도 구원받아야 합니다. 하나님께서는 사람을 신령한 존재로 지으셨습니다. 그러나 마귀는 사람을 유혹하여 육의 존재가 되게 만들었습니다. 그러므로 인간을 다시 신령한 영적 존재로 만들려는 것이 하나님의 구원의 계획입니다.

> 너희 몸은 너희가 하나님께로부터 받은 바 너희 가운데 계신 성령의 전인 줄을 알지 못하느냐 너희는 너희의 것이 아니라 값으로 산 것이 되었으니 그런즉 너희 몸으로 하나님께 영광을 돌리라(고전 6:19~20)

따라서 몸이 흠없이 보전되는 것(살전 5:23)이 구원의 세번째 단계입니다.

우리가 예수를 믿는다고 해도 혼적인 것이 구원받지 못하면 많은 문제가 생깁니다. 교회 나올 때는 신자이지만 세상에 나가면 세상 사람이 되어버리는 것입니다. '꼭 그렇게 믿어야 하나' 하고 반문하는 사람들은 그들의 혼 속에 아직도 사단의 장난이 남아 있기 때문입니다. 그래서 사도 바울은 우리가 사단의 궤계를 모르는 바가 아니라고 한 것입니다. 에베소서 2:3에 보면 육체와 마음이, 즉 몸과 혼이 원하는 대로 하는 것은 사단의 궤계 때문이라고 합니다. 예수 그리스도는 이러한 사단의 궤계에서 우리를 벗어나게 하셨습니다.

넷째, 사단의 궤계

1) 헛된 말로 유혹합니다.
사단은 헛된 말로 우리를 속이고 유혹합니다.

> 누구든지 헛된 말로 너희를 속이지 못하게 하라(엡 5:6)

> 저는……거짓을 말할 때마다 제 것으로 말하나니 이는 저가 거짓말장이요 거짓의 아비가 되었음이니라(요 8:44)

사단은 또한 우리의 혼과 육을 장악하여 땅의 것만 생각하게 합니다. 땅의 것만 생각하는 자들의 마침은 멸망일 뿐입니다.
사단은 우리 영에는 들어오지 못하지만 우리의 혼과 몸에 들어와서 우리를 멸망의 길로 이끌고 있습니다. 교만하여 하나님을 대적하다가 타락한 사단은 옛버릇 그대로 우리를 유혹하여 넘어뜨리려 하고 있습니다.

2) 육과 육신에 속한 자로 만듭니다.

사단은 우리를 육에 속한 자, 육신에 속한 자로 만들려고 합니다. 사람은 육에 속한 자, 육신에 속한 기독교인(flesh or worldly man), 그리고 신령한 그리스도인의 세 가지 종류로 나누어집니다(고전 1:10~3:15).

먼저 육에 속한 자(natural man, 고전 2:14)는 자연인으로 예수를 믿지 않고 세상에서 배만 채우고 사는 자입니다.

> 육에 속한 사람은 하나님의 성령의 일을 받지 아니하나니 저에게는 미련하게 보임이요 또 깨닫지도 못하나니 이런 일은 영적으로라야 분변함이니라(고전 2:14)

여기에서 "육에 속한 사람"은 "자연인"(the natural man : NKJV) 또는 "성령이 없는 자"(the man without the Spirit : NIV)라고 되어 있는데 헬라어 원어로는 "프쉬키코스"로서 "비(非)영적인"(un-spiritual, non-spiritual), "하나님의 영을 갖지 않은"(not possessing the Spirit of God), "육적인"(physical, material) 사람을 뜻하는 말입니다.

다음에는 육신에 속한 자(carnal man, 고전 3:1)입니다.

> 형제들아 내가 신령한 자들을 대함과 같이 너희에게 말할 수 없어서 육신에 속한 자 곧 그리스도 안에서 어린 아이들을 대함과 같이 하노라(고전 3:1)

여기에서 "육신에 속한 자"는 "신령한(spiritual) 자" 즉 영적인 그리스도인과 반대되는 말로서 영어로 "carnal"(NKJV) 또는 "worldly"(NIV)로 되어 있는데 원어로는 "사르키노이스", 즉 "이 세상에 속한", "하나님의 영의 통제를 받지 않는"(not under the control of God's Spirit) 또는 "인간적인"(human) 그리스도인을 뜻하는 말입니다. 이들은 예수를 믿고 영은 구원을 받았으나 아직도 믿음이 어린 아이같이 혼적으로 사는 사람들입니다.

마지막으로 신령한 자(spiritual man, 고전 2:15, 3:1)는 영이 구원을 받고 혼과 육까지 성령의 지배를 받아 사는 사람들입니다.

예수를 혼적으로 믿는 사람들의 공력(功力)은 불에 타 없어집니다(고전 3:13, 15). 그들은 구원은 받으나 혼과 육이 변화를 받지 못한 상태이기 때문에 이들이 행한 모든 일들은 하나님의 나라와는 상관이 없어 상급이 없는 부끄러운 구원을 받게 됩니다(고전 3:15). 예수를 믿으면 영은 구원을 받으나 죄 때문에 혼과 육은 사단에게 내어준 바가 됩니다. 고린도전서 5장에 나타난 아비의 첩과 동침한 자식이 이 경우에 해당됩니다. 이들은 영은 구원을 받았으나 혼과 육이 사단의 지배 하에 있으므로 헛된 말, 비방하는 말을 잘 하며 정죄를 잘 합니다. 오늘날 외모로는 하나님을 잘 섬기는 것같으나 사단에게 내어준 바 된 사람들이 너무나 많습니다.

혼적인 신자 곧 육신에 속한 자들은 비록 거듭난 자들이지만 그들의 혼이 사단의 지배를 받습니다. 그들의 생각이 사단의 지배를 받아 분쟁, 시기, 질투하는 마음으로 교회를 파괴하고 가정을 파괴합니다. 이러한 사단의 궤계에 넘어가지 않아야 합니다.

3) 혼의 능력을 극대화시킵니다.

사단은 온갖 방법을 동원하여 우리로 하여금 타고난 혼으로 활동하기를 원합니다. 오늘날 세상에서는 어떻게 하면 혼이 몸에서 벗어날 수 있는가를 연구합니다. 사람에게 주어진 능력, 즉 혼적인 능력을 100이라 할 때, 보통 사람은 20정도만 사용한다고 합니다.

초심리학(parapsychology)은 사람에게 잠재되어 있는 혼의 능력과 그 현상을 심리학적 방법으로 연구하는 학문으로서 그 한 분야로 최면술이 있으며 최면술이란 혼으로 하여금 육의 구속을 벗어나 그 힘을 발산하여 극대화하도록 하는 것입니다.

플로리다주 옆 바다에 버뮤다 삼각지대라는 곳이 있습니다. 이곳을 지나가는 비행기, 배 등이 많이 실종되었다고 합니다. 특히 배의 실종을 연구하기 위해 최면술을 사용했습니다. 최면술에 걸린 사람의 혼이 육신의 한계를 벗어나 바닷속으로 들어가서 바닷속의 것을 보고 얘기해 줍니다.

죽은 사람의 시체를 찾기 위해 최면술을 이용하는 장면을 담은 영화도 있습니다. 혼의 능력이 활동하는 것입니다.

최면술을 사용하여 무거운 짐을 옮길 수도 있습니다. 트럭 위의 큰 돌을 아무 장비도 없이 옮겨서 그 돌로 지은 집이 플로리다주에 있다고 합니다. 혼의 능력으로 이런 일들을 하는 것입니다.

정신 감응술(telepathy)이란 혼의 능력으로 수천 마일 밖에 있는 곳을 볼 수도 있는 것을 말합니다.

심령술이란 멀리 있는 것을 볼 수 있을 뿐만 아니라 다른 사람의 생각을 알아 맞히기도 합니다. 최면술, 정신 감응술 등 심령술의 배후에서 조종하는 것이 바로 사단입니다.

하나님께서는 이스라엘 백성의 영적 청결을 위하여 이런 것들을 행하는 자는 모두 다 죽이라고 명령하셨습니다(레 20:27 ; 신 18:10~12). 이들은 모두 하나님의 영광을 가립니다.

힌두교에서는 경을 외워 자기 육적인 것을 죽이고 그 속에 숨은 혼의 힘을 발휘하게 만듭니다. 혼의 힘이 발휘될 때 뜨거운 불 위를 맨발로 걸어도 발이 상하지 않습니다. 혼의 힘으로 육을 보호하는 것입니다.

　흔히들 말하는 무아지경이란 것도 육을 벗어나서 혼적인 힘을 발휘할 때 인간에게 깨달음을 주는 것인데 이러한 혼의 힘이 발휘되는 배경에는 사단의 역사가 있습니다. 점치는 것도 사단의 조종을 받습니다. 점을 치는 자는 귀신에 접하여 사람의 과거, 현재의 일을 알아맞힙니다. 혼적인 힘이 육을 벗어나서 악령과 접함으로써 가능해집니다.

　기(氣)를 사용하여 질병을 치료하는 것도 그 힘의 근원이 사단에게서 온 것입니다.

　오늘날 전세계적으로 만연해 있는 각종 뉴 에이지 운동은 위와 같은 일들과 더불어 요가, 마인드 컨트롤(mind control), 초월명상(transcendental meditation) 등을 통하여 인간의 혼의 능력을 극대화하여 신의 경지에 들어가고자 하는 것으로 그 배후에는 사단이 있음을 알아야 합니다.

다섯째, 하나님의 역사는 영을 통해 나타납니다.

　요한계시록 13장에 보면 적그리스도가 머리에 상처를 입고 죽게 되었습니다. 이때 용, 즉 사단의 힘이 역사하여 혼적인 힘이 발휘되어 소생하는 역사가 일어납니다. 이에 적그리스도를 따르는 거짓 선지자가 나타나 적그리스도의 우상을 만들어 절하게 합니다. 적그리스도는 하늘에서 불이 내려오게 하며 돌로 만들어진 우상이 말을 하게 만듭니다. 이 모든 것은 혼의 힘으로 시행됩니다.

　그러나 하나님의 역사는 혼을 통해서 오는 것이 아닙니다. 하나님은 우리의 영을 통해 역사하십니다. 하나님의 역사는 성령이 더불어 일하시는 우리의 영을 통해 나타납니다. 오늘날 많은 사람들이 이와 같은 사실을 모르고 있습니다. 즉 혼적인 힘과 영적인 힘을 구별하지 못하므로 하나님의 능력을 분별하지 못하고 무조건 '최면술이다, 마귀가 주는 것이다'라고 말합니다. 그러나 하나님의 능력을 함부로 판단해서는 안됩니다.

오늘날 사단은 이와 같이 여러 사람들을 미혹하기 위해 갖은 방법을 다 동원합니다. 그러므로 우리는 정신을 차리고 영적으로 무장하여 하나님의 말씀을 따라 이런 현상들을 잘 분별하며 매우 조심해야 합니다. 그러나 혼적인 세상 지식으로는 이를 알 수 없기 때문에

> 하나님의 지혜에 있어서는 이 세상이 자기 지혜로 하나님을 알지 못하는고로 하나님께서 전도의 미련한 것으로 믿는 자들을 구원하시기를 기뻐하셨도다
> (고전 1:21)

하였습니다. 따라서 우리는 이 혼적인 것들을 모두 구원시켜야 합니다. 혼적인 구원이란 모든 생각을 사로잡아 그리스도께 복종케 하는 것입니다.

> 모든 이론을 파하며 하나님 아는 것을 대적하여 높아진 것을 다 파하고 모든 생각을 사로잡아 그리스도에게 복종케 하니(고후 10:5)

혼적인 모든 것을 구원하여 그리스도에게 인도해 주시는 분이 성령이십니다. 성령은 하나님의 말씀을 통해 우리에게 역사하십니다. 그래서 말씀을 온유함으로 받으라고 했습니다. 우리는 항상 있고 살아 있는 말씀으로 거듭났습니다(벧전 1:23). 우리는 말씀을 통해 혼도 변화를 받아야 합니다. 혼이 변화받는 것도 구원입니다. 가난에서 부하게 되는 것도 구원입니다. 병든 자가 강건해

지는 것도 구원입니다. 죄에서 해방되는 것도 구원입니다.
 우리의 혼적인 것이 파괴될 때 영적인 것이 살아납니다. 혼적인 것을 버릴 때 영생을 얻게 됩니다.

> 자기 목숨을 얻는 자는 잃을 것이요 나를 위하여 자
> 기 목숨을 잃는 자는 얻으리라(마 10:39)

 혼적인 것, 즉 육신의 정욕, 안목의 정욕 및 이생의 자랑을 다 버리는 자라야 영적인 삶을 얻을 수 있습니다. 예수께서 "인자가 올 때에 세상에서 믿음을 보겠느냐"(눅 18:8)라고 하셨습니다. 그것은 많은 사람들이 예수님을 영적으로 믿지 않고 혼적으로 믿는 것을 탄식하신 말씀입니다.
 로마서 8:16에 보면 성령께서 친히 우리의 영과 더불어 우리가 하나님의 자녀임을 증거하십니다. 성령으로써 우리의 영은 구원받았다는 증거입니다. 그러나 혼은 아직 거듭난 것이 아니므로 모든 생각을 사로잡아 그리스도께 복종시켜야 혼의 구원이 되는 것입니다. 그래서 로마서 14:17에 보면 하나님의 나라는 먹는 것과 마시는 것, 즉 육체적인 것에 있는 것이 아니라 성령 안에서 하나님의 의와 평강과 희락을 누리는 것이라고 했습니다. 이는 성령의 역사로 우리 영이 혼의 통로를 통해 밖으로 나타날 때 하나님의 의가 나타나고 기쁨이 있고 육체는 고단하나 심령에 평안이 있다는 말씀입니다.
 우리는 영적으로 예수를 믿고 혼적인 것을 이기는 성도가 되어야 합니다. 마귀의 궤계가 혼을 통해 나타나기 때문입니다. 마귀의 궤계와 성령의 역사를 분별하는 방법을 다음 장에서 알아보겠습니다.

12. 영분별

본문말씀 : 고린도후서 11 : 1~15

¹원컨대 너희는 나의 좀 어리석은 것을 용납하라 청컨대 나를 용납하라 ²내가 하나님의 열심으로 너희를 위하여 열심 내노니 내가 너희를 정결한 처녀로 한 남편인 그리스도께 드리려고 중매함이로다 ³뱀이 그 간계로 이와를 미혹케 한 것같이 너희 마음이 그리스도를 향하는 진실함과 깨끗함에서 떠나 부패할까 두려워하노라 ⁴만일 누가 가서 우리의 전파하지 아니한 다른 영을 받게 하거나 혹 너희의 받지 아니한 다른 복음을 받게 할 때에는 너희가 잘 용납하는구나 ⁵내가 지극히 큰 사도들보다 부족한 것이 조금도 없는 줄 생각하노라 ⁶내가 비록 말에는 졸하나 지식에는 그렇지 아니하니 이것을 우리가 모든 사람 가운데서 모든 일로 너희에게 나타내었노라 ⁷내가 너희를 높이려고 나를 낮추어 하나님의 복음을 값없이 너희에게 전함으로 죄를 지었느냐 ⁸내가 너희를 섬기기 위하여 다른 여러 교회에서 요를 받은 것이 탈취한 것이라 ⁹또 내가 너희에게 있어 용도가 부족하되 아무에게도 누를 끼치지 아니함은 마게도냐에서 온 형제들이 나의 부족함을 보충하였음이라 내가 모든 일에 너희에게 폐를 끼치지 않기 위하여 스스로 조심하였거니와 또 조심하리라 ¹⁰그리스도의 진리가 내 속에 있으니 아가야 지방에서 나의 이 자랑이 막히지 아니하리

라 ¹¹어떠한 연고뇨 내가 너희를 사랑하지 아니함
이냐 하나님이 아시느니라 ¹²내가 하는 것을 또 하
리니 기회를 찾는 자들의 그 기회를 끊어 저희로 하
여금 그 자랑하는 일에 대하여 우리와 같이 되게 하
려 함이로라 ¹³저런 사람들은 거짓 사도요 궤휼의
역군이니 자기를 그리스도의 사도로 가장하는 자들
이니라 ¹⁴이것이 이상한 일이 아니라 사단도 자기
를 광명의 천사로 가장하나니 ¹⁵그러므로 사단의
일꾼들도 자기를 의의 일꾼으로 가장하는 것이 또한
큰 일이 아니라 저희의 결국은 그 행위대로 되리라

  본문 말씀은 사도 바울이 자신을 통해 복음을 들은 자들이 자신의 진심을 알아주지 못했을 때 안타까운 심정으로 무엇이 진실인가를 깨우치기를 바라며 쓴 것입니다. 그는 고린도 교인들 가운데 몇몇이 거짓 사도인 "궤휼의 역군"(deceitful workers)에 속아 넘어간 것을 알고 마음이 찢어지는 심정으로 사단의 궤계가 어떠한 것인가를 분별할 수 있도록 알리는 말씀으로 편지를 썼던 것입니다.
  사단이 거짓 일꾼들을 통하여 고린도 교회에 하나님의 은혜가 크게 내린 것을 훼방하고 하나님의 진리의 복음의 말씀을 왜곡하여 진리를 떠나게 함을 보고 그들이 궤휼의 역군이며 그들의 일은 파멸로 끝난다는 것을 경고하였습니다.
  바울 사도는 고린도 교회에 편지하면서 자신은 오직 정결한 처녀를 한 남편인 그리스도께 드리려고 중매하려 한다고 했습니다. 십자가의 보혈을 전하고 내 힘을 다하여 내 생애를 주께 바치며 나로 인해 오직 그리스도만을 존귀하게 했다고 합니다. 그럼에도 불구하고 거짓 일꾼들이 다른 예수, 다른 영, 다른 복음을 말할 때는 그렇게도 쉽게 받아들였느냐고 한탄합니다. '다메섹 도상에서 빛을 비추신 예수님 때문에 나 자신이 낮아질대로 낮아져 너희를 높이지 않았던가?(7절) 내가 이 복음을 전하며 돈을 요구한 적이 있는가? 내가 누구에게 누를 끼친 적이 있는가?'

그럼에도 불구하고 사단의 궤계에 빠져 있는 고린도 교인들이 안타깝기만 했습니다. 그래서 그는 광명의 천사, 의의 일꾼으로 가장하는 사단의 속임수에 쉽게 넘어간 그들을 훈계합니다. 오늘날에도 사단의 궤계에 넘어간 교인이 너무나 많습니다. 사단의 일꾼들은 어떻게 하든지 주님의 진리의 복음을 전하고 주님께 충성하는 자를 훼방하기 위해 성도들을 미혹시키려고 합니다.

첫째, 어떻게 영을 분별할 수 있습니까?

그러면 어떻게 하면 이와 같은 일들이 사단의 궤계에 의한 것인지를 알 수가 있으며 어떻게 하면 영들을 분별할 수 있는가를 살펴보겠습니다.

예수를 믿는 사람의 영은 거듭났습니다. 그러므로 사단의 영은 예수를 믿는 자들의 영에는 들어올 수 없습니다. 예수를 믿지 않는 사람들은 사단의 종이므로 사단이 그들에게는 별로 손을 대지 않습니다. 사단은 예수를 믿는 자들을 훼방하고 타락시켜 은혜를 받지 못하게 합니다. 바울 사도는 사단의 궤계를 잘 알고 있었습니다(고후 2:11~12). 사단이 우리의 육체를 통해 질병을 주고 혼을 통해서는 훼방하는 말을 하게 합니다.

예언 기도를 받는 사람들 가운데 이 예언이 하나님께로부터 온 것인지 사단에게로부터 온 것인지를 잘 모르기 때문에 때로는 무조건 하나님의 말씀으로 받아들이다가 실족하는 수도 있습니다. 그런가 하면 성령의 감동에 의해 하는 예언도 무조건 사단의 역사라고 비난하는 사람이 있습니다.

바울 사도는 사단의 일꾼들을 가리켜 "거짓 사도요 궤휼의 역군이니 자기를 그리스도의 사도로 가장하는 자들"(고후 11 : 13)이라 했습니다. 사단이 광명의 천사로 가장하는 이유는 분명합니다.

> 도적이 오는 것은 도적질하고 죽이고 멸망시키려는
> 것뿐이요(요 10 : 10)

쉽게 말하면 사단의 주 목적은 영적으로 거듭난 사람을 멸망시키기 위한 것입니다. 그러므로 우리는 영을 다 믿지 말고 오직 영들이 하나님께 속했나 시험해야 합니다(요일 4 : 1).

> 성령이 밝히 말씀하시기를 후일에 어떤 사람들이
> 믿음에서 떠나 미혹케 하는 영과 귀신의 가르침을
> 좇으리라 하셨으니(딤전 4 : 1)

미혹의 영이 하나님의 역사를 혼란케 하여 하나님의 진리가 나타나지 못하게 막는 수가 있기 때문에 우리는 영 분별의 은사(고전 12 : 10)를 받아야 합니다. 그러나 영 분별의 은사를 받았더라도 사단의 훼방으로 혼적인 것이 나타날 때 잘못을 범할 수도 있습니다.

1) 성령께서 직접 개입하셔서 분별시키십니다.

영 분별의 은사는 몇 가지 방법으로 나타납니다. 첫째는 성령께서 어떤 사람에게 직접 그 은사를 주셔서 그를 통해서 모든 것을 가르치고, 모든 것을 깨닫게 하고 예수님의 모든 말씀을 생각나게 해줍니다.

2) 하나님의 말씀으로 영을 분별합니다.

둘째는 우리가 하나님의 말씀을 잘 깨달아 알 때 말씀을 통해 그 영을 분별할 수가 있습니다. 그러므로 특별히 영 분별의 은사를 받지 못했더라도 하나님의 진리의 말씀을 올바로 깨달으면 영을 분별할 수가 있습니다.

> 대저 젖을 먹는 자마다 어린 아이니 의의 말씀을 경험하지 못한 자요 단단한 식물은 장성한 자의 것이니 저희는 지각을 사용하므로 연단을 받아 선악을 분변하는 자들이니라(히 5 : 13~14)

장성한 자는 지각, 즉 하나님의 말씀을 사용하므로 연단, 즉 훈련을 잘 받아서 선과 악을 잘 분변(分辨, discern)하는 자들이라 했습니다. 성도는 모두 하나님의 말씀으로 영을 분별할 수 있을 뿐만 아니라 하나님의 말씀을 깨닫고 연단을 받아서 사단의 궤계가 무엇인가를 분명히 알 수 있어야 합니다.

3) 열매를 보고 영을 분별합니다.

셋째로 열매를 보고 알 수 있습니다. 사단이 우리의 혼과 육을 통해 역사할 때 육체의 열매가 나타납니다(갈 5 : 19~21). 그러나 성령의 열매는 성령이 우리의 거듭난 속사람과 함께 일할 때 나타납니다.

> 오직 성령의 열매는 사랑과 희락과 화평과 오래 참음과 자비와 양선과 충성과 온유와 절제니(갈 5 : 22~23)

둘째, 성령의 열매를 맺는 자의 마음은 천국을 이룹니다.

천국은 먹고 마시는 것이 아니라 "성령 안에서 의와 평강과 희락"입니다(롬 14 : 17). '의'는 예수 그리스도의 의로 말미암아 죄사함을 받는 것이며 의가 있는 자의 심령에는 평안과 기쁨이 있습니다. 성령의 열매를 맺을 때에 마음 천국이 이루어지는 것입니다. 하나님의 나라는 여기 있다 저기 있다 하는 것이 아니고 우리의 마음속에 있는 것입니다.

그러면 내가 성령의 열매를 맺고 마음속에 천국을 이루고 있다는 사실을 어떻게 알 수 있습니까?

> 빛의 열매는 모든 착함과 의로움과 진실함에 있느니라(엡 5 : 9)

빛의 열매는 헛된 말을 하지 않으며 그 속에는 진실함이 있습니다. 하나님의 자녀는 하나님의 일을 해야 하기 때문입니다.

셋째, 악령의 열매

악령의 열매로 나타나는 것을 분별하는 방법을 살펴보겠습니다.

1) 지절거리고 속살거립니다.

> 혹이 너희에게 고하기를 지절거리며 속살거리는 신접한 자와 마술사에게 물으라 하거든 백성이 자기 하나님께 구할 것이 아니냐 산 자를 위하여 죽은 자에게 구하겠느냐 하라(사 8 : 19)

악령이 역사하여 지절거리고 속살거리는 자가 있는데 이는 신접한 자입니다. 오늘날 신접한 자가 교회 안에서 하나님의 성령의 역사를 방해합니다. 이들은 하나님께 영광을 돌리는 성령 충만한 교회, 성령의 열매를 맺는 교회에 와서 혼란하게 만들고 훼방하기 위해 교회 안팎에서 지절거리고 속살거립니다. 이미 악령에 사로잡혀서 마치 성령의 역사인 것처럼 흉내를 내면서 헛된 소문을 퍼뜨립니다. 망령되고, 허탄하며(딤전 4 : 7), 떠돌아다니는 말에 덧붙여 계속 헛된 말을 만들어 냅니다. 에베소서 5 : 6에서는 "누구든지 헛된 말로 너희를 속이지 못하게 하라"고 했습니다.

지절거리고 속살거리는 뱀의 간계로 바울 사도가 하나님의 말씀 전하는 것을 다른 사람들이 못 듣도록 방해했습니다. 오늘날 우리 주위에는 이와 같이 마귀의 속임수에 넘어간 성도들이 많아 하나님의 영광을 가리우고 하나님의 말씀을 듣지 못하게 하며 성령의 감동을 받지 못하게 합니다.

지절거리고 속살거리는 사람은 말과 행동이 경망스럽습니다. 하나님은 인격을 가지신 분이므로 위엄있게 대화하시지 지절거리거나 속살거리게 하지 않습니다. 많은 사람들이 이 진리를 모르기 때문에 사단의 장난에 쉽게 넘어 갑니다.

때로는 이른 새벽에 '교회에 가서 기도하라, 회개하라' 하면서 광명의 천사같이 나타나기도 합니다. 그러나 주님께서 역사하실 때에는 성경의 말씀으로 역사하시며 그 말씀에 위엄이 있고 모든 것이 그 말씀대로 이루어집니다. 악령에 접한 자는 다른 사람의 음성으로 말하기도 합니다. 환상을 통해 영적인 사람을 이상하게 보이게도 합니다. 이런 이들은 우리가 아무리 하나님의 말씀으로 가르쳐도 올바르게 깨닫지 못하고 자기만이 옳다고 주장하며, 가르쳐 주는 사람을 오히려 모함합니다.

2) 헛된 소문으로 모함합니다.

성령과 악령의 역사를 분별하지 못하는 자들이 "어느 집회에 가서 악령을 받았다, 누구에게 기도 받고 악령을 받았다"하고 헛된 소문을 퍼뜨리지만 이는 예수님의 이름으로 기도할 때 귀신은 쫓겨나가며 빛되신 예수님이 나타나실 때 흑암 속에 숨어 있던 악령들이 빛으로 인하여 정체가 드러나게 되는 현상을 분별하지 못하고 하는 어리석은 말들입니다.

예수의 제자들이 예수께 와서 "우리를 따르지 않는 자들이 주님의 이름으로 귀신을 쫓는데 못하게 할까요?" 하고 물었을 때 예수님은 내 이름으로 귀신을 쫓는 자가 당장에 나를 비방할 자가 없으니 그대로 두라고 하셨습니다(막 9:38~40). 그런데 예수님을 따르며, 예수의 이름으로 기도하고 예수의 이름으로 사단을 쫓고 예수의 이름으로 행하며 하나님의 말씀에 순종하여 살며 자기 몸을 쳐서 그리스도께 복종케 하는 사역자에게는 예수 그리스도의 능력의 밝은 빛이 분명히 나타납니다.

예수께서 귀신들려 눈 멀고 벙어리 된 자로부터 귀신을 쫓아내고, 그로 하여금 보고 말할 수 있도록 고쳐 주셨을 때 바리새인들은 예수님이 귀신의 왕 바알세불을 힘입어 귀신을 쫓아내었다고 했습니다. 이에 예수님은 사단이 어떻게 스스로 분쟁하여 사단을 쫓느냐? 이것은 오직 강한 자인 사단을 더 강하신 성령께서 결박했기 때문에 귀신이 쫓겨나간 것이라고 말씀하셨습니다(마 12:22~29).

넷째, 성령의 역사를 악령의 역사라고 함부로 비방하면 성령을 훼방하게 됩니다.

하나님의 능력의 역사가 우리에게 임할 때 우리에게 신비한 현상이 나타납니다. 다니엘은 하나님의 영광의 이상을 볼때에 몸에 힘이 빠졌고 깊이 잠들었습니다(단 10 : 8~9). 사도 바울은 내 영이 몸 안에 있었는지 몸 밖에 있었는지 알지 못한다고 했습니다(고후 12 : 2~3).

오늘날 교계에 많은 사람들이 이런 현상과 하나님의 진리의 말씀을 분별하지 못하기 때문에 영적인 역사를 아예 부인해버리고 하나님의 능력을 악령의 역사라고 함부로 판단합니다. 바리새인들이 예수께서 귀신의 왕 바알세불을 힘입어 귀신을 쫓는다 했을 때 예수님의 마음이 얼마나 안타까우셨으면 성령 훼방죄를 말씀하셨겠습니까?(마 12 : 31~32). 오늘날 우리 주위에 성령의 역사를 악령의 역사라고 잘못 판단하는 사람들이 성령 훼방죄에 걸릴까 두렵습니다.

요한일서 5 : 16~17에서는 이같이 사함을 받지 못하는 죄를 위해서는 기도하지 말라고 했습니다. 사람이 무슨 무익한 말을 하든지 심판날에 이에 대하여 심문을 받게 되므로(마 12 : 36~37) 함부로 영적인 것을 판단하여 성령을 훼방하는 자가 되어서는 안된다는 사실을 명심해야 할 것입니다.

다섯째, 악령이 장난치는 네 가지 형태

왜 어떤 사람은 기도 받고 잘못 되었다는 말들을 합니까?
우리가 예수를 믿고 영이 거듭났다고 해서 몸과 혼이 당장 변화되는 것은 아닙니다. 영이 거듭난 후에도 죄를 범함으로 인하여 몸이 고난을 받을 때가 있습니다. 왜냐하면 우리는 마음으로는 하나님의 법을, 육신으로는 죄의 법을 섬기기 때문에(롬 7 : 25) 죄를 통해 악령이 우리 속에 들어올 수 있음을 알아야 합니다.

성령이 강하게 역사하는 교회에서 기도 받을 때 예수님의 거룩한 빛이 임하면 그 사람 속에 숨어 있던 악령이 더 이상 숨어 있을 수 없어 여러가지 반응을 나타내게 됩니다. 악령은 일반적으로 네 가지 형태로 사람에게 장난을 칩니다.

첫째로 어떤 악령은 죽은 듯이 가만히 있습니다. 예배를 드리는 동안에 모든 분위기가 자기를 괴롭게 하는 것같이 느껴져 싫은 마음으로 채워져 있지만 가만히 있다가, 예배후 밖으로 나가자 마자 그 교회 및 주의 종을 향해 헛된 말을 퍼뜨려 사람들의 마음을 혼란하게 만듭니다. "야! 그 교회 이상하더라. 그 교회에 갔더니 이상한 일이 일어나더라!" 이런 사람들 중에는 예배 도중에도 참지 못하고 밖으로 나가거나 또는 두려움 때문에 급히 도망쳐 나가기도 합니다.

둘째로 성령의 빛이 임하면 사람의 혼과 육체 속에 있던 악령이 광명의 천사같이 나타납니다. 따라서 이런 사람이 기도를 받고 나면 방언 흉내를 내기도 하고 은혜받은 것 같이도 행동하지만, 꿈으로나 때로는 자기 속, 또는 귀를 통하여 이상한 말을 듣기도 합니다. 그러면서 지절거리고 속살거리기 시작합니다.

셋째로 영적으로 강한 교회에 들어오면 그리스도의 빛으로 인해 속에 있던 악령이 놀라 그 사람의 머리를 아프게 하여 고통을 주기도 합니다. 예배 후에 교회에서 나가 집으로 돌아가면 아픔이 없어집니다. 어떤 사람의 경우는 교회에서는 평안을 누리지만 집으로 돌아갈 때나 집에 가면 몸이나 머리에 이상한 괴로움이 옵니다. 이와 같은 현상은 자기 속에 있는 악령이 빛이 있는 교회에 가지 못하도록 방해하는 것임을 알고 예수님의 이름으로 쫓아내도록 강하고 담대한 마음을 가져야 합니다.

넷째로 빛이 너무 강하게 비치므로 그 속에 있던 악령이 무서워서 견디지 못해 발작을 합니다. 이때는 악령의 정체가 이미 탄로났으므로 능력있는 사람들이 예수님의 이름으로 쫓아내면 됩니다.

교계에 헛된 소문과 문제를 만드는 사람들은 첫째와 둘째와 세번째 경우에 해당되는데 오늘날 많은 사람들이 이와 같은 사실에 대하여 무지하기 때문에 이들의 허탄한 말과 속임수에 동조하는 것입니다.

어떤 사람들은 다른 사람들이 성령 세례받았으니 자기도 억지로 받으려고 욕심으로나 혼적으로 계속 기도하다가 갑자기 자기에게 이상이 생길 때가 있습니다. 이런 경우 그 성회에서 악령을 받았다고 헛된 소문을 퍼뜨려 자기의 잘못된 것을 감추려고 하는 일은 하나님 앞에 범죄하는 것입니다. 악령을 받은 것이 아니라 자기 속에 숨어 있던 악령의 정체가 드러난 것입니다. 이 악령이 거짓말을 하게 하며 속임수를 쓴 것입니다.

> 진리가 그(마귀) 속에 없으므로 진리에 서지 못하고 거짓을 말할 때마다 제 것으로 말하나니 이는 저가 거짓말장이요 거짓의 아비가 되었음이니라(요 8:44)

이런 일에 속지 마시기를 바랍니다. 고린도전서 5:5에서는 이런 자를 사단에게 내어 주었으니 육신은 멸하고 영은 구원을 얻게 함이라고 했습니다. 깨달음을 받은 여러분들은 무지 가운데서 사단의 궤계에 빠져 있는 사람들을 깨우쳐야 합니다. 이런 사람들은 영은 구원받으나 상급이 하나도 없습니다. 그들의 공적은 나무나 풀이나 짚 같아서 예수께서 불로 시험하시면 모두 다 태워져 없어집니다(고전 3:12~15). 겨우 부끄러운 구원을 받는 것입니다.

교회에 오면 예수 믿는 사람이요, 밖에 나가면 세상 사람들과 똑같은 사람들 속에는 더러운 것들이 가득 차 있습니다. 그러나 말씀도 듣고 열심히 기도하고 회개할 때 갑자기 속이 시원해지며 평안해집니다. 이것은 철저히 회개할 때 내 속에 숨어 있던 악령이 견디지 못하고 빠져 나갔기 때문입니다. 그러나 계속 기도와 말씀과 경건에 힘쓰지 않고 육신대로 행동할 때 나갔던 한 귀신이 일곱 귀신을 더 데리고 옵니다(눅 11 : 26). 그래서 자기는 더 심한 귀신에 사로잡혀 있음에도 불구하고 은혜를 받았다고 떠들며 교회를 분란시키는 잘못된 일을 하게 됩니다. 이것을 빨리 깨닫고 철저하게 회개를 해야 합니다.

  신령한 그리스도인은 성령 충만하여 말씀으로 연단을 받고 믿음을 반석처럼 굳게 하여 집을 세웠으므로 비가 오고 바람이 불고 창수(漲水)가 솟아나도 무너지지 아니하며 영 분별도 잘하여 예수의 이름으로 악령을 쫓아내고 예수의 이름으로 날마다 승리의 생활을 하게 되는 것입니다.

13. 혼, 즉 자아를 극복한 믿음

본문말씀 : 마태복음 15 : 21~28

21 예수께서 거기서 나가사 두로와 시돈 지방으로 들어가시니 22 가나안 여자 하나가 그 지경에서 나와서 소리질러 가로되 주 다윗의 자손이여 나를 불쌍히 여기소서 내 딸이 흉악히 귀신 들렸나이다 하되 23 예수는 한 말씀도 대답지 아니하시니 제자들이 와서 청하여 말하되 그 여자가 우리 뒤에서 소리를 지르오니 보내소서 24 예수께서 대답하여 가라사대 나는 이스라엘 집의 잃어버린 양 외에는 다른 데로 보내심을 받지 아니하였노라 하신대 25 여자가 와서 예수께 절하며 가로되 주여 저를 도우소서 26 대답하여 가라사대 자녀의 떡을 취하여 개들에게 던짐이 마땅치 아니하니라 27 여자가 가로되 주여 옳소이다마는 개들도 제 주인의 상에서 떨어지는 부스러기를 먹나이다 하니 28 이에 예수께서 대답하여 가라사대 여자야 네 믿음이 크도다 네 소원대로 되리라 하시니 그 시로부터 그의 딸이 나으니라

요한복음 12 : 24~25

24 내가 진실로 진실로 너희에게 이르노니 한 알의 밀이 땅에 떨어져 죽지 아니하면 한 알 그대로 있고

제 2 부 내 생각을 사로잡아 163

> 죽으면 많은 열매를 맺느니라 ²⁵자기 생명을 사랑
> 하는 자는 잃어버릴 것이요 이 세상에서 자기 생명
> 을 미워하는 자는 영생하도록 보존하리라

　예수를 믿기 전에 우리의 영은 어두움의 세상 주관자 아래 있었고 공중 권세의 지배를 받아 흑암 속에서 죽어 있었습니다. 그러나 예수를 구주로 영접하는 순간 물과 성령으로 거듭난 속사람이 생겨났습니다. 속사람은 하나님께로 난 자이지만(요일 3 : 9) 우리의 혼이나 육체는 사람으로부터 난 자입니다. 우리가 예수를 믿고 구원받은 것은 내가 열심히 믿었거나 부모가 열심히 믿었기 때문이 아닙니다. 하나님의 예정에 따라 우리를 흑암에서 이끌어 내사 그의 사랑의 아들의 나라로 옮기심에 있어서(골 1 : 13) 보혜사 성령께서 우리로 하여금 예수를 구주로 영접하게 했기 때문입니다. 그래서 구원은 사람의 행위로 이루어진 것이 아니라 성령으로 말미암은 것이며 이때 속사람이 생겨난 것입니다.
　이 속사람이 우리의 혼적이고 육적인 것을 이기고 나올 때 '네 믿음이 크도다 네 소원대로 될지어다' 하는 주님의 약속이 이루어집니다.

> 한 알의 밀이 땅에 떨어져 죽지 아니하면 한 알 그
> 대로 있고 죽으면 많은 열매를 맺느니라(요 12 : 24)

　우리의 혼적이고 육적인 것이 죽을 때에 그 속에 있는 생명인 속사람이 나타나 열매를 맺는다는 것입니다. 25절에서 이에 대해 자세히 설명합니다.

164 속사람

> 자기 생명을 사랑하는 자는 잃어버릴 것이요 이 세
> 상에서 자기 생명을 미워하는 자는 영생하도록 보
> 존하리라

　육신의 정욕과 안목의 정욕과 이생의 자랑으로(요일 2 : 16) 생활하는 사람은 세상적이기 때문에 반드시 죽습니다. 그러나 이 세상적인 것을 미워하는 사람은 영생을 얻는다고 말씀하십니다. 생명인 속사람이 밖으로 나타날 수 있는 방법은 겉사람의 껍질이 깨어지고 죽어질 때입니다. 이와 같이 속사람이 겉으로 나타날 때 예수께서 나의 믿음을 인정하시고 하나님의 기적이 나에게 임합니다. 이 믿음을 통하여 그리스도께서 우리 마음속에서 역사하십니다(엡 3 : 17). 이 속사람이 나타나는 것을 믿음의 역사 또는 믿음이 크다고 말합니다. 내 혼적이고 육적인 것이 죽으면 죽을수록 영적인 역사가 커집니다.

　오늘 본문 말씀은 예수께서 두로와 시돈의 이방 지역에 가셨을 때 가나안 족속인 수로보니게 여인과 만난 사건을 이야기합니다.

　이 여인이 큰 소리로 외치면서 예수님께 달려왔습니다. "내 딸이 흉악한 귀신에 사로잡혀 고통받고 있으니 예수님 제발 좀 고쳐 주십시오." 예수님은 대꾸도 하지 않으십니다. 그래도 여인은 자기를 도와 달라고 간청했습니다. 제자들은 예수께 이 여자가 이렇게 귀찮게 구니 꾸짖어서 보내라고 했습니다. 예수께서 여인에게 "나는 이스라엘 집의 잃어버린 양 외에는 다른 데로 보내심을 받지 아니하였노라" 하시면서 박절하게 대했으나 여인은 계속해서 주님께 간청합니다. 이에 예수께서는 더욱 심하게 말씀하시기를 "자녀의 떡을 취하여 개들에게 던짐이 마땅치 아니하다" 하십니다. 그러나 이 여인은 예수님과 제자들의 모욕과 박대에도 불구하고 물러서지 않습니다.

> 주여 옳소이다마는 개들도 제 주인의 상에서 떨어
> 지는 부스러기를 먹나이다(27절)

이에 예수님은 이 이방 여인의 큰 믿음을 칭찬하시면서 소원을 이루어 주셨습니다.

> 여자야 네 믿음이 크도다 네 소원대로 되리라 하시
> 니 그 시로부터 그의 딸이 나으니라(28절)

예수님이 말씀하시는 순간 이 여인의 딸에게서 귀신이 떠나가고 가정의 평화가 이루어져 하나님께 영광을 돌릴 수가 있었습니다. 수로보니게 여인이 자기의 혼적이고 육적인 것을 죽여 속사람을 주님 앞에 보였을 때 "네 믿음이 크도다"는 칭찬과 함께 소원을 이루었던 것입니다.

* 수로보니게 여인의 응답 받은 배경

첫째로 이 여인은 예수님이 누구신지 분명히 알고 있었습니다. 오늘날 믿는 사람들 중에서도 예수님을 제대로 알고 있는 분들이 많지 않습니다. 지금도 살아서 역사하시는 예수, 죽은 예수가 아닌 부활하셔서 우리에게 생명을 주신 예수에 대해서 우리는 분명히 알아야 하겠습니다.

예수께서 가이사랴 빌립보 지방에서 제자들에게 "사람들이 나를 누구라 하더냐"고 물으셨을 때 제자들이 대답하기를 더러는 세례 요한 더러는 엘리야 어떤 이는 예레미야나 선지자 중의 하나라고 한다고 말했습니다(마 16 : 13~14). 오늘날 많은 사람들은 예수에 대해 그저 들은 대로 막연하게 알고 있습니다. 예수께서 제자들에게 "너희는 나를 누구라 하느냐"고 물으셨을 때 베드로는 분명하게 대답했습니다.

> 주는 그리스도시요 살아 계신 하나님의 아들이시니
> 이다(마 16 : 16)

예수님은 너무나 기뻐하시며 말씀하시기를 "바요나 시몬아, 네가 복이 있도다 이를 네게 알게 한 이는 혈육이 아니요 하늘에 계신 내 아버지시니라"(마 16 : 17). 예수님을 올바르게 고백하는 것은 사람의 이성이 아니며 하나님의 영의 역사로 고백되어야 진실되고 하나님께 영광이 됩니다. 이와 같은 영적 고백이 나올 때 교회가 세워지고 음부의 권세가 이기지 못합니다. 뿐만 아니라 영적 고백은 하나님의 영이 역사하심으로 '매고' '풀 수' 있는 하늘나라의 열쇠가 되는 것입니다(마 16 : 18~19).

> 내가 이 반석 위에 내 교회를 세우리니 음부의 권세
> 가 이기지 못하리라 내가 천국 열쇠를 네게 주리니
> 네가 땅에서 무엇이든지 매면 하늘에서도 매일 것
> 이요 네가 땅에서 무엇이든지 풀면 하늘에서도 풀
> 리라(마 16 : 18~19)

이것은 예수님을 분명히 알고 섬기는 자에게 따르는 복입니다. 하나님은 우리가 번제를 드리는 것보다 하나님을 제대로 알기를 원하시기 때문입니다. 호세아 6장 6절에서 "나는 인애를 원하고 제사를 원치 아니하며 번제보다 하나님을 아는 것을 원하노라" 하셨습니다.

수로보니게 여인은 예수님이 어떤 분인가를 알았습니다. 예수님은 죽은 자를 살려내시고, 앉은뱅이를 일으키시고, 소경을 보게 하시고, 귀신을 쫓는 능력이 있는 하나님의 아들이란 사실을

분명히 알았습니다(마 11:5; 눅 13:32). 살아서 역사하시는 예수님을 알고 살아 계신 하나님의 말씀을 먹는 자에게는 하나님의 역사가 분명히 임합니다.

　예수님은 지금도 살아서 역사하실 뿐 아니라 그의 말씀도 살아 역사하십니다(히 4:12). 원수 마귀가 물러가고 병마가 물러가고 문제가 해결됩니다. 수로보니게 여인과 같이 살아 계셔서 능력을 행하시는 하나님의 아들 예수를 똑바로 알 때에 우리의 문제도 해결 받게 되는 것입니다.

　둘째로 이 여인은 예수께 자신을 불쌍히 여겨 달라고 했습니다. 이 말은 자신을 한없이 낮추는 말입니다. 오늘날 자신을 높여 교만해진 사람들이 너무나 많습니다. 교만이란 자기를 높인다는 뜻입니다. 교만한 자는 하나님을 대적하고 무시합니다. 또한 하나님과 무관한 자기 뜻대로 행동합니다. 이 여인은 예수님을 향하여 "나를 불쌍히 여기소서", 즉 자신을 비천한 상태로 낮추어 버리는 자세를 가졌습니다. 하나님의 능력과 사랑은 겸손한 자의 것입니다. 하나님은 교만한 자를 대적하십니다. 이 여인은 예수께 완전히 굴복했습니다. 자기를 낮추고 비웠습니다.

　누가복음 18:9~14에서 예수님은 기도하는 자들의 태도를 비유로 말씀하셨습니다. 바리새인은 자기의 의를 나타내는 기도를 드렸습니다. "주여, 저는 일주일에 두번 금식하고, 소득의 십일조도 하였으니 제 기도를 들어 주셔야 합니다." 그러나 세리는 하늘을 우러러보지도 못한 채 다만 가슴을 치며 기도했습니다. "주여! 저는 죄인이로서이다." 바리새인은 교만한 자세로 하나님을 대했고, 세리는 겸손한 자세로 호소했습니다. 이에 하나님께서는 세리의 기도를 들어주시고 그를 의롭다 하셨습니다. 예수님은 14절에서 이렇게 결론 지으셨습니다.

　　무릇 자기를 높이는 자는 낮아지고 낮추는 자는 높

168 속사람

아지리라(눅 18 : 14)

    자기를 낮추는 자는 하나님께서 높여주시니 그에게 기적이 나타납니다. 수로보니게 여인은 자기를 최대한으로 낮추었습니다. 자신을 아주 불쌍히 여겨 달라고 했습니다.
    저는 목사가 된 후에 하나님의 능력을 받아야겠다고 생각했습니다. 항상 무릎을 꿇고 기도할 때에 하나님 앞에서 저를 최대한 낮추었습니다.

    주님! 저의 입술이 둔하다는 것 주님도 아시지 않습니까? 저는 다른 사람과 비교해 볼 때 정말 보잘것 없고 불쌍한 자라는 것을 주님도 잘 아시지 않습니까? 주님께서 저를 통해 역사해 주시지 않으면 저는 아무것도 못합니다. 저를 불쌍히 보시고 하나님의 능력을 주시옵소서. 꼭 주실 줄 믿습니다.

    때로는 산에서 금식하며 울부짖으면서 간청하는 기도를 많이 했습니다. 그때마다 주님은 저의 이러한 기도를 들어 주셨습니다.
    예수께서는 그 많은 사람들 가운데서 불쌍히 여겨 달라는 이 여인의 목소리를 들으셨습니다. 그러나 주님께서는 아직 아무 말도 하지 않았습니다. 왜 그렇게 하셨습니까? 이 여인의 간청하는 기도를 기다리고 계셨던 것입니다.
    셋째로 간청의 기도가 강청의 기도로 바꿔졌습니다. 수로보니게 여인이 소리 지르자 제자들은 예수님께 쫓아 보내라고 말했습니다. 이 여인은 제자들의 태도에 얼마나 속이 상하였겠습니까? '저 사람들이 언제부터 예수님을 따라 다닌다고 저렇게 으시대는가?' 하는 생각을 하면서 괘씸하게 여길 수도 있었을 것입니다. 그러나 여인은 혼적인 것을 모두 무시했습니다. 여인은 오직 예수님과 직접 교통하고자 하는 갈급한 마음으로 자아의 모든 생각을 사로잡아 주님께 복종하므로 모든 방해되는 일을 극복할 수 있었던 것입니다. 여인은 예수님의 제자들이라는 장애물을 뚫고 나갔습니다. 그때 예수께서는

> 나는 이스라엘 집의 잃어버린 양 외에는 다른 데로 보내심을 받지 아니하였노라(24절)

여인과 상관이 없다고 냉정하게 거절하셨습니다. 그러나 혼적인 것을 포기한 여인은 실망하지 않았습니다.

예수님은 우리의 육적이고 안목적이고 이생의 자랑이 되는 것이 포기되고 영적인 것이 나타나기를 원하십니다. 그래서 이 여인도 예수님의 냉대에도 굴하지 않고 다시 한 번 도와달라고 간청합니다(25절). 이에 예수님은 자녀의 떡을 취해 개들에게 던질 수 없다고 더욱 모욕적인 말씀을 하십니다(26절). 이쯤이면 아마 열명 중 아홉은 욕을 하고 돌아갔을 것입니다. 그러나 이 여인은 외식(外飾)적이고 육신적이고 안목적인 것을 다 죽였습니다. 개들도 주인의 상에서 떨어지는 부스러기를 먹는다면서 물러서지 않았습니다(27절). 이에 예수님은 이 여인의 큰 믿음에 감탄하신 것입니다.

> 여자야 네 믿음이 크도다 네 소원대로 되리라(28절)

이 여인의 딸은 그 순간 치료를 받았습니다.

오늘날 예수를 믿으면서도 강청할 줄 모르는 사람들이 많습니다. 예수님은 우리가 항상 기도하고 낙망치 않기를 바라십니다(눅 18:1). 우리는 한 두 번 기도하다가 응답이 없으면 "하나님

이 내 기도는 들어주시지 않는다" 하고 포기할 때가 많습니다. 주위에서 조금만 부정적으로 "그런 걸 기도하면 되나"라고 하면 금방 중지해 버리기도 합니다. 수로보니게 여인은 제자들의 걸림돌도 물리쳤습니다. 예수님의 냉정한 무응답에도 물러서지 않았습니다. 더 나아가서 예수님의 모욕적인 말씀에도 낙망하지 않았습니다. 오직 예수님만이 자신의 문제를 해결해 주시는 분이라는 믿음으로 버티며 강청했습니다. 그래서 결국 응답을 받은 것입니다.

우리의 기도가 이 정도 되어야 주님께서 응답해 주십니다. 다니엘은 핍박 받는 동족 이스라엘을 위하여 금식하며 기도했습니다. 하나님께서는 즉시 응답을 주셨으나 하나님의 천사가 오는 길에 바사국군(君), 즉 바사 나라를 지배하는 악령이 천사를 막아 21일이나 싸웠습니다. 다니엘은 한 문제를 놓고 3주간이나 강청에 강청을 거듭한 것입니다(다니엘 10장).

예수님은 누가복음 11장에서도 강청하는 기도에 대해 말씀하셨습니다. 어느 사람이 밤중에 자기 친구집에 가서 손님이 왔으니 떡 세 덩이만 빌리자고 했습니다. 이에 그 친구는 이미 밤이 늦었으니 못 주겠다고 합니다. 그러나 찾아온 사람이 끈질기게 부탁하니 그 친구는 들어주지 않을 수 없었습니다. 예수께서 말씀하십니다.

> 비록 벗됨을 인하여서는 일어나 주지 아니할지라도
> 그 강청함을 인하여 일어나 그 소용대로 주리라(눅 11:8)

한번 기도하고 그만두는 것이 아니라 바위 덩어리 같은 내 겉사람이 깨어지고 부숴지고 죽어질 때까지 내 속사람이 주님을 향하여 외칠 때에 주님의 응답의 역사가 임하는 것입니다.

넷째로 수로보니게 여인은 혼적이고 육적인 것을 극복하는 믿음을 가졌습니다. 이 여인의 겉사람은 깨어져버렸습니다.

오늘날 인간적이고 외식적으로 믿는 교인들이 너무나 많습니다. 우리는 이것들을 버릴 수 있어야 합니다. 이것들은 내 혼적인 목숨인고로 이 목숨을 버려야 영생을 얻을 수 있습니다(요 12:25).

성경에는 '개'라는 명칭이 여러 번 사용되었습니다. 율법주의자들과 외식하는 자들, 사단의 무리들을 향해 개라 했습니다. 개와 동등하게 사용된 말이 '독사의 자식'입니다. 예수께서는 또 마태복음 7장 6절에서 "거룩한 것을 개에게 주지 말라"고 하셨고 바울 사도는 빌립보서 3장 2절에서 "개들과 행악자들과 손할례당을 삼가라"고 했습니다. 그런데 예수님은 본문 26절에서 수로보니게 여인에게 '개'라고 한 것입니다.

그러나 이 여인의 대답은 놀랍습니다. 개라도 좋으니 떡 부스러기라도 좀 나누어 달라는 것입니다(마 15:27). 여인이 말하기를 "나는 이방 여인이요 죄인이요 저주 받은 자입니다. 나는 원수 마귀의 장난에 넘어간 개와 같은 존재입니다. 그러므로 주여 나를 불쌍히 여겨 도와주시옵소서. 내 딸에게 흉악한 귀신이 들렸나이다. 주님만이 치료하실 수 있습니다." 이 여인은 자기의 지식, 의지, 감정을 모두 버리고 예수님께만 매달렸습니다. 이때 응답이 임하는 복을 받았습니다.

속사람이 겉사람을 뚫고 나오는 믿음을 예수님께서는 큰 믿음이라 하셨습니다. 주님은 이런 믿음을 가진 나와 영적으로 교통하기를 원하십니다. 하나님은 영이시기 때문에 영인 우리의 속사람이 나타나야 하나님과 교통할 수 있습니다. 많은 성도들의 경우 속사람 대신 혼적인 겉사람으로 주님께 나아가려 하기 때문에 주님과의 교통이 어려운 것입니다. 겉사람으로는 하나님의 나라를 유업으로 받지 못합니다.

> 혈과 육은 하나님 나라를 유업으로 받을 수 없고
> (고전 15 : 50)

하나님의 나라를 유업으로 받지 못하는 혈과 육이 나타나기 때문에 주님께서 응답하시지 않는 것입니다. 우리가 속사람으로 간청할 때에만 응답을 받습니다.
혼적인 것이 아무리 방해하더라도 이것을 깨뜨려 버리는 자에게 하나님께서는 생명을 주시고 또한 삼십 배, 육십 배, 백 배의 결실을 주십니다. 이 믿음을 인정받는 믿음이라 하고 또한 응답받는 믿음이라 합니다.

> 시험을 참는 자는 복이 있도다 이것에 옳다 인정하심을 받은 후에 주께서 자기를 사랑하는 자들에게 약속하신 생명의 면류관을 얻을 것임이니라(약 1 : 12)

인정받을 때까지 참고 나아갈 때에 주님께서 응답해 주시기로 약속하셨습니다.
하나님이 아브라함에게 백 세에 낳은 아들 이삭을 제물로 바치라 하셨을 때 아브라함은 믿음으로 순종했습니다. 칼을 들어 이삭을 죽이려는 순간 하나님께서 그 믿음을 인정해 주시고 이삭을 살려주실 뿐 아니라 아브라함을 믿음의 조상으로 삼았습니다. 우리는 믿음으로만 구원받습니다. 로마서 1 : 17에는 의인은 믿음으로 살리라고 했습니다. 예수님은 이런 믿음을 가진 우리와 함께하십니다. 믿음으로 말미암아 속사람이 주님과 교통할 수 있습니다. 이 속사람이 겉사람을 뚫고 나올 때 응답의 복을 받습니다. 우리 모두가 겉사람을 이기고 속사람으로 기도의 응답을 받아 하나님께 영광을 돌려야 하겠습니다.

14. 혼적에서 영적으로

본문말씀 : 요한복음 4 : 1~30

¹예수의 제자를 삼고 세례를 주는 것이 요한보다 많다 하는 말을 바리새인들이 들은 줄을 주께서 아신지라 ²(예수께서 친히 세례를 주신 것이 아니요 제자들이 준 것이라) ³유대를 떠나사 다시 갈릴리로 가실새 ⁴사마리아로 통행하여야 하겠는지라 ⁵사마리아에 있는 수가라 하는 동네에 이르시니 야곱이 그 아들 요셉에게 준 땅이 가깝고 ⁶거기 또 야곱의 우물이 있더라 예수께서 행로에 곤하여 우물 곁에 그대로 앉으시니 때가 제 육시쯤 되었더라 ⁷사마리아 여자 하나가 물길러 왔으매 예수께서 물을 좀 달라 하시니 ⁸이는 제자들이 먹을 것을 사러 동네에 들어갔음이러라 ⁹사마리아 여자가 가로되 당신은 유대인으로서 어찌하여 사마리아 여자 나에게 물을 달라 하나이까 하니 이는 유대인이 사마리아인과 상종치 아니함이러라 ¹⁰예수께서 대답하여 가라사대 네가 만일 하나님의 선물과 또 네게 물좀 달라 하는 이가 누구인줄 알았더면 네가 그에게 구하였을 것이요 그가 생수를 네게 주었으리라 ¹¹여자가 가로되 주여 물 길을 그릇도 없고 이 우물은 깊은데 어디서 이 생수를 얻겠삽나이까 ¹²우리 조상 야곱이 이 우물을 우리에게 주었고 또 여기서 자기와 자기 아들들과 짐승이 다 먹었으니 당신이 야곱보다 더 크니이까 ¹³예수께서 대답하여 가

라사대 이 물을 먹는 자마다 다시 목마르려니와 14내가 주는 물을 먹는 자는 영원히 목마르지 아니하리니 나의 주는 물은 그 속에서 영생하도록 솟아나는 샘물이 되리라 15여자가 가로되 주여 이런 물을 내게 주사 목마르지도 않고 또 여기 물 길러 오지도 않게 하옵소서 16가라사대 가서 네 남편을 불러 오라 17여자가 대답하여 가로되 나는 남편이 없나이다 예수께서 가라사대 네가 남편이 없다 하는 말이 옳도다 18네가 남편 다섯이 있었으나 지금 있는 자는 네 남편이 아니니 네 말이 참되도다 19여자가 가로되 주여 내가 보니 선지자로소이다 20우리 조상들은 이 산에서 예배하였는데 당신들의 말은 예배할 곳이 예루살렘에 있다 하더이다 21예수께서 가라사대 여자여 내 말을 믿으라 이 산에서도 말고 예루살렘에서도 말고 너희가 아버지께 예배할 때가 이르리라 22너희는 알지 못하는 것을 예배하고 우리는 아는 것을 예배하노니 이는 구원이 유대인에게서 남이니라 23아버지께 참으로 예배하는 자들은 신령과 진정으로 예배할 때가 오나니 곧 이때라 아버지께서는 이렇게 자기에게 예배하는 자들을 찾으시느니라 24하나님은 영이시니 예배하는 자가 신령과 진정으로 예배할지니라 25여자가 가로되 메시아 곧 그리스도라 하는 이가 오실 줄을 내가 아노니 그가 오시면 모든 것을 우리에게 고하시리이다 26예수께서 이르시되 네게 말하는 내가 그로라 하시니라 27이때에 제자들이 돌아와서 예수께서 여자와 말씀하시는 것을 이상히 여겼으니 무엇을 구하시나이까 어찌하여 저와 말씀하시나이까 묻는 이가 없더라 28여자가 물동이를 버려두고 동네에 들어가서 사람들에게 이르되 29나의 행한 모든 일

을 내게 말한 사람을 와 보라 이는 그리스도가 아니냐 하니 ³⁰저희가 동네에서 나와 예수께로 오더라

 우리의 영, 혼, 몸 모두가 구원을 받아야 합니다. 우리의 영은 예수를 구주로 영접할 때 거듭나서 구원을 받습니다. 그러나 우리의 혼은 영이 거듭났다고 해서 금방 구원받는 것이 아닙니다. 물론 믿음으로는 구원 받았으나 실제로는 아직 구원에 이르지 못하였기 때문에 예수께서 "육으로 난 것은 육이요 성령으로 난 것은 영이니"(요 3 : 6) 하신 것입니다. 우리의 혼이 구원을 받기 위해서는 혼적인 것이 영적인 것으로 바꾸어져야 합니다. 그때 우리의 혼도 구원 받는 것이며 이것이 바로 구원을 이루는 것입니다(빌 2 : 12).
 육적이고 혼적인 것은 타고난 것으로서 완전히 부패되어 있습니다. 그러나 영적인 것은 영원하며 썩지 않습니다. 예수님이 혼인잔치에 참석하셔서 물을 포도주로 만드는 기적을 행하셨습니다(요 2장). 물은 세상적이요 육적인 것이며 육을 가진 우리에게 꼭 필요한 것입니다. 그러나 잔치집에는 물이 아니라 포도주가 필요합니다. 영적으로 말하면 잔치집은 하나님의 전입니다. 구원 받은 자들이 예수 그리스도 안에서 기뻐하는 곳입니다. 하나님의 역사가 일어나고 기쁨이 소생하는 것은 물이 아니라 포도주입니다. 물, 즉 세상적이고 혼적이고 육적인 것은 세월이 지날수록 썩습니다. 그러나 포도주는 세월이 지날수록 더 가치가 있습니다. 거듭난 속사람은 하나님의 양식을 먹고 성장하며 새로워지며(고후 4 : 16) 가치가 더 높아집니다.
 포도주가 취하게 하며 즐겁게 만들어 주는 것같이 혼적인 마음이 영적인 마음으로 변화되면 생활에 활력이 있고 즐거움이 있고 감격이 있습니다. 오늘날 예수를 혼적으로 믿는 사람이 너

무나 많습니다. 혼적이란 하나님과 관계가 없는 육적인 것을 말합니다. 하나님과 관계되는 것은 그리스도 안에서 하는 일이요 그것만이 하나님께 영광이 되는 것입니다. 우리는 성령으로 봉사하고(빌 3:3), 성령으로 기뻐하고(눅 10:21), 성령으로 기도하며(유 1:20), 영적으로 예배드리는(요 4:23~24) 하나님의 진실한 자녀가 되어야 합니다.

오늘의 본문은 육신적이고 혼적이던 사마리아 여인이 영적인 사람으로 바꾸어지는 모습을 말씀하고 있습니다.

첫째, 처음에는 사마리아 여인이 혼적이고 육적인 눈으로 예수님을 바라봅니다.

육적이고 혼적인 사마리아 여인은 아직 생명의 속사람이 없습니다. 세상적, 경험적, 관습적으로 보통사람을 대하듯 예수님을 봅니다. 예수님은 유대에서 갈릴리로 가시기 위해 사마리아의 수가라는 동네에 이르러 우물가에서 휴식을 취하십니다.

제자들은 점심준비를 위해 마을로 갔습니다. 어느 사마리아 여인이 물을 길러 왔을 때 예수께서는 물을 좀 달라고 하십니다. 이 여인은 뜻밖이었습니다. 자기들과 상종도 하지 않는 유대인이 말을 걸어 왔기 때문입니다. 여인은 예수님께 "당신"이라는 말을 쓰며 예수님을 세상적인 인간으로 대했습니다. 이에 예수님은 "네게 물좀 달라 하는 이가 누구인 줄 알았더면 네가 그에게 구하였을 것"(10절)이라고 말씀하십니다. 오늘날 우리 주위에 예수 그리스도를 모르는 사람이 너무나 많습니다. 그러나 우리가 하나님과 그의 독생자 예수 그리스도를 알고 믿게 된 것은 복중에 복입니다.

너희는 나를 누구라고 하느냐는 예수님의 질문에 베드로는 대답합니다.

> 주는 그리스도시요 살아 계신 하나님의 아들이시니
> 이다(마 16 : 16)

이에 예수님은 너로 하여금 이를 알게 한 것은 네 혼적인 것이 아니요 혈육도 아니고 세상 지식도 철학도 아니고 오직 하늘에 계신 여호와 하나님께서 알게 하셨다고 말씀하셨습니다.

> 영생은 곧 유일하신 참 하나님과 그의 보내신 자 예
> 수 그리스도를 아는 것이니이다(요 17 : 3)

> 우리가 다 하나님의 아들을 믿는 것과 아는 일에 하
> 나가 되어 온전한 사람을 이루어 그리스도의 장성
> 한 분량이 충만한 데까지 이르리니(엡 4 : 13)

예수께서 나의 죄를 대신 지시기 위해 이땅에 오셔서 십자가에서 보혈을 흘려주셨고 죽은 지 사흘만에 다시 살아나셔서 부활 승천하신 그 예수님을 믿는 자에게 영생의 복을 주신 것입니다. 오늘날 예수님을 더 잘 알면 알수록 더 잘 믿을 수가 있습니다.

둘째, 예수님이 어떠한 분인지를 알지 못했기 때문에 "당신이 야곱보다 크니이까" 하고 묻습니다.

이에 예수께서 말씀하시기를

> 내가 주는 물을 먹는 자는 영원히 목마르지 아니하
> 리니 나의 주는 물은 그 속에서 영생하도록 솟아나
> 는 샘물이 되리라(요 4 : 14)

예수님이 어떤 분이십니까? 그는 "무궁한 생명의 능력을 좇아 된" 분으로(히 7:16) 그에게는 생명이 있고 능력이 있습니다. 예수 그리스도의 이름으로 귀신이 쫓겨나고 병마가 물러가고 문제가 해결됩니다. 우리는 예수님이 누구신가를 분명히 알고 그를 믿고 그 이름으로 간구할 수 있어야 되겠습니다.

본문 10절에서 예수께서 "네가 만일 하나님의 선물과 또 네게 물좀 달라 하는 이가 누구인줄 알았더면 네가 그에게 구하였을 것이요 그가 생수를 네게 주었으리라" 하고 말씀하시자 이 여인은 예수님을 '당신'이란 말 대신 '주'(Sir), 즉 선생님이라고 불렀습니다. 예수님을 대하는 태도에 변화가 생긴 것입니다. 여인은 예수님께 향해 어디서 생수를 얻는지 묻습니다. "이 우물은 야곱이 팠고 요셉이 먹고 그외 많은 사람과 가축들이 마셨는데 더 좋은 생수가 있다니 선생님은 야곱보다 크신 분이십니까?" 여인은 야곱이 상당히 높은 분인 줄로 알고 있는데 예수님은 어느 정도냐 하는 뜻으로 질문한 것입니다.

이 세상에서는 생수를 얻을 길이 없습니다. 생수는 하늘에서 내려오는 것입니다.

> 또 저가 수정 같이 맑은 생명수의 강을 내게 보이니
> 하나님 및 어린 양의 보좌로부터 나서 길 가운데로
> 흐르더라(계 22:1~2)

이 생수는 세상에서 나는 것이 아닙니다. 하나님과 어린 양의 보좌로부터 흘러나옵니다. 어느 길로 흐릅니까? 예수 그리스도를 구주로 영접한 심령의 길로 생수가 흐릅니다.

예수님이 다니시는 길은 그를 믿는 자의 심령입니다. 요한계시록 2장에 예수께서 에베소 교회에 대해 말씀하시는 장면이 나옵니다.

> 오른 손에 일곱 별을 붙잡고 일곱 금 촛대 사이에
> 다니시는 이라 가라사대(계 2:1)

금촛대는 하나님의 말씀에 따라 살며 믿음으로 성령 충만하여 항상 불이 있는 곳입니다. 예수님은 불이 있는 금촛대 사이를 다니십니다. 성령 충만한 우리의 심령의 길로 예수님이 다니시며 활동하신다는 것입니다.

예수님은 이와 같이 우리에게 생수를 주시려고 오셨습니다. 세상의 물이 아니라 영원한 생명을 주는 생수에 대해 말씀하고 계십니다. 그러나 많은 사람들은 세상에서 부요해지는 방법, 세상에서 상급을 받는 방법에 대해 듣기를 원합니다. 살아서 역사하는 교회는 세상적이고 혼적이고 육적인 교회가 아닙니다.

이사야 선지자는 이렇게 표현했습니다.

> 너희 목마른 자들아 물로 나아오라 돈 없는 자도 오
> 라 너희는 와서 사먹되 돈 없이 값 없이 와서 포도
> 주와 젖을 사라(사 55:1)

오직 예수 그리스도 앞에 와서 포도주와 젖을 사라. 그리하면 너희 마음이 기쁜 것으로 즐거워하리라(사 55:2).

주님은 사마리아 여인에게 계속 말씀을 하시면서 여인이 혼적인 자세에서 영적인 자세로 바꾸어지도록 인도하고 계십니다.

셋째, 여인은 예수님으로부터 인간적인 만족을 얻으려고 노력합니다.

이분이 나에게 선생이 되면 무엇인가 나를 만족시킬 수 있겠다고 생각합니다. 예수님은 내가 주는 물을 마시면 영원히 목마르지 않고 그 물이 영생하도록 솟아난다고(14절) 하셨을 때 이 여

인은 혼적이고 인간적이고 세상적인 것을 기대하며 대답합니다.

주여 이런 물을 내게 주사 목 마르지도 않고 또 여
기 물 길러 오지도 않게 하옵소서(15절)

세상에서 부족한 것도 없고 물 길러 오는 수고도 할 필요 없이 좀 편하게 살고자 하는 마음에서 나온 부탁이었습니다.

이에 예수님은 '네가 지금까지 살아오면서 인간적으로 만족된 것이 있느냐?' 하는 뜻에서 이 여인에게 네 남편을 불러오라고 하십니다(16절). 이 여인이 "나는 남편이 없습니다"라고 대답하니(17절) 예수께서 "네가 남편이 없다 하는 말이 옳다. 네가 남편 다섯이 있었으나 지금 있는 자는 네 남편이 아니다"(17~18절). 과거를 알아 맞추자 이 여인은 이제 예수님을 '선지자'라고 부릅니다(19절). '당신'이란 말이 '주', 즉 '선생'으로 바꿔졌고 '선생'이란 말이 다시 '선지자'로 바뀌었습니다.

예수님이 생수에 대하여 말씀하실 때 이 여인은 계속 세상적인 뜻으로 받아들였습니다. 왜 예수님은 네 남편을 불러오라고 했겠습니까? 그것은 이 여인의 과거를 이야기해 줌으로써 그 여인으로 하여금 남편이 다섯이나 있었지만 세상적인 것, 육신적이고 혼적인 만족을 한번도 채워보지 못하고 있는 자신의 모습을 통해서 영적인 것을 깨닫게 하기 위한 것이었습니다.

이 세상 것은 마실수록 갈증만 더 느끼게 되어 있다는 것을 깨달아야 합니다. 이에 이 여인의 혼적인 생각이 깨어지기 시작하면서 여인은 고백합니다.

주여 내가 보니 선지자로소이다(19절)

맞습니다. 내가 아무리 해도 육신적인 것으로는 내 영혼을 만족하게 할 수 없었습니다. 예수 그리스도의 역사가 임하고 그가 주시는 생수를 마실 때에만 참 만족이 생깁니다. 그분이 주시는 즐거움이라야 살아서 생동하는 즐거움이 되는 것입니다.

자기의 생각이 잘못되었다는 것을 깨달은 이 여인은 예배드리는 것으로 화제를 돌립니다. 예수님이 선지자라고 생각했기 때문입니다. 선지자는 하나님의 말씀을 전하여 하나님께 영광돌리는 자이기 때문입니다. 이 여인은 선지자를 통하여 하나님께 예배로 영광돌리고자 했습니다. 문제는 어디서 예배를 드리는가 하는 것입니다. 그 여인의 조상은 그리심산에서, 유대인 조상은 예루살렘에서 드렸습니다.

이에 예수께서 하신 말씀은 장소에 따라 예배를 받고 안 받고 하시는 것이 아니고 어디서 예배를 드리든지 신령과 진정으로 예배를 드리는 곳에 하나님이 함께하신다는 것을 깨닫게 하셨습니다. 그 이유는 하나님은 영이시기 때문입니다(23~24절). 오늘날 형식적으로 예배를 드리는 사람들이 너무나 많습니다. 이런 예배는 하나님께서 기뻐 받으시지 않습니다. 영이신 하나님께 신령과 진정으로 예배를 드려야만 합니다.

✽ 신령과 진정으로 드리는 예배

'신령으로 드리는 예배'란 성령의 도움을 받아 내 속사람으로 예배를 드리는 것을 의미합니다. 즉 우리의 속사람인 영이 겉사람을 지배하여 하나님께 드리는 예배를 말합니다. '진정으로 드리는 예배'란 거짓 없는 거룩한 믿음으로 드리는 예배를 말합니다. 베드로가 살아 계신 하나님 아버지의 영으로 '주는 그리스도시요 살아 계신 하나님의 아들'이라고 고백한 것과 같은 산 믿음을 말합니다. 이와 같은 믿음으로 예배를 드릴 때 신령과 진정으로 드리는 예배가 되고 하나님께서 기뻐 받으시는 예배가 됩니다.

넷째, 여인은 '메시아 곧 그리스도라 하는 이가 오실 줄을 내가 아노니 그가 오시면 모든 것을 우리에게 고하시리이다'라고 합니다(25절).

이에 예수님이 '네게 말하는 내가 그로라' 했을 때 여인은 그 순간 전류에 감전된 것 같았을 것입니다. 그 순간 여인에게서 혼적이고 육적인 생각들은 다 사라졌을 것입니다. 여인은 너무나 기뻐 물을 길러왔던 물동이를 버려두고 예수 그리스도를 전하기 위해 마을로 뛰어갔습니다.

아마 마을 사람들은 여인이 미쳤다고 했을 것입니다. 많은 사람들이 상종도 안하던 부도덕한 여인이 이제 그리스도를 만났다 하니 누군들 그 말을 믿겠습니까?

나의 행한 모든 일을 내게 말한 사람을 와 보라 이는 그리스도가 아니냐(29절)

이 세상의 모든 것을 알고 계시는 분이 바로 여기 오셨다. 나의 모든 것을 다 알고 내가 바라는 모든 것을 채워주시는 분이 오셨다. 곧 그리스도가 오셨다. 이 여인이 그리스도를 전파했을 때 마을 사람들이 예수께로 나왔습니다(30절). 이 여인이 말 재주가 있었는지 사람을 이끌 능력이 있었는지 알 길이 없습니다. 그러나 이 여인은 예수께 완전히 도취되었습니다. "와 보라 그리스도가 아니냐"(29절). 이 여인의 심령에 불이 붙고 만 것입니다. 여인의 심령이 뜨거워 예수님을 전하지 않고는 견딜 수가 없었을 것입니다.

많은 사람들이 이 여인을 통하여 예수님을 만난 그 순간부터 그리스도인으로 바꾸어지기 시작했습니다. 사마리아 여인같이 혼적인 것이 깨어져서 변화받아 완전히 영적인 사람으로 바꾸어지면 그의 심령은 불붙습니다. 오늘날 심령에 성령의 불이 붙어 있는 성도들은 사마리아 여인처럼 "그리스도가 아니냐 와 보라"는 말을 하게 됩니다. 전심을 다해 그리스도를 전파하게 되는 것입니다.

 결론적으로 우리는 예수 그리스도를 영접할 때 물과 성령으로 말미암아 거듭 나서 속사람이 생깁니다. 그러나 우리의 혼과 육은 아직도 옛사람 그대로입니다. 세상적이고 혼적인 옛사람이 예수 그리스도로 말미암아 점점 깨어지고 부서져서 속사람의 영역이 내 인격 안에서 확장될 때 영적인 사람으로 바꾸어집니다. 우리는 영적으로 거듭날 뿐 아니라 혼적인 것도 변화를 받아 몸과 혼이 주님의 것으로 사용될 때 속사람의 지배를 받는 우리의 몸은 하나님께 영광을 돌리는 의의 병기가 되며(롬 6 : 13) 실상적인 믿음의 사람이 됩니다. 실상적인 믿음이 나타날 때에 주위의 사람들이 변화받아 예수께로 나오는 복된 역사가 연속적으로 일어납니다.

15. 모든 생각을 사로잡아

본문말씀 : 열왕기하 5 : 1~14

¹아람 왕의 군대장관 나아만은 그 주인 앞에서 크고 존귀한 자니 이는 여호와께서 전에 저로 아람을 구원하게 하셨음이라 저는 큰 용사나 문둥병자더라 ²전에 아람 사람이 떼를 지어 나가서 이스라엘 땅에서 작은 계집아이 하나를 사로잡으매 저가 나아만의 아내에게 수종들더니 ³그 주모에게 이르되 우리 주인이 사마리아에 계신 선지자 앞에 계셨으면 좋겠나이다 저가 그 문둥병을 고치리이다 ⁴나아만이 들어가서 그 주인에게 고하여 가로되 이스라엘 땅에서 온 계집아이의 말이 이러이러하더이다 ⁵아람왕이 가로되 갈찌어다 이제 내가 이스라엘 왕에게 글을 보내리라 나아만이 곧 떠날새 은 십 달란트와 금 육천 개와 의복 열 벌을 가지고 가서 ⁶이스라엘 왕에게 그 글을 전하니 일렀으되 내가 내 신하 나아만을 당신에게 보내오니 이 글이 당신에게 이르거든 당신은 그 문둥병을 고쳐주소서 하였더라 ⁷이스라엘 왕이 그 글을 읽고 자기 옷을 찢으며 가로되 내가 어찌 하나님이관대 능히 사람을 죽이며 살릴 수 있으랴 저가 어찌하여 사람을 내게 보내어 그 문둥병을 고치라 하느냐 너희는 깊이 생각하고 저 왕이 틈을 타서 나로 더불어 시비하려 함인 줄 알라 하니라 ⁸하나님의 사람 엘리사가 이스라엘 왕이 자기 옷을 찢었다 함을 듣고 왕에게 보내어

제 2 부 내 생각을 사로잡아 185

가로되 왕이 어찌하여 옷을 찢었나이까 그 사람을
내게로 오게 하소서 저가 이스라엘 중에 선지자가
있는 줄을 알리이다 9나아만이 이에 말들과 병거
들을 거느리고 이르러 엘리사의 집 문에 서니 10엘
리사가 사자를 저에게 보내어 가로되 너는 가서 요
단강에 몸을 일곱 번 씻으라 네 살이 여전하여 깨끗
하리라 11나아만이 노하여 물러가며 가로되 내 생
각에는 저가 내게로 나아와 서서 그 하나님 여호와
의 이름을 부르고 당처 위에 손을 흔들어 문둥병을
고칠까 하였도다 12다메섹강 아마나와 바르발은
이스라엘 모든 강물보다 낫지 아니하냐 내가 거기
서 몸을 씻으면 깨끗하게 되지 아니하랴 하고 몸을
돌이켜 분한 모양으로 떠나니 13그 종들이 나아와
서 말하여 가로되 내 아버지여 선지자가 당신을 명
하여 큰 일을 행하라 하였더면 행치 아니하였으리
이까 하물며 당신에게 이르기를 씻어 깨끗하게 하
라 함이리이까 14나아만이 이에 내려가서 하나님
의 사람의 말씀대로 요단강에 일곱 번 몸을 잠그니
그 살이 여전하여 어린 아이 살 같아서 깨끗하게 되
었더라

고린도후서 10 : 5

모든 이론을 파하며 하나님 아는 것을 대적하여 높
아진 것을 다 파하고 모든 생각을 사로잡아 그리스
도에게 복종케 하니

내가 이 땅에서 승리하기 위해서는 내 모든 생각을 사로잡아
그리스도에게 복종시켜야 합니다. 그러면 하나님께서는 나의 대

적과 원수를 물리치시고 나를 반석 위에 세워주시기로 약속하셨습니다. 예수를 믿으면서도 내 모든 생각을 사로잡아 그리스도에게 복종시키지 못하고 오히려 내 생각에 사로잡힐 때가 참 많습니다. 내 생각이 올바르면 내 사업과 모든 일이 형통하고 내 생각이 잘못되면 여러가지 어려움이 옵니다. 그만큼 성경은 우리의 생각이 중요하다는 것을 강조하고 있습니다.

내 모든 생각이 영적인 속사람에게 순종하면 주님께서는 이 세상 모든 것을 분별할 수 있는 능력을 주시기로 약속하셨습니다. 내 생각이 잘못되어 육이 원하는 대로 가면 고통과 괴로움이 따릅니다. 그래서 믿는 우리들에게는 생각이 얼마나 중요한지 모릅니다. 성령께서 내 생각을 사로잡아 주셔서 내 생각이 올바로 설 때에 우리의 심령이 반석 위에 세운 집으로 바꾸어집니다. 이 집은 바람이 불고 비가 오고 창수가 나도 무너지지 않습니다(마 7:25~26). 말씀 속에 사는 자마다 우리 주님이 함께 하시기로 약속하신 것입니다.

첫째, 잘못된 생각으로 파멸된 루시퍼

하나님의 보좌 앞에서 하나님의 영광 가운데 거하던 천사장이 잘못된 생각을 하였습니다.

> 네가 네 마음에 이르기를 내가 하늘에 올라 하나님의 뭇별 위에 나의 보좌를 높이리라 내가 북극 집회의 산 위에 좌정하리라(사 14:13)

천사장 루시퍼가 이런 생각을 품자 하나님께서 자기 처소를 떠난 천사를 벌하셨습니다(유 1:6). 이와 같이 하나님께서는 교만한 자를 물리치시고 겸손한 자를 높이십니다(벧전 5:5~6).

하나님께서 교만한 루시퍼를 치시자 그는 하나님을 대적하는 사단이 되어버렸습니다.

둘째, 자아적인 생각이 교만을 가져옵니다.

우리가 자아적인 생각에 사로잡혀 마귀와 같은 생각과 행동을 하면 고난이 따를 뿐입니다. 그러나 하나님의 평강이 예수 그리스도 안에서 나의 마음과 생각을 지켜 줄 때(빌 4 : 7) 우리는 복된 삶을 누릴 수 있습니다.

다니엘 4장에 보면 바벨론의 느부갓네살왕은 당대에 전세계를 무대로 자기의 영광을 나타내던 사람이었습니다. 그가 바벨론을 건설하고 왕궁 위를 거닐며 자신의 생각을 입으로 말했습니다. 느부갓네살왕은 자신의 능력과 권세로 도성을 쌓은 것처럼 자기의 위엄과 영광을 내세우는 교만한 말을 하였습니다. 그러자 하나님께서 그에게 "나라의 위가 네게서 떠났다" 하시며 "너는 사람에게서 쫓겨 나서 들짐승과 함께 거하며 소처럼 물을 먹으며 몸이 하늘 이슬에 젖고 머리털이 독수리 털과 같고 손톱은 새 발톱과 같이 7년 동안 고생하다가 인간 나라를 다스리는 분이 누구인지 안 후에야 다시 왕위에 복귀하리라"고 말씀하셨습니다(단 4 : 29~34). 이와 같이 하나님은 교만한 느부갓네살왕을 물리치심으로 7년 동안 광야에서 "소처럼 풀을 먹으며 몸이 하늘 이슬에 젖고 머리털이 독수리 털과 같았고 손톱은 새 발톱과 같은"(단 4 : 33) 비참한 생활을 했습니다.

셋째, 생각이 중요합니다.

우리의 생각이 그만큼 중요합니다. 하나님께서 이스라엘 민족으로 하여금 애굽 땅에서 나와 위험한 광야, 즉 물이 없고 불뱀과 전갈이 있는 땅을 지나게 하시면서 반석에서 물을 나게 하시고 만나를 주신 이유가 바로 그들의 교만, 즉 인간적이고 안목적이고 세상적인 것을 꺾고 하나님 앞에 겸손하기를 바라셨기 때문입니다.

> 네 열조도 알지 못하던 만나를 광야에서 네게 먹이셨나니 이는 다 너를 낮추시며 너를 시험하사 마침내 네게 복을 주려 하심이었느니라(신 8:16)

이스라엘 민족으로 하여금 광야에서 고난의 길을 걷게 한 것은 그들의 생활 속에 인간적인 것이 나타나지 않고 오직 하나님만을 생각하고 하나님이 주시는 지혜와 총명을 받아 복을 누리게 하시려는 의도였습니다. 그러므로 우리에게 고난이 오면 '내 생각이 교만해졌구나 하나님이 나를 낮추시는구나' 하고 겸손하게 하나님께 무릎을 꿇고 그를 의지해야 합니다.

> 두렵건대 네가 마음에 이르기를 내 능과 내 손의 힘으로 내가 이 재물을 얻었다 할까 하노라 네 하나님 여호와를 기억하라 그가 네게 재물 얻을 능을 주셨음이라(신 8:17~18)

하나님께서는 우리가 이런 교만한 생각조차 못하게 하십니다. 모든 축복과 능력이 하나님께로부터 왔기 때문에 그에게 감사하고 찬양하고 그 말을 기억하라는 말씀이 아닙니까?

넷째, 생각을 함부로 말하지 말아야 합니다.

일반적으로 머리가 좋고 사업 수완이 좋으면 자기가 잘난 것으로 착각합니다. 그러나 이 모든 것은 하나님이 주신 것이므로 하나님께 감사해야 합니다. 또한 자신의 생각을 함부로 말하는 것도 위험합니다.

> 사람이 무슨 무익한 말을 하든지 심판날에 이에 대
> 하여 심문을 받으리니 네 말로 의롭다 함을 받고 네
> 말로 정죄함을 받으리라(마 12:36~37)

불신자들은 하나님을 모르기 때문에 마음대로 말을 합니다. 하나님은 우리의 생각은 물론 우리 입에서 나오는 모든 말을 들으십니다. 오늘날 믿는 사람들도 교회에서 함부로 말하는 경우가 많습니다. 교회는 하나님의 말씀을 선포하는 곳이지 자기의 생각과 감정을 나타내는 곳이 아닙니다.

> 내 신부야 네 입술에서는 꿀방울이 떨어지고 네 혀
> 밑에는 꿀과 젖이 있고(아 4:11)

예수 믿는 사람에게 하나님의 말씀이 임하면 그 맛이 꿀맛이라고 합니다. 주의 말씀의 맛이 꿀보다 더 달다고 합니다(시 119:113). 이같이 우리는 주님이 기뻐하시는 생각을 하며 말을 할 때 꿀과 젖이 되어서 상대편에게 힘과 용기를 주며 살리는 일을 할 수 있는 것입니다. 우리의 입술을 통하여 하나님의 능력과 진리의 역사가 나타날 때 상대편에게 꿀같이 달고 힘을 주는 역사가 나타나야 합니다.

다섯째, 자신을 부인하십시오.

우리는 생각을 사로잡아 그리스도에게 복종시켜야 합니다. 내

생각을 사로잡기 위해서는 내 자신을 부인해야 합니다.

> 아무든지 나를 따라오려거든 자기를 부인하고 자기 십자가를 지고 나를 좇을 것이니라 누구든지 제 목숨을 구원코자 하면 잃을 것이요 누구든지 나를 위하여 제 목숨을 잃으면 찾으리라(마 16 : 24~25)

나를 부인하고 나에게 주어진 십자가를 지고 내 모든 것을 그리스도께 복종시키면 그리스도께서 나를 반석 위에 세워주시기로 약속하셨습니다.

✱ 불붙는 심령으로

예레미야 선지자는 하나님의 부름을 받았을 때 자기의 모든 생각을 사로잡고 하나님의 말씀만을 전했습니다. 하나님의 말씀이 사람들 귀에는 거슬렸고 마음에는 너무나 고통스러웠습니다. 그래서 예레미야 선지자를 구타하고 물이 없는 우물 속에 가두기도 했습니다. 너무 고통스러웠던 예레미야는 주님께 이렇게 호소했습니다. "여호와여, 내가 다시는 여호와를 선포하지 아니하며 그 이름으로 말하지 아니하리라 하면 나의 중심이 불붙는 것 같아서 골수에 사무치니 답답하여 견딜 수 없나이다"(렘 20 : 9). 자기의 생각을 완전히 사로잡아 복종시키니 그리스도께서 내 심령 속에 불과 같이 역사해 주시므로 견딜 수가 없는 마음이 되었습니다. 이런 사람들은 하나님의 계명을 지키지 않고는 견딜 수가 없는 심령이 됩니다.

어떻게 인간이 주님의 계명을 지킬 수가 있습니까? 사모하는 영혼을 만족케 해 주시기로 약속하신(시 107 : 9) 성령께서 내 안에서 역사해 주실 때에 가능합니다.

> 우리에게 주신 성령으로 말미암아 하나님의 사랑이
> 우리 마음에 부은 바 됨이니(롬 5 : 5)

이 사랑이 성령으로 말미암아 역사될 때 우리는 하나님의 계명을 지킬 수가 있습니다. 우리가 모든 생각을 사로잡아 그리스도께 복종하면 주님이 전적으로 나를 책임져 주시고 나를 통해서 주님이 나타납니다. 내 겉사람이 완전히 주님께 순종하면 주님께서 역사해 주시기로 약속하셨습니다. 이때 나는 주님의 도구로 바꾸어져 귀신을 쫓아내고 병든 자에게 손을 얹은즉 낫는 역사가 나타납니다(막 16 : 17~18). 주님께서는 자기의 계명을 지키며 순종하는 자에게 능력이 나타날 것을 약속하셨습니다. 제가 작시한 복음성가 가사의 한 구절을 살펴보면

> 성령의 능력을 받은 우리의 손길에 예수의 능력이 흐르네
> 이 순간 영원히 할렐루야 이 기쁨을 영원히 주시리

저는 성령의 능력이 흐를 때마다 병든 자가 일어나는 체험을 했습니다. 내 생각을 사로잡아 그리스도께 복종하면 기적이 일어납니다. 본문의 나아만 장군은 자기 생각을 일곱 번 사로잡고 요단강물에 들어갔을 때 문둥병이 깨끗이 나았습니다.

여섯째, 생각을 복종시킬 때 기적이 일어납니다.

오늘날 우리의 영적 상태도 문둥병 환자와 같이 굳어져 있습니다. 나아만 장군은 아람의 군대 장관으로 모든 부귀 영화를 누릴 수가 있었습니다. 우리도 물질적인 풍요를 누릴 수가 있습니다. 그러나 우리의 영혼은 문둥병 환자처럼 썩어가고 무디어

져 있으므로 구약 레위기에서는 여러 장을 문둥병에 관하여 말씀하십니다. 우리의 영혼이 잠자는 상태에서 깨어나야 합니다. 위로부터 비췸을 받아야 합니다.

> 잠자는 자여 깨어서 죽은 자들 가운데서 일어나라
> 그리스도께서 네게 비취시리라(엡 5 : 14)

나아만 장군이 자기 몸을 요단강에 일곱 번 잠근 것과 같이 나의 생각을 일곱 번 영적인 요단강물에 씻어내야 합니다.

일곱이란 숫자는 중요한 의미를 지닙니다. 일곱은 하늘 나라의 숫자이며 완전한 것을 의미합니다. 여호수아와 이스라엘 백성이 여리고성을 일곱 번 돌았을 때 성이 무너졌습니다. 우리도 자신의 생각을 일곱 번 사로잡아 그리스도께 복종시킬 때 하나님이 역사하십니다. 어떤 분은 여섯 번까지 들어갔다가 "안돼!" 하고 포기합니다. 일국의 군대 장관이 하찮은 계집종의 권고로 이스라엘 선지자를 찾아나선다는 것이 쉬운 일은 아닙니다. 그러나 나아만은 계집종의 권면을 받아들였습니다. 여기에서 우리는 중대한 교훈을 얻습니다.

1) 영적인 권면을 받아들이십시오.

우리는 모든 생각을 사로잡아 그리스도께 복종하며 주님이 주시는 영적인 권면을 받아들일 수 있어야 합니다. 많은 사람들이 자기 소견대로 이야기합니다. 오늘날 영적인 권면이 참 중요합니다. 하나님의 말씀에 근거하여 성령의 감동에 따라 하는 말은 영적인 권면이 됩니다. 영적인 권면은 목사만 하는 것이 아닙니다. 성령께 사로잡혀서 진리의 복음을 전하는 것이 영적인 권면이 됩니다. 세상에서는 어린 아이가 어른을, 자식이 부모를 권면할 때는 어려움이 많이 있습니다. 그러나 영적인 권면은 자식이라도 부모에게, 성도라도 목사에게 할 수 있습니다. 브리스길라 와 아굴라는 평신도로서, 성경에 능통했던 아볼로 선생에게 성령에 대하여 가르쳐주었습니다(행 18 : 26).

영적인 권면은 성령의 역사로 일어납니다. 아람의 군대 장관 나아만은 계집종의 권면을 들었습니다. 영적인 권면은 나를 살리고 육적인 권면은 나를 죽이는 것입니다. 영적인 권면은 주는 사람과 받는 사람 모두에게 복이 있습니다. 영적인 것은 살리는 것이기 때문입니다.

> 살리는 것은 영이니 육은 무익하니라 내가 너희에게 이른 말이 영이요 생명이라(요 6 : 63)

우리는 영적인 것을 많이 먹고 성장해야 합니다. 육신적인 그리스도인은 영적인 권면을 잘 모릅니다. 그러면 어떻게 영적인 그리스도인이란 사실을 쉽게 알 수 있습니까? 영적인 그리스도인은 영적인 사람들이 모인 곳에 가면 마음이 평안해지고 서로 쉽게 교통이 됩니다. 육적인 그리스도인이 모인 곳에 가면 속이 답답해서 견딜 수가 없습니다. 예를 들어 영적인 그리스도인이 술집에 가면 심령 상태가 불안해지며 불편해지게 되어 있지 않습니까?

2) 의지를 다하여 하나님 편에 서십시오.

나아만 장군은 자기의 생각을 사로잡고 자기의 의지를 다해서 하나님 편에 섰습니다. 저는 전도할 때 이렇게 말합니다. "지금 당신과 나 사이에 거리가 있습니다. 당신은 예수를 안 믿으니 지옥 편에 있고 나는 예수를 믿으니 천당 편에 있습니다. 나의 책임자는 하나님이시고 당신의 책임자는 마귀입니다. 그러므로 마귀의 손아귀에서 빨리 나오십시오. 나오는 모든 책임은 당신에게 있습니다. 의지를 다해서 나오시면 됩니다." 그런데도 어떤 사람은 그곳이 좋다고 버팁니다. 내 의지를 다해야 거기서 나올 수가 있습니다. 내 모든 생각을 사로잡고 의지를 다해서 하나님 편에 서야 합니다.

　나아만 장군은 자기의 위신과 체면을 사로잡아 하나님 편에 서기로 결정했습니다. 우리가 하나님 편에 설 때 하나님은 우리를 통해 무엇이든지 하실 수가 있습니다. 하나님께서는 이미 우리가 흑암에서 나와 아들 예수의 나라로 옮겨 가는 통로를 열어 놓았습니다(골 1 : 13). 하나님의 아들 예수님을 만남으로 우리는 죽음에서 삶을 얻고 더 풍성해집니다. 나아만 장군은 선지자 엘리사를 만나 새 삶을 얻고 더 풍성한 생활을 할 수 있었습니다.

> 내가 온 것은 양으로 생명을 얻게 하고 더 풍성히
> 얻게 하려는 것이라(요 10 : 10)

　하나님은 살려주시는 분이고 세상은 죽이는 것입니다. 어떤 분이 예수 믿고 새 삶을 얻었으나 술은 끊지 못했습니다. 그래서 한 친구가 술 생각나면 그 생각을 사로잡아 요단강물에 씻으라 했습니다. 그 말대로 술 생각이 날 때마다 그 생각을 일곱 번 사로잡아 요단강물에 씻었더니 술 생각이 없어졌다는 것입니다. 우리의 인간적인 모든 생각을 사로잡아 그리스도께 복종할 때 주님이 치료해 주십니다.

> 주의 의로운 규례를 인하여 내가 일곱 번씩 주를 찬
> 양하나이다 주의 법을 사랑하는 자에게는 큰 평안
> 이 있으니 저희에게 장애물이 없으리이다(시 119 :
> 164~165)

3) 믿음을 화합하십시오.

나아만 장군은 계집종의 권면을 받고, 그 길만이 살 길이라고 굳게 믿었습니다. 이렇게 생각을 사로잡고 보니 믿음도 하나요 행위도 하나가 되어 의심이 없어졌습니다. 모든 생각을 사로잡아 요단강물에 씻으니 깨끗함을 받았습니다. 믿음과 행위가 하나 되는 행함 있는 믿음이 산 역사를 가져옵니다. "믿음이 그의 행함과 함께 일하고 행함으로 믿음이 온전케" 되는 것입니다(약 2 : 22). 그래서 하나님의 말씀을 들을 때 믿음을 화합시키는 순간 하나님의 행하심이 내 안에서 즉시 역사하여(히 4:2) 믿음으로 병이 깨끗이 치유받게 되는 것입니다.

4) 미리 감사할 준비가 되어야 합니다.

자기의 모든 생각을 사로잡았을 때 나아만 장군에게는 감사하는 마음이 일어났습니다. 나아만 장군은 이스라엘 선지자가 자기의 병을 분명히 치료해 줄 것을 믿고 감사하기 위하여 은 십 달란트와 금 육천 개와 의복 열 벌을 가지고 떠납니다. 미리 감사하는 사람은 하나님께서 축복하십니다. 인간적으로 계산해보면 도저히 불가능했을 것입니다. 그러나 하나님께서 능력으로 임하시면 모든 것이 가능하다고 믿게 되고 감사하는 마음이 소생합니다.

어느 장로님이 집사였을 때의 일입니다. 그가 운영하는 봉제 공장의 주 매상이 사천 내지 육천 불 정도였습니다. 이분은 서원하기를 한 번이라도 주 매상이 만 불이 되게 해 주시면 그 만 불을 헌금하겠다고 했습니다. 실제로 다음 주에 매상이 만 불이 되어 그 만 불을 바쳤습니다. 모든 사람이 다 이렇다는 것은 아닙니다. 왜냐하면 모든 것은 믿음의 분량대로 해야 하기 때문입니다(롬 12 : 3). 그러나 미리 감사할 준비가 되어 있는 자에게 하나님께서 역사해 주십니다.

5) 고집을 버려야 합니다.

아람 왕의 편지를 받은 이스라엘 왕은 혼적으로 생각했기 때문에 걱정부터 앞섰습니다. 이스라엘 왕은 아람 왕이 자기 나라를 침략할 트집을 잡은 것으로 생각하고 자기 옷을 찢으면서 통분했습니다. 이 소식을 들은 선지자 엘리사가 문제를 해결하였습니다. 이것은 혼적이고 인간적인 문제가 아니라 영적인 문제였기 때문이었습니다.

나아만 장군은 엘리사의 집을 방문했을 때 엘리사가 식사 대접을 하며 거대한 환영식을 하고 여호와의 이름으로 손을 얹고 문둥병이 물러가게 기도해 줄 것으로 기대했습니다. 그런데 엘리사의 하인이 나와 "우리 선지자가 말씀하시기를 요단강에 가서 몸을 일곱 번 씻으라 하더이다" 했습니다.

인간적으로 볼 때 나아만의 기분이 어떠하였겠습니까? 그래서 나아만은 "다메섹에 있는 아마나와 바르발은 이스라엘 모든 강물보다 낫지 아니하냐 내가 거기서 몸을 씻으면 깨끗하게 되지 아니하랴"(왕하 5:12) 하고 분을 내었습니다. 그러나 그의 종들의 권고에 나아만은 자기의 고집과 생각을 묶어서 요단강에 던졌습니다. 주님은 고집을 싫어하십니다. 특히 안수 기도할 때 고집부리는 사람이 참 많습니다. 열심히 믿는데도 은혜를 받지 못하는 것은 대부분 고집 때문입니다. 굳은 마음을 제거하고 마음이 부드러워 질 때에 성령이 역사하십니다. 마음이 강퍅해지는 것은 죄의 유혹 때문입니다(히 3:13). 사람의 고집은 자기를 망하게 합니다.

> 다만 네 고집과 회개치 아니한 마음을 따라 진노의 날 곧 하나님의 의로우신 판단이 나타날 그날에 임할 진노를 네게 쌓는도다(롬 2:5)

여러분은 고집부리지 마십시오. 순종이 제사보다 낫다는 것을 기억하시기 바랍니다.

6) 하나님의 말씀에 끝까지 순종하여 승리하십시오.

이와 같이 나아만이 자기의 고집과 이론을 버리고 선지자의 말을 하나님의 말씀으로 알고 순종했을 때 하나님의 기적이 임했습니다.

오늘날 교회에서 아무리 하나님의 말씀을 선포해도 너는 부르짖어라 나는 나대로 한다는 분들이 많습니다. 그러나 하나님의 말씀은 살아서 역사합니다.

> 하나님의 말씀은 살았고 운동력이 있어 좌우에 날선 어떤 검보다도 예리하여 혼과 영과 및 관절과 골수를 찔러 쪼개기까지 하며 또 마음의 생각과 뜻을 감찰하나니(히 4 : 12)

나아만은 엘리사가 그의 종 게하시를 통해 준 말에 인간적으로 기분이 나빴지만 그 말씀을 하나님의 말씀으로 믿고 순종했습니다. 그랬더니 문둥병에 걸린 피부가 어린 아이 살같이 회복되는 기적이 일어났습니다. 하나님의 말씀은 오늘도 능력으로 역사합니다. 우리는 하나님의 자녀가 되는 권세를 받았으므로 이 하나님의 말씀에 순종할 때 하나님의 기적이 일어나는 줄 믿어야 합니다. 하나님의 말씀을 들을 때 사람의 말로 아니하고 하나님의 말씀으로 받는 순간 그 말씀이 믿는 자 속에 역사하여서 기적을 생산하는 것입니다(살전 2 : 13).

7) 사람이나 환경을 초월하십시오.

나아만 장군은 자기의 체면 의식을 전부 요단강물에 던졌습니다. 나아만 장군이 요단강물에 들어갔을 때 부하들과 종들이 지켜 보았을 것입니다. 한 번, 두 번, 세 번…… 여섯 번째까지 요단강물에 들어갔다 나왔지만 아무런 일도 일어나지 않았습니다. 이때 나아만의 심정이 어떠했겠습니까? 아무런 효과도 없이 여섯 번씩이나 물에 들어갔다 나왔다 하는 모양을 자기 종들에게 보였다고 인간적으로 생각하면 조롱과 멸시를 받는다는 생각이 앞섰을 것입니다. 그러나 나아만은 자신의 체통이나 위신을 버리고 말씀에 순종하여 일곱 번째 들어갔다 나왔더니 기적이 일어났습니다. 문둥병이 깨끗이 낫고 어린 아이의 살같이 되었습니다. 이런 놀라운 역사가 우리에게도 일어나기를 바랍니다. 모든 생각을 사로잡아 그리스도에게 복종하도록 의지를 다하여 믿음으로 해보십시요. 하나님의 역사는 오늘도 나를 통하여 나타날 수 있도록 기다리고 계십니다.

  나아만 장군은 자기의 생각을 일곱 번 사로잡아 하나님께 복종함으로 인간의 힘으로 치료할 수 없는 문둥병이 사라져 버리고 피부가 어린 아이 살과 같이 깨끗함을 받는 복을 받아 그에게 무한한 감사의 간증이 된 것입니다. 우리도 우리의 생각을 일곱 번 사로잡아 그리스도께 복종시킬 때에 같은 기적과 복이 따라오게 될 것입니다.

16. 생각을 변화시켜라 (1)
— 회개를 통하여 —

본문말씀 : 야고보서 1 : 19~27

19내 사랑하는 형제들아 너희가 알거니와 사람마다 듣기는 속히 하고 말하기는 더디하며 성내기도 더디 하라 20사람의 성내는 것이 하나님의 의를 이루지 못함이니라 21그러므로 모든 더러운 것과 넘치는 악을 내어 버리고 능히 너희 영혼을 구원할 바 마음에 심긴 도를 온유함으로 받으라 22너희는 도를 행하는 자가 되고 듣기만 하여 자신을 속이는 자가 되지 말라 23누구든지 도를 듣고 행하지 아니하면 그는 거울로 자기의 생긴 얼굴을 보는 사람과 같으니 24제 자신을 보고 가서 그 모양이 어떠한 것을 곧 잊어버리거니와 25자유하게 하는 온전한 율법을 들여다보고 있는 자는 듣고 잊어버리는 자가 아니요 실행하는 자니 이 사람이 그 행하는 일에 복을 받으리라 26누구든지 스스로 경건하다 생각하며 자기 혀를 재갈 먹이지 아니하고 자기 마음을 속이면 이 사람의 경건은 헛것이라 27하나님 아버지 앞에서 정결하고 더러움이 없는 경건은 곧 고아와 과부를 그 환난 중에 돌아보고 또 자기를 지켜 세속에 물들지 아니하는 이것이니라

첫째, 행함있는 믿음에 복이 옵니다.

성경에서는 우리가 믿음으로 구원을 얻고 행함으로 복을 얻는다고 가르치고 있습니다. 믿음이 그 행함과 함께 일하고 행함으로 그 믿음이 온전하게 됩니다(약 2 : 22). 본문 25절에는 행하는 자가 복을 받는다고 했습니다. 그리스도인이 행한다는 뜻은 세상 사람이 하는 선행과는 다릅니다. 세상 사람들은 겉사람으로 행하나 그리스도인은 속사람이 성령님과 함께 행합니다(롬 8 : 16).

속사람이 행할 때 큰 장애물은 혼입니다. 우리의 영은 거듭났지만 혼은 거듭나는 것이 아닙니다. 혼과 생각은 변화되어야 합니다. 이 변화된 생각이 성령님의 역사하시는 통로가 되면서 동시에 육이 의의 병기로 바꾸어지면 행함이 있는 믿음을 가질 수 있게 됩니다. 이러한 믿음을 가지면 복을 받게 됩니다.

둘째, 온전했던 아담의 영과 혼

하나님이 흙으로 아담을 창조하시고 그 코에 생기를 불어 넣었을 때 생령이 된 아담은 온전한 사람이었습니다. 온전하다는 뜻은 하나님이 보시기에 아름답고 하나님의 형상이 그대로 나타나 있다는 말입니다. 아담의 영은 하나님과 교제하는 데에 부족함이 없었습니다. 아담의 혼은 수천 수만 가지의 동물의 이름을 짓고 기억할 정도로 기억력, 사고력이 충만했습니다. 아담의 영과 혼과 육은 하나님의 의의 병기로 사용되었습니다. 그러나 아담이 범죄함으로 영이 죽어버렸습니다. 죽었다는 것은 하나님과 교통이 단절되었다는 것을 의미합니다. 그런데 예수 그리스도께서 십자가에서 보배 피를 흘려주심을 믿는 순간 죽었던 우리의 영이 소생하면서 속사람이 생겨 하나님과 교통할 수 있게 되었습니다.
 속사람은 항상 하나님과 함께합니다. 속사람은 거듭났고 새롭게 창조되었습니다. 따라서 속사람은 온유하고 거룩하며 죄가 없으며 이로 인해 우리가 하나님의 자녀가 되는 권세를 가졌습니다. 성령님은 이런 속사람과 함께 일하십니다.

셋째, 심히 더러워진 우리의 마음

범죄함으로 우리의 영이 죽게 되고 혼도 부패해졌습니다.

> 만물보다 거짓되고 심히 부패한 것은 마음이라 누가 능히 이를 알리요마는 나 여호와는 심장을 살피며 폐부를 시험하고 각각 그 행위와 그 행실대로 보응하나니(렘 17 : 9~10)

 이런 더러워진 죄의 속성을 가진 우리의 혼은 계획하는 것이 항상 악하다고 말씀하십니다. 창세기 6 : 5~7에서는 여호와께서 인간에게 있는 마음의 생각의 모든 계획(every intent of the thoughts of his : NKJV)이 악함을 보시고 사람을 지은 것을 한탄하사 심판하신다고 말씀하십니다.
 계획만 악할 뿐 아니라 입에서 나오는 말 한 마디 한 마디가 가시가 있고 상대방에게 낙심을 주는 말을 너무나 많이 합니다

> 입에서 나오는 것들은 마음에서 나오나니 이것이야 말로 사람을 더럽게 하느니라(마 15 : 18)

 세상 사람들은 이 세상을 속사람이 아닌 겉사람으로 살아가고 있습니다. 혼적인 겉사람의 계획은 악하고 더러운 것밖에는 없

습니다. 이 더러워진 생각과 지식으로는 하나님을 알 수가 없습니다(고전 1 : 21 참조). 인간의 생각이나 혼으로써는 도저히 하나님을 만날 수가 없습니다. 하나님의 은혜로 구원이 임하는 것이지 사람의 힘으로 되는 것이 아니기 때문입니다.

> 너희가 그 은혜를 인하여 믿음으로 말미암아 구원을 얻었나니 이것이 너희에게서 난 것이 아니요 하나님의 선물이라 행위에서 난 것이 아니니 이는 누구든지 자랑치 못하게 함이라(엡 2 : 8~9)

이와 같이 구원의 역사가 인간에게서 나온 것이 아닙니다. 부패하고 타락한 인간으로부터는 구원이 있을 수가 없습니다. 구원은 또한 우리의 행위나 공로로 얻어지는 것이 아닙니다. 이는 누구든지 자랑하지 못하게 하기 위해서입니다.

넷째, 혼도 구원을 받아야 합니다(변화).

우리의 영은 예수 그리스도를 주님으로 영접하면 거듭납니다. 거듭난 영인 속사람은 거룩하여 성령과 함께합니다. 그러나 우리의 생각은 부패한 생각 그대로 있기 때문에 말과 행동은 예전과 다름이 없습니다. 신경질이 있는 분은 예수 믿어도 신경질을 냅니다. 말재주가 없는 분은 예수를 믿어도 말재주가 없습니다.
예수님이 이 세상에 오신 것은 나의 영만 구원시키기 위한 것이 아니라 우리의 부패된 생각도 변화시키기 위한 것입니다.

> 두렵고 떨림으로 너희 구원을 이루라(빌 2 : 12)

구원을 이루라는 말씀은 내 속사람 영이 예수 그리스도의 보혈의 공로로 죄사함 받고 그의 부활하심으로 거듭나게 되었으나 아직도 옛모습 그대로인 생각을 변화시키라는 말입니다. 즉 우리의 혼도 구원을 받아야 된다는 말입니다. 성령님의 감동으로 우리는 신의 성품에 참여할 수 있어야 합니다.

> 너희로 정욕을 인하여 세상에서 썩어질 것을 피하여 신의 성품에 참예하는 자가 되게 하려 하셨으니 이러므로 너희가 더욱 힘써 너희 믿음에 덕을 덕에 지식을 지식에 절제를 절제에 인내를 인내에 경건을 경건에 형제 우애를 형제 우애에 사랑을 공급하라(벧후 1 : 4~7)

신의 성품에 참여할 때 내 생각하는 모든 것이 달라집니다. 내가 생각하는 모든 것이 하나님의 성품으로 변화되지 않으면 불만과 어려움만이 따릅니다. 혼이 신의 성품으로 변화될 때 구원이 이루어지는 축복이 옵니다. 이 혼적인 생각이 변화되어야 합니다. 신경질, 굽어진 마음, 게으름 등 모든 혼적인 성품이 변화되어야 합니다. 변화를 위해서는 타락한 세대를 본받지 말고 마음을 새롭게 하여야 합니다.

> 너희는 이 세대를 본받지 말고 오직 마음을 새롭게 함으로 변화를 받아 하나님의 선하시고 기뻐하시고 온전하신 뜻이 무엇인지 분별하도록 하라(롬 12 : 2)

부패한 혼적인 생각으로는 하나님의 뜻이 무엇인지 알 수가 없습니다. 변화를 시키라는 뜻은 새롭게 하라(renew), 회복하라(restore), 그리고 혼적인 것을 구원하라(save your souls)는 뜻입니다. 창조받을 때 죄를 알지 못하던 아담의 깨끗한 마음의 생각을 회복하라는 말씀입니다.

* 마음을 새롭게 하십시오.

마음을 새롭게 한다(renew)는 것은 첫째로, 있는 것을 깨끗하게 새롭게 만드는 것을 뜻합니다. 내 혼을 소생시키는 것을 의미합니다(시 23 : 3-He restores my soul). 소생(restore)이란 회복시킨다는 뜻입니다. 거듭난 영과 더불어 우리의 혼이 새롭게 되고 회복되어 우리가 에덴 동산에서 누리던 그 기쁨을 되찾는 것입니다.

둘째로, 혼이 구원받는 것을 의미합니다.

> 그러므로 모든 더러운 것과 넘치는 악을 내어 버리고 능히 너희 영혼을 구원할 바(to save your souls) 마음에 심긴 도를 온유함으로 받으라(약 1 : 21)

여기서의 '영혼'도 혼(souls)입니다. 우리는 이 혼의 구원을 받지 못했기 때문에 늘 문제가 따릅니다. 주님은 우리의 영이 거듭날 뿐만 아니라 우리의 생각이 신의 성품에 참여하면서 하나님의 형상으로 닮아가기를 원하십니다.

우리의 영은 거듭나서 하늘 나라에 갈 수 있으나 생각은 세상적이고 인간적이고 자아적이고 고집을 부립니다. 이것을 변화시켜서 예수님의 형상을 이루어가야 합니다.

* 죄로 더러워진 성품 하나 하나를 십자가에 못박아야 합니다.

그러기 위해서는 제일 먼저 하나님이 원하시지 않는 나의 모든 성품 하나하나를 주님께 고하며 십자가에 못박아버려야 합니다. 그러면 하나님의 의로운 생각만이 소생합니다. 내 생각을 새롭게 하고 회복시키고 구원하여 예수님의 성품에 합한 자가 되어야 합니다. 다윗의 생각이 하나님과 합할 때에 하나님은 그가 내 마음에 합한 자(행 13 : 22)라고 칭찬하며 기뻐하셨습니다.

죄로 더러워진 우리 성품은 원수 마귀가 침입하는 통로입니다.

뉴욕 성회 때 어느 자매 속에 있는 더러운 귀신이 나타났습니다. 연애 귀신이 들어와 있었던 것입니다. 예수 이름으로 쫓아도 또 들어옵니다. 열 번 이상 쫓아도 또 들어오기에 잠시 자매에게 상담해 보았습니다. 이 자매는 그 첫사랑의 남자를 도저히 못잊겠다는 것입니다. 그 생각을 예수 이름으로 십자가에 못박지 않는 한 귀신을 아무리 쫓아도 또 들어옵니다.

말씀을 들을 때 말씀 전하는 자가 싫고 두려움이 있어 고개를 숙이고 있는 분들, 특히 옆으로 숙이고 있는 분들은 상태가 좋지 않은 분들입니다. 눈동자가 한 곳을 보지 않고 불안정하게 두리번거리는 사람은 정신 착란증에 잘 걸립니다. 이런 사람들 속에는 거의 다 좋지 못한 것들이 있습니다. 우리가 여호와 하나님만을 바라보며 간구할 때 우리를 새롭게 하도록 진리의 성령님이 임하십니다. 성령님의 도움으로 자기 죄를 회개해야 합니다. 죄를 회개치 않으면 더러운 죄의 속성으로 말미암아 하나님과 우리 사이가 멀어집니다.

> 모든 사람이 죄를 범하였으매 하나님의 영광에 이르지 못하더니(롬 3 : 23)

다섯째, 회개하십시오—하나님의 의가 들어옵니다.

우리는 우리의 죄로 더러워졌기 때문에 그 죄가 하나님의 영광에 이르지 못하게 할 뿐만 아니라 우리의 간구가 하나님께 상달되지 못하게 하고 있는 것입니다.

> 여호와의 손이 짧아 구원치 못하심도 아니요 귀가 둔하여 듣지 못하심도 아니라 오직 너희 죄악이 너희와 하나님 사이를 내었고 너희 죄가 그 얼굴을 가리워서 너희를 듣지 않으시게 함이니(사 59 : 1~2)

우리의 죄 때문에 우리는 하나님과 멀어진 것입니다. 왜 우리는 교회에서 철야 기도를 해도 응답이 없습니까? 우리의 죄 때문입니다. 이 더러워진 죄의 속성이 오늘 예수님의 십자가의 보혈로 씻김을 받아야 합니다. 죄에서 벗어나기 위해서는 회개해야 합니다.

> 너희가 회개하고 돌이켜 너희 죄 없이함을 받으라 이같이 하면 유쾌하게 되는 날이 주 앞으로부터 이를 것이요(행 3 : 19)

예수님은 우리가 회개할 때 죄의 속성을 돌이켜 원상태로 회복시켜 주시기로 약속하셨습니다. 우리가 나쁜 성품 하나하나를 십자가에 못박으면 예수께서 우리에게 기쁨의 복을 주십니다. 이때 하나님의 역사가 임합니다. 회개하면 하나님의 의가 내 속에 들어옵니다.

여섯째, 용서하십시요—사단의 장난이 없어집니다.

나의 잘못된 성품뿐만 아니라 다른 사람의 잘못된 성품을 용서해 주는 마음도 있어야 합니다. 자기의 죄를 회개하면 하나님의 능력이 들어오는 통로가 되어 유쾌해집니다. 남의 잘못을 용서해 주면 사단의 장난이 없어집니다.

> 너희가 무슨 일이든지 뉘게 용서하면 나도 그러하고 내가 만일 용서한 일이 있으면 용서한 그것은 너희를 위하여 그리스도 앞에서 한 것이니 이는 우리로 사단에게 속지 않게 하려 함이라 우리가 그 궤계를 알지 못하는 바가 아니로라(고후 2 : 10~11)

 죄의 속성을 가진 우리의 더러운 성품은 우리가 올바로 회개할 때 예수 그리스도 안에서 새로워집니다. 이를 위해 예수님은 보혜사 성령님을 우리에게 보내신 것입니다. 성령님은 우리의 영을 거듭나게 하고 우리의 혼적인 생각을 변화시켜 주십니다. 이같은 성령님의 도우심으로 우리의 생각을 사로잡아 그리스도께 복종함으로써 주님의 성품에 참여하여 주님의 마음에 합한 자가 되는 복이 넘치기를 바랍니다.

17. 생각을 변화시켜라 (2)
─ 말씀을 통하여 ─

본문말씀 : 디모데후서 3 : 12~17

12무릇 그리스도 예수 안에서 경건하게 살고자 하는 자는 핍박을 받으리라 13악한 사람들과 속이는 자들은 더욱 악하여져서 속이기도 하고 속기도 하나니 14그러나 너는 배우고 확신한 일에 거하라 네가 뉘게서 배운 것을 알며 15또 네가 어려서부터 성경을 알았나니 성경은 능히 너로 하여금 그리스도 예수 안에 있는 믿음으로 말미암아 구원에 이르는 지혜가 있게 하느니라 16모든 성경은 하나님의 감동으로 된 것으로 교훈과 책망과 바르게 함과 의로 교육하기에 유익하니 17이는 하나님의 사람으로 온전케 하며 모든 선한 일을 행하기에 온전케 하려 함이니라

하나님의 말씀은 죄로 더러워진 인간을 처음 하나님이 사람을 창조하셨을 때 온전했던 것과 같이 온전하게 만들 뿐만 아니라 모든 선한 일을 행하기에 온전케 하십니다(딤후 3 : 17). 우리의 영, 혼, 몸이 온전케 되면 말하는 것, 생각하는 것, 행하는 것이 온전해집니다. 하나님의 말씀을 받아들이는 자는 깨끗해지고(요 15 : 3), 거역하는 자는 더욱더 악한 것으로 채워집니다. 믿는 자가 하나님의 말씀에 따라 경건하게 살고자 하면 세상 사람들은

가만두지 아니하고 방해를 합니다.

> 무릇 그리스도 예수 안에서 경건하게 살고자 하는
> 자는 핍박을 받으리라(딤후 3:12)

하나님이 창조하신 대로 온전하게 살고자 하면 핍박이 따릅니다. 내가 세상과 함께 살면 핍박이 없으나 예수님의 형상을 따라 살고자 하면 핍박이 옵니다. 그래서 말씀은 "오직 하나님의 능력을 좇아 복음과 함께 고난을 받으라"(딤후 1:8)고 권면하고 있습니다.

예수 그리스도를 믿고 거듭난 그리스도인이 어떻게 마음을 변화시켜 하나님이 창조하신 대로 회복할 수가 있겠습니까?

첫째, 회개하여 마음을 변화시키십시오.

회개하여 내 마음을 변화시켜야 합니다. 회개란 내 속에 있는 세상적인 것을 하나하나 주워 내어버리고 하나님의 것을 갖게 되는 것을 말합니다. 세례 요한은 "회개하라! 천국이 가까왔다"라고 외쳤습니다. 이는 예수 그리스도를 영접하기 위해 준비하라는 것입니다. 회개함으로 우리의 자아적인 것은 예수 그리스도와 함께 죽고 그와 함께 부활의 생명에 동참하게 됩니다. 이사야 선지자는 회개하여 마음이 겸손해질 것을 촉구했습니다.

> 내가[하나님이]…… 통회하고 마음이 겸손한 자와
> 함께 거하나니 이는 겸손한 자의 영을 소성케 하며
> 통회하는 자의 마음을 소성케 하려 함이라(사 57:15)

우리는 마음이 교만해지고 습관 속에 마음이 굳어져 버리고 말았습니다. 우리는 하나님의 말씀으로 교만을 없애고 굳은 마음을 부드럽게 해야 합니다.

둘째, 하나님의 말씀으로 생각을 변화시켜야 합니다.

하나님의 말씀으로 내 생각을 변화시켜야 합니다. 속사람은 거듭났으나 시간이 가도 열매를 맺지 못하는 것은 내 생각이 변화되지 않았기 때문입니다. 혼적인 것이 새롭게 되지 못하고, 회복되지 못하고, 구원을 받지 못했기 때문입니다. 혼적인 모든 생각이 말씀으로 인해 새로워져야 합니다. 그렇게 될 때 하나님께서 태초에 마련해 주셨던 온전한 상태로 돌아갈 수 있습니다.

왜 새로워지지 않습니까? 마귀는 우리의 속사람이 거하는 영에는 침입하지 못합니다. 거기에는 성령이 계시고 하나님의 말씀이 있기 때문입니다(요일 3:9). 그러나 마귀는 믿는 자들의 혼에 자리잡고 생각을 조종하여 분란을 일으킵니다. 그래서 예수는 믿으나 자기의 생활 및 교회 일이 자기 생각대로 되지 않으면 무엇인가 잘못 되었다고 불평하며 원망하고, 헛된 말을 하며, 헛소문에 귀를 기울이게 합니다. 그래서 그리스도인들은 정신을 차리고 근신하여 깨어 기도하며 말씀을 따라 살면서 헛된 생각을 물리쳐야 합니다.

> 누구든지 헛된 말로 너희를 속이지 못하게 하라(엡 5:6)

사람들은 진리의 말씀은 귀담아 듣지 않다가도 헛된 소문은 마귀의 장난에 넘어가 귀에 잘 받아들입니다. 원수 마귀가 생각을 사로잡을 때에 생각이 계속 한 곳에 집중됩니다. 자기를 욕하는 사람에게는 미움이 계속해서 일어납니다. 인간적인 생각으로 하나님의 말씀이 가로막히게 만듭니다.
　이런 사람들은 하나님의 말씀보다는 사람의 유전(遺傳)을 더욱 잘 지킵니다(막 7:5~8). 마귀는 오늘도 우리 생각에 본부를 두어 우리 생각, 감정, 습성대로 일하게 하여 하나님의 일을 그르치게 만듭니다. 육체를 따라 난 자는 영적으로 하나님을 바로 섬기며 살고자 하는 자를 이해할 수 없기에 핍박을 합니다.

　　　　육체를 따라 난 자가 성령을 따라 난 자를 핍박한
　　　　것같이 이제도 그러하도다(갈 4:29)

　그러나 복음을 전하는 자는 핍박을 받아 죄인과 같이 감옥에 들어가 매이는 데까지 고난을 받을지라도 하나님의 말씀은 매이지 아니하고 듣는 자 속에서 역사하여 고난 속에 있는 자들을 살려줍니다.

　　　　복음을 인하여 내가 죄인과 같이 매이는 데까지 고
　　　　난을 받았으나 하나님의 말씀은 매이지 아니하니라
　　　　(딤후 2:9)

　바울 사도는 복음으로 인해 죄인과 같이 매이는 데까지 고난을 받았습니다. 사단은 우리의 생각, 지식, 철학 및 헛된 소문으로 우리를 결박하려고 침범합니다. 그러나 하나님의 말씀을 따라 사는 사람에게는 성령과 말씀의 능력으로 매이지 않는 역사가 일어납니다.
　우리가 부모, 교사 및 목사의 충고를 듣는 것도 중요합니다. 그러나 더 중요한 것은 하나님의 말씀입니다. 우리가 말씀의 반석 위에 굳게 서지 못했기 때문에 인간의 철학, 감정, 헛된 소문, 인간 및 장로의 유전을 따라가는 어리석음을 범합니다. 그러나 하나님의 말씀은 도리어 사단과 세상과 죄를 결박해버립니다.

> 성경이 모든 것을 죄 아래 가두었으니 이는 예수 그리스도를 믿음으로 말미암은 약속을 믿는 자들에게 주려 함이니라(갈 3 : 22)

이 세상의 모든 죄가 나를 가두려고 하는데 그리스도의 말씀이 오히려 세상의 죄를 가두어버리는 능력이 있습니다. 바울 사도는 성경에 기록된 모든 사건들이 오늘을 사는 우리에게 거울이 된다고 했습니다(고전 10 : 11). 말씀이 거울로서 우리를 온전하게 만들어 주는 일을 합니다. 내가 이 말씀을 따라 살며 말씀 속에 거할 때 내 생각이 온전하게 변화되는 역사가 임합니다.

셋째, 어떻게 하나님의 말씀이 내 생각을 변화시킵니까?

히브리서는 예수 그리스도에 대하여

> 예수 그리스도는 무궁한 생명의 능력을 좇아 된 것이니(히 7 : 16)

라고 증거합니다. 따라서 그의 생명의 말씀도 생명의 능력으로 우리에게 왔습니다.

> 이는 우리 복음이 말로만 너희에게 이른 것이 아니라 오직 능력과 성령과 큰 확신으로 된 것이니(살전 1 : 5)

하나님의 말씀이 임하는 곳에는 능력이 있습니다. 능력받기를 원하면 말씀을 붙잡아야 합니다. 하나님의 말씀이 내 속에 있으면 큰 확신을 가질 수 있습니다. 헛된 소문에 쉽게 넘어가지 않습니다.

이 말씀이 능력과 성령과 큰 확신으로 되어 예수를 믿는 것이 부끄럽지 않습니다.

> 내가 복음을 부끄러워하지 아니하노니 이 복음은 모든 믿는 자에게 구원을 주시는 하나님의 능력이 됨이라……복음에는 하나님의 의가 나타나서 믿음으로 믿음에 이르게 하나니……오직 의인은 믿음으로 말미암아 살리라(롬 1 : 16~17)

믿음으로 산다는 것은 하나님의 말씀이 내 속에 올 때에 믿음으로 바꾸어지며 하나님의 의가 나타나 나를 살린다는 것입니다. 하나님의 의가 나타날 때마다 내 생각이 변화되어 하나님이 원하시는 생각으로 회복됩니다. 말씀은 우리들의 생명이요 영의 양식입니다. 이 말씀을 가지고 있는 자에게는 생명과 평안이 따라옵니다.

> 육신을 좇는 자는 육신의 일을 영을 좇는 자는 영의 일을 생각하나니 육신의 생각은 사망이요 영의 생각은 생명과 평안이니라(롬 8 : 5~6)

넷째, 하나님의 말씀이 나를 어느 정도 변화시킬까요?

예레미야 선지자는 이렇게 외쳤습니다.

> 나 여호와가 말하노라 내 말이 불같지 아니하냐 반
> 석을 쳐서 부스러뜨리는 방망이같지 아니하냐(렘
> 23:29)

말씀이 불이 되고 방망이가 되어 우리의 생각을 녹이고 깨어서 새롭게 만들어 줍니다. 우리는 우리의 생각이 완전히 예수님 쪽으로 돌아갈 때 주님이 주시는 평강을 맛볼 수 있습니다.

사도 바울은 다메섹 도상에서 빛 가운데 나타나신 예수님의 말씀에 굳어졌던 자아가 완전히 부서지고 새롭게 소생하는 역사를 체험했습니다.

> 하나님의 말씀은 살았고 운동력이 있어 좌우에 날
> 선 어떤 검보다도 예리하여 혼과 영과 및 관절과 골
> 수를 찔러 쪼개기까지 하며 또 마음의 생각과 뜻을
> 감찰하나니(히 4:12)

우리도 바울과 같은 역사를 체험할 때에 "오 주님, 감사합니다! 내 잔이 넘치나이다"라는 간증이 나옵니다. 이와 같은 하나님의 말씀이 내게 임하면 나의 모든 생각을 사로잡아 그리스도에게 복종케 하는 역사가 일어납니다.

> 모든 이론을 파하며 하나님 아는 것을 대적하여 높
> 아진 것을 다 파하고 모든 생각을 사로잡아 그리스
> 도에게 복종케 하니(고후 10:5)

✱ 지식까지 새로워집니다.

이렇게 내 모든 생각을 그리스도에게 복종시킬 때 나의 심령

의 천국이 날로날로 확장되는 역사가 일어나며 우리의 지식까지 새롭게 된다고 성경은 분명히 증거하고 있습니다.

> 옛사람과 그 행위를 벗어버리고 새사람을 입었으니
> 이는 자기를 창조하신 자의 형상을 좇아 지식에까
> 지 새롭게 하심을 받는(renewed in knowledge) 자
> 니라(골 3:9~10)

그래서 예수님은 제자들에게 "너희는 내가 일러 준 말로 깨끗하여졌다"(요 15:3)고 말씀하셨습니다. 말씀이 내 속사람을 날로 성장시켜 주고 하나님이 원하시는 대로 소생시켜 주기 때문에 말씀과 기도로 거룩해지는 것입니다(딤전 4:5).

영은 거듭나서 속사람은 온전하여졌으나 혼은 거듭난 것이 아니므로 늘 새로워져야 합니다. 이는 하나님의 말씀을 통해서만 가능한 일입니다.

> 모든 성경은 하나님의 감동으로 된 것으로……이는
> 하나님의 사람으로 온전하게 하며 모든 선한 일을
> 행하기에 온전케 하려 함이라(딤후 3:16~17)

다섯째, 예수님의 사랑이 나타나야 합니다.

속과 겉이 모두 온전해져서 어느 면으로도 예수님의 사랑이 나타나야 합니다. 그래서 우리는 예수를 닮아 작은 예수가 되어야 합니다. 바울 사도는 너희가 그리스도의 형상을 닮도록 하기 위해 해산의 수고를 한다고 했습니다(갈 4:19).

예수님 닮기를 원하면 우리의 생각에 변화가 와야 합니다. 예수를 닮는다는 것은 내 생각이 예수님 생각과 닮아지고 내가 행

하는 모든 것이 예수 그리스도와 같이 온전해지는 것입니다. 예수를 닮으면 닮을수록 그의 계명을 사랑하며 지키는 사람이 됩니다.

> 나의 계명을 가지고 지키는 자라야 나를 사랑하는 자니 나를 사랑하는 자는 내 아버지께 사랑을 받을 것이요 나도 그를 사랑하여 그에게 나를 나타내리라(요 14 : 21)

예수님의 형상을 닮고 하나님 말씀을 지켜 행하며 하나님을 사랑할 때 예수께서 그 사람을 통하여 역사하십니다. 나를 통하여 예수님이 나타날 때에 기적이 일어납니다. 내가 나타나면 실망과 좌절뿐입니다.

> 내 말과 내 전도함이 지혜의 권하는 말로 하지 아니하고 다만 성령의 나타남과 능력으로 하여(고전 2 : 4)

마가복음 16 : 20에도 제자들이 주의 말씀을 전할 때에 주께서 함께 역사하사 그 따르는 표적으로 말씀을 확실히 증거하였습니다. 예수님이 나타나시니 표적이 따르더라는 말씀입니다. 예수님이 나타나시니 마귀가 쫓겨나고, 병마가 물러가고, 내 심령에 변화를 가져옵니다.

어느 금요 예배 때 한 학생이 떨고 있었습니다. 왜 그러느냐고 물어봤더니 무섭다는 것입니다. 그래서 그를 위해 간절히 기도하면서 "예수님이 너를 사랑하신다. 예수님의 사랑이 임하면 무서움이 없어진다" 하였더니 그 말을 듣는 순간 그가 예수님의 사랑을 느꼈습니다. 예수님의 사랑이 나타난 것입니다. 항상 우울해 보이던 그 학생의 얼굴이 갑자기 환해지고 밝아지자 그 학생의 어머니가 예수님께 감사를 돌리며 너무나도 기뻐했습니다.
 이와 같이 예수님이 나타나시면 생각이 변화됩니다. 미움도 사랑으로 바꾸어집니다. 근심, 걱정, 고통이 사라지고 찬양의 마음으로 바꾸어집니다. 우리의 모든 생각이 불같은 하나님의 말씀에 사로잡혀 예수 그리스도께 복종할 때 예수님이 나를 통해 즐겁게 나타나 역사하시는 것입니다. 예수님이 나타나는 믿음이 산 믿음입니다.

> 경건의 모양은 있으나 경건의 능력은 부인하는 자니 이같은 자들에게서 네가 돌아서라(딤후 3:5)

 입으로만 예수를 믿는다 하고 실제의 생활에서 예수가 나타나지 않는 자들에게서 떠나라는 말씀입니다.
 하나님이 기뻐하시는 경건의 생활을 하고 경건의 능력을 가지기 위해서는 하나님의 말씀에 사로잡혀야 합니다.

> 오직 그 말씀이 네게 심히 가까워서 네 입에 있으며 네 마음에 있은즉 네가 이를 행할 수 있느니라(신 30:14)

 하나님의 말씀이 내 입에 있고 내 마음에 있을 때 모든 것이 가능해집니다. 예수님이 나타나시는 것보다 우리 자신이 나타나므로 예수님이 복을 주시려 해도 받지 못하고 있습니다. 예수님이 나타날 때에만 불과 방망이의 역사가 일어나 내 굳어진 자아가 깨어질 수 있고, 내 생각을 사로잡아 그리스도께 복종시킬 수가 있고, 그리스도의 형상을 닮아 지식에까지 새로워지는 변화를 맛볼 수 있습니다.

여섯째, 말씀이 마음판에 새겨져야 합니다.

예수님이 나타나실 때 우리는 모든 것을 할 수 있습니다. 예수님이 나타나지 않으면 내 생각이 변화되지 않습니다. 하나님의 말씀을 내 마음판에 새겨야 주님이 나타날 수 있습니다. 악한 세대를 보고 한탄하는 하박국 선지자가 하나님께 호소했을 때에 하나님께서는 하박국 선지자에게 성루에 올라가 기다리게 하시고는 음성을 들려주셨습니다.

> 여호와께서 내게 대답하여 가라사대 너는 이 묵시를 기록하여 판에 명백히 새기되 달려가면서도 읽을 수 있게 하라(합 2 : 2)

하나님의 말씀이 내 마음판에 새겨지면 내 인격과 성품이 변화되기 시작하여 예수 그리스도의 형상을 닮게 됩니다.

> 너희가 우리의 편지라 우리 마음에 썼고 뭇 사람이 알고 읽는 바라 너희는 우리로 말미암아 나타난 그리스도의 편지니 이는 먹으로 쓴 것이 아니요 오직 살아 계신 하나님의 영으로 한 것이며 또 돌비에 쓴 것이 아니요 오직 육의 심비에 한 것이라(고후 3 : 2~3)

성령으로 말미암아 하나님의 말씀이 우리 마음판에 새겨집니다. 주님께서 사도 요한에게 말씀하시기를 "이 예언의 말씀을 읽는 자와 듣는 자들과 그 가운데 기록한 것을 지키는 자들이 복이 있나니 때가 가까움이라"(계 1 : 3) 하셨습니다. 하나님의 말씀이 마음에 새겨지기 위해서는 그 말씀을 읽고 듣고 지키도록 최선을 다하여야 합니다. 예수께서는 말씀을 듣고 인내로 결실하는 자가 옥토(눅 8:15)라고 말씀하셨습니다. 인내할 때 삼십 배, 육십 배, 백 배로 결실하는 역사가 일어납니다. 이 역사가 일어날 때는 감출 수가 없습니다. 예레미야 선지자는 세상이 너무 악하여 자기를 핍박하므로 하나님의 말씀을 전하지 않으려 했습니다. 그러나 선포하지 않고는 견딜 수가 없었습니다.

> 내가 다시는 여호와를 선포하지 아니하며 그 이름으로 말하지 아니하리라 하면 나의 중심이 불붙는 것 같아서 골수에 사무치니 답답하여 견딜 수 없나이다(렘 20:9)

여기에 진리가 있습니다. 말씀이 담겨져 있는 마음속에서는 생수가 솟아나므로 내 생각은 사라지고 주님의 형상 속에서 말씀을 나타내지 않고는 견딜 수가 없습니다. 예수를 믿어도 이렇게 믿을 때 내 심령에서 생수가 솟아나고 기뻐 뛰며 주를 찬양하게 됩니다. 할렐루야!

18. 생각을 변화시켜라 (3)
―믿음을 통하여―

본문말씀 : 요한일서 5 : 1~8

> ¹예수께서 그리스도이심을 믿는 자마다 하나님께로서 난 자니 또한 내신 이를 사랑하는 자마다 그에게서 난 자를 사랑하느니라 ²우리가 하나님을 사랑하고 그의 계명을 지킬 때에 이로써 우리가 하나님의 자녀 사랑하는 줄을 아느니라 ³하나님을 사랑하는 것은 이것이니 우리가 그의 계명들을 지키는 것이라 그의 계명들은 무거운 것이 아니로다 ⁴대저 하나님께로서 난 자마다 세상을 이기느니라 세상을 이긴 이김은 이것이니 우리의 믿음이니라 ⁵예수께서 하나님의 아들이심을 믿는 자가 아니면 세상을 이기는 자가 누구뇨 ⁶이는 물과 피로 임하신 자니 곧 예수 그리스도라 물로만 아니요 물과 피로 임하셨고 ⁷증거하시는 이는 성령이시니 성령은 진리니라 ⁸증거하는 이가 셋이니 성령과 물과 피라 또한 이 셋이 합하여 하나이니라

하나님께로서 난 자마다 세상을 이깁니다(요일 5 : 4). 하나님께로서 난 자는 우리의 속사람입니다. 속사람이란 물과 성령으로 거듭난 사람입니다. 이것은 변화된 것이 아니라 완전히 새로 태어난 것입니다. 우리의 속사람은 날로 새로워지고(고후 4 : 16)

성령으로 강건해집니다(엡 3 : 16).
 속사람이 성령님과 함께 역사할 때 세상을 이길 수 있을 뿐만 아니라 악한 자가 저를 만지지도 못한다고 성경은 분명히 가르치고 있습니다.

> 하나님께로서 난 자마다 범죄치 아니하는 줄을 우리가 아노라 하나님께로서 나신 자가 저를 지키시매 악한 자가 저를 만지지도 못하느니라(요일 5 : 18)

 하나님께서 속사람에게 주신 무기는 믿음입니다. 이 믿음은 겉사람이나 세상에서 온 것이 아닙니다. 하나님의 사랑이 우리의 마음에 부은 바 되는 순간 생긴 것이 믿음입니다. 의인은 믿음으로 살리라는 말과 같이 속사람의 무기는 믿음입니다.
 속사람의 가장 강한 적(敵)은 겉사람입니다. 겉사람의 생각이 가는 곳은 세상입니다. 속사람은 성령님의 도움으로 이 세상을 이길 수가 있습니다. 이때 속사람이 믿음을 통해 혼적인 겉사람을 정복하고 나타나면 세상을 이길 수가 있습니다. 하나님의 능력이 속사람의 믿음을 통하여 혼적인 겉사람을 이기고 나타나면 세상을 이길 수가 있다는 뜻입니다.

첫째, 속사람은 믿음을 통하여 생각을 지배합니다.

 이 믿음으로 우리는 생각하는 모든 세계를 변화시킬 수가 있다고 성경은 말합니다. 그러므로 생각하는 것이 얼마나 중요한지 모릅니다. 예수 그리스도를 영접하고 구원을 받았으나 생각을 잘못하기 때문에 열심히 기도해도 응답이 없습니다. 믿음으로 우리의 생각을 변화시켜야 합니다. 예수께서 십자가에 못박

혀 돌아가실 때 두 강도가 있었습니다. 오른편의 강도는 생각이
변화되면서 예수님께 애원했습니다.

> 예수여 당신의 나라에 임하실 때에 나를 생각하소
> 서 하니 예수께서 이르시되 내가 진실로 네게 이르
> 노니 오늘 네가 나와 함께 낙원에 있으리라 하시니
> 라(눅 23 : 42~43)

생각이 올바르게 되는 순간 하나님께서 주신 믿음이 그 마음
속에 들어가서 예수님과 영적 교통이 되면서 속사람이 생겨 낙
원에 임하게 되는 것입니다. 생각이 이처럼 중요한 것입니다.

이렇게 속사람은 믿음을 통하여 생각하는 세계를 지배할 수
있습니다. 믿음은 들을 때에 나며 들음은 그리스도의 말씀에서
나는 것이므로(롬 10 : 17) 믿음으로 우리의 생각을 변화시킬 때
성령께서 기뻐하십니다.

> 누구든지 목마르거든 내게로 와서 마시라 나를 믿
> 는 자는 성경에 이름과 같이 그 배에서 생수의 강이
> 흘러나리라(요 7 : 37~38)

그러나 모든 생각이 세상에 사로잡혀 있는 사람에게는 이 생
수가 흘러 나올 길이 없습니다. 하나님의 생수가 흘러 나오기
위해서는 세상쪽으로 향한 나의 생각이 변화되어야 합니다. 아
무리 오랫동안 예수를 믿었어도 내 속에서 기쁨이 한 번도 솟아
나지 못했다면 그 이유는 나에게 있습니다. 나의 생각이 하나님
의 마음에 합한 생각이 되지 못했기 때문입니다. 즉 나의 생각
이 자아에 사로잡혀 있기 때문입니다. 그러므로 나의 생각이 변
화되어야 합니다. 나의 생각이 믿음의 통로를 통하여 예수님이

원하시는 길로 갈 때에 우리는 예수님과 함께 낙원에 있게 되는 믿음을 가지게 됩니다. 생각을 변화시키는 방법을 예수께서 가르쳐 주셨습니다.

> 자기의 목숨을 얻는 자는 잃을 것이요 나를 위하여
> 자기 목숨을 잃는 자는 얻으리라(마 10 : 39)

믿음으로 자기 생각을 완전히 포기하면 성령의 역사가 임하여 하나님의 뜻을 따라 마음과 생각을 지켜주시므로(빌 4 : 7) 성령과 함께하는 내 속사람이 내 생각을 지배하게 됩니다.

둘째, 믿음으로 생각을 변화시켜야 합니다.

우리는 믿음으로 우리의 잘못된 생각을 고쳐야 합니다. 그러기 위해서는 우리의 잘못된 생각으로 지은 죄를 먼저 회개해야 합니다. 또한 살아서 운동력이 있는 하나님의 말씀을 마음에 새겨서 말씀이 내 혼과 영과 및 관절과 골수를 쪼개어(히 4 : 12) 그 속의 더러운 것을 제거하도록 해야 합니다.

마가복음 9 : 14 이하에 보면 변화산상의 사건 후 예수님이 산에서 내려오셨을 때 어느 사람이 벙어리 귀신 들린 아들을 예수께 데리고 왔습니다. 그가 말하기를 "귀신이 어디서든지 저를 잡으면 거꾸러져 거품을 흘리며 이를 갈며 그리고 파리하여 갑니다"(막 9 : 17~18)라고 하자 예수께서 아비에게 "언제부터 이렇게 되었느냐?" 물으시니 아비가 대답하기를 "귀신이 저를 죽이려고 불과 물에 자주 던졌나이다" 하면서 "무엇을 하실 수 있거든 우리를 불쌍히 여기사 도와주옵소서"(막 9 : 21~22)라고 했습니다.

이 아버지의 생각은 온전하지 못했습니다. 믿음이 역사할 수 있는 생각의 통로가 막혀져 있었던 것입니다. 이에 예수님은 "할 수 있거든이 무슨 말이냐 믿는 자에게는 능치 못할 일이 없느니라"(막 9 : 23)고 꾸중하셨습니다. 잘못을 뉘우친 아버지는 즉시 회개하고 "나의 믿음 없는 것을 도와주소서"(막 9 : 24) 했습니다. 즉, 예수께서 잘못된 생각을 고쳐주셔서 예수님의 말씀이 그 아버지의 생각을 통하여 역사하게 되었던 것입니다. 예수님은 그의 중심을 보시고 즉시 아이에게 있는 더러운 귀신을 꾸짖어 쫓아내셨습니다. 이와 같이 우리의 잘못된 생각이 하나님의 역사를 막을 때가 많으므로 우리는 믿음으로 잘못된 생각을 변화시켜야 합니다.

그러면 믿음이 우리의 생각에 어떻게 작용하며 유익을 끼칠까요?

첫째로 믿음은 우리의 생각을 깨끗이 하여 하나님의 능력이 들어오는 통로를 만들어줍니다.

> 믿음으로 저희 마음을 깨끗이 하사 저희나 우리나
> 분간치 아니하셨느니라(행 15 : 9)

믿음은 우리의 마음과 생각하는 것을 깨끗이 하는 역사가 있습니다. 우리의 생각 속에는 더러운 것이 많습니다. 우리는 더러운 것을 생각할 때마다 심령과 육체가 괴로움을 당합니다. 이 잘못된 생각을 깨끗이 해주는 능력이 속사람의 무기인 믿음에 있습니다. 믿음을 통하여 그리스도께서 우리 마음에 임하여 사랑으로 일을 시작하십니다.

> 믿음으로 말미암아 그리스도께서 너희 마음에 계시
> 게 하옵시고 너희가 사랑 가운데 뿌리가 박히고 터

가 굳어져서(엡 3 : 17)

　　믿음으로 내 속에 하나님의 사랑이신 그리스도를 모셔서 내 속에 있는 더러운 것들을 깨끗이 할 때 내 생각은 하나님의 의와 능력이 들어올 수 있는 통로로 바꾸어집니다. 우리의 생각이 깨끗해지지 않으면 하나님의 역사는 일어나지 않습니다. 믿음으로 생각이 바로 될 때 어떠한 어려운 환경에서도 이길 수가 있습니다.

　　　　세상에서는 너희가 환난을 당하나 담대하라 내가
　　　　세상을 이기었노라(요 16 : 33)

　　우리가 당하는 환난은 거의 우리의 생각 때문입니다. 예수님은 여러가지 유혹과 시험을 받으셨으나 다 이겼습니다. 승리하신 예수님을 올바르게 믿으면 내 생각 속의 모든 환난을 이길 수가 있고 하나님의 능력으로 승리할 수가 있습니다. 그래서 사도 야고보는 "내 형제들아 너희가 여러가지 시험을 만나거든 온전히 기쁘게 여기라"(약 1 : 2)고 할 수 있었던 것입니다.
　　사단은 우리의 생각을 교묘히 조종하여 공상하게 하고 혼란하게 하고 고통을 주어 죽이기도 합니다. 우리는 예수님의 이름으로 사단이 주는 모든 생각을 쫓을 수가 있습니다. 우리의 속사람이 믿음으로써 환난을 주는 모든 생각을 깨끗이 할 때 하나님의 능력이 임합니다.
　　둘째로 믿음은 영생하는 생각을 줍니다. 우리가 조금만 피곤하면 '고단해 죽겠다', 누가 조금만 미워도 '보기 싫어 못살겠다'고 합니다. 이것은 영생하는 생각이 아니요, 세상적이고 마귀적인 생각입니다. 예수를 믿을 때 성령께서 '못살겠다', '죽겠다'라는 생각은 사라지게 하고 '살겠다', '희망 있다'고 하는 영생의 생각을 줍니다. 이 믿음이 우리를 통하여 역사되어야 합니다. 이 믿음의 통로는 영생하는 생각을 갖도록 합니다. 우리는 이 땅에 살면서 짜증스러운 말, 기분 나쁜 말, 안된다는 말을 많이 합니다. 불만스러운 말을 하면 마귀가 틈을 타는 징검다리가 되나 성령 안에서 감사하는 말을 하면 하나님의 의로움이 나타납니다(마 12 : 37). 에베소서는,

> 누추함과 어리석은 말이나 회롱의 말이 마땅치 아
> 니하니 돌이켜 감사하는 말을 하라(엡 5 : 4)

예수께서는 언제나 살리는 일을 하십니다(고전 15 : 45). 살겠다는 생각 속에는 감사가 나옵니다. 속사람의 무기인 믿음으로 살겠다는 생각이 매일매일 소생되어야 합니다. 많은 사람들이 교회에서는 주님께 모든 것을 맡기겠다고 하지만 교회 문만 나서면 세상쪽으로 돌아갑니다. 그만큼 세상을 향한 생각이 나를 사로잡고 있기 때문입니다. 내 속사람이 믿음이란 무기를 가지고 힘있게 역사할 때 세상을 이기는 기적이 일어나기에 의인은 믿음으로 살리라 하셨습니다.

셋째로 믿음은 담대한 마음을 줍니다. 우리의 생각은 의심이 많으나 믿음은 이 의심을 제거하고 놀라운 기적을 행합니다. 우리는 하나님의 존재에 대해 의심할 때도 있습니다. 어떤 문제를 놓고 기도를 많이 했는데도 응답이 없는 경우에 그런 의심을 가질 때가 많습니다. 때로는 주님의 역사가 기대와 같이 일어나지 않으면 '내가 범죄했기 때문에 외면하셨나?' 하고 의아해 하는 가운데에 하나님께서 깨달음을 주시기도 합니다. 예수님은 '네가 어둠 가운데 있어 봐야 하나님의 빛이 얼마나 아름다운가를 알 수 있다'고 제게 알려주셨습니다.

믿음은 모든 의심을 제거해버립니다. 거룩한 나의 속사람이

믿음으로 내 생각을 완전히 변화시키면 마음에 의심이 없는 심령 천국을 이루게 됩니다. 이처럼 믿음은 의심을 제거해주며 담대함을 주기 때문에 우리가 하나님 앞에 담대히 설 수 있습니다.

> 사랑하는 자들아 만일 우리 마음이 우리를 책망할 것이 없으면 하나님 앞에서 담대함을 얻고 무엇이든지 구하는 바를 그에게 받나니 이는 우리가 그의 계명들을 지키고 그 앞에서 기뻐하시는 것을 행함이라(요일 3:21~22)

넷째로 믿음은 좌절된 생각을 고치고 생기있는 생각을 갖도록 합니다. 사도행전 14:8~10에 보면 나면서부터의 앉은뱅이가 온 정성을 다해 복음을 듣고 있었습니다. 사도 바울이 앉은뱅이를 보는 순간 그 얼굴에 구원을 받을 만한 믿음이 보였습니다. 그 때에 큰 소리로 "네 발로 바로 일어서라" 하니 앉은뱅이가 일어났습니다.

이 세상에서 우리는 좌절된 생각을 할 때가 너무나 많습니다. 그러나 속사람에게 주신 믿음으로 앉은뱅이와 같은 생각을 파괴해 버리면 좌절했던 앉은뱅이가 벌떡 일어나 하나님께 영광을 돌리는 복을 받는 것입니다.

앉은뱅이가 일어나 뛰기도 하고 걷기도 하고 춤추기도 하며 즐거워하는 것과 같이 믿음으로 생기있는 생각을 가지면 생활에 활력이 생겨서 승리하게 되는 것입니다. 우리 모두 믿음으로 잘못되고 좌절된 생각을 변화시켜 생기있는 삶을 누림으로 하나님의 자녀된 기쁨을 맛볼 수 있어야겠습니다. 속사람이 가지고 있는 믿음의 무기가 나의 잘못된 모든 혼적인 생각을 예수님이 원하시는 생각으로 바꾸어놓을 때 혼적인 구원도 임하는 것입니다.

> 믿음의 결국 곧 영혼(soul)의 구원을 받음이라(벧전 1 : 9)

내 속사람이 거듭난 후에 혼적인 세계도 성령으로 믿음을 좇아(갈 5 : 5) 구원시키라는 말씀입니다. 이와 같이 생각이 구원을 받아야 합니다. 하나님이 사람을 창조하신 당시의 죄 없는 생각으로 회복시키는 것이 곧 혼의 구원입니다. 혼의 구원은 우리의 마음의 생각이 신의 성품에 참여하는 것입니다(벧후 1 : 4~7).

신의 성품에 참여토록 하는 것이 우리의 믿음입니다. 그러면 마음 천국, 가정 천국 및 교회 천국이 임하게 됩니다. 생각이 변화되지 못한 사람은 육적 그리스도인이라고 불립니다. 생각이 예수님의 성품으로 바꾸어지면 영적 그리스도인이 됩니다. 여기에 하나님의 무한한 복이 임합니다. 악한 자, 곧 마귀가 나를 만지지도 못합니다. 생각이 주님의 마음에 합한 자가 될 때 "주께서 내 머리에 기름을 바르셨으니 내 잔이 넘치나이다"(시 23 : 5)라고 고백할 수 있는 것이며, 또한 내 영혼이 잘됨과 같이 내가 범사에 잘되고 강건해지는(요삼 1 : 2) 삶의 승리를 간증할 수 있습니다.

여러분 모두 구원의 기쁨을 누리며, 신의 성품에 참여하고, 모든 생각이 예수님의 성품으로 바꾸어져 세상 사람들에게 그리스도의 향기를 나타내는 믿음의 사람이 되시기를 축원합니다.

19. 생각을 변화시켜라 (4)
— 기도를 통하여 —

본문말씀 : 사무엘상 1:9~18

9 그들이 실로에서 먹고 마신 후에 한나가 일어나니 때에 제사장 엘리는 여호와의 전 문설주 곁 그 의자에 앉았더라 10 한나가 마음이 괴로워서 여호와께 기도하고 통곡하며 11 서원하여 가로되 만군의 여호와여 만일 주의 여종의 고통을 돌아보시고 나를 생각하시고 주의 여종을 잊지 아니하사 아들을 주시면 내가 그의 평생에 그를 여호와께 드리고 삭도를 그 머리에 대지 아니하겠나이다 12 그가 여호와 앞에 오래 기도하는 동안에 엘리가 그의 입을 주목한즉 13 한나가 속으로 말하매 입술만 동하고 음성은 들리지 아니하므로 엘리는 그가 취한 줄로 생각한지라 14 엘리가 그에게 이르되 네가 언제까지 취하여 있겠느냐 포도주를 끊으라 15 한나가 대답하여 가로되 나의 주여 그렇지 아니하니이다 나는 마음이 슬픈 여자라 포도주나 독주를 마신 것이 아니요 여호와 앞에서 나의 심정을 통한 것뿐이오니 16 당신의 여종을 악한 여자로 여기지 마옵소서 내가 지금까지 말한 것은 나의 원통함과 격동됨이 많음을 인함이니이다 17 엘리가 대답하여 가로되 평안히 가라 이스라엘의 하나님이 너의 기도하여 구한 것을 허락하시기를 원하노라 18 가로되 당신의 여종이 당신께 은혜 입기를 원하나이다 하고 가

서 먹고 얼굴에 다시는 수색이 없으니라

에브라임 사람 엘가나는 한나와 브닌나 두 아내를 데리고 살았습니다. 브닌나는 자식이 있으므로 자식이 없는 한나를 여러모로 격동시켜 마음을 아프게 했습니다. 엘가나가 가족들을 데리고 실로에 있는 하나님의 전에 가서 제물을 드리고 먹고 마시며 즐거워할 때 한나는 하나님의 전에 들어가서 괴로운 마음을 하나님께 쏟아놓았습니다. 한나의 속사람이 주님께 호소할 때 그 진실된 기도가 입술을 떨리게 했습니다.

> 한나가 속으로 말하매 입술만 동하고 음성은 들리지 아니하므로 엘리는 그가 취한 줄로 생각한지라(13절)

속사람이 탄식하며 기도할 때 입술이 동함을 본 제사장 엘리는 한나가 술 취한 줄 알고 꾸짖었습니다. 왜냐하면 제사장 엘리의 육의 눈에는 한나가 술에 취해 무언가 중얼거리는 것처럼 보였기 때문입니다. 그때 한나가 "나의 주여 그렇지 아니하니이다 나는 마음이 슬픈 여자라 포도주나 독주를 마신 것이 아니요 나의 심정을 통한 것뿐이오니 당신의 여종을 악한 여자로 여기지 마옵소서"(15~16절)라고 대답했습니다. 이말을 들은 엘리는 한나를 붙잡고 "평안히 가라 이스라엘의 하나님이 너의 기도하여 구한 것을 허락하시기를 원하노라"(17절) 하였습니다. 자신의 기도가 하나님께 상달되었음을 확신한 한나는 고통스럽고 안타까운 생각이 즐거운 마음으로 바뀌어 마음껏 먹으며 얼굴에 수색이 없어졌음(18절)을 성경은 분명히 말씀합니다.

지금까지 생각을 변화시키는 것에 대하여 살펴보았는데 이번에는 기도로써 생각을 변화시키는 것에 대해 말씀드리겠습니다.

제 2 부 내 생각을 사로잡아 231

예수님의 십자가의 보혈과 그의 부활로 우리의 영이 거듭나서 속사람이 생겼습니다. 이 속사람의 일을 영의 일이라 합니다. 비록 우리의 육신이 옛모습 그대로 있을지라도 우리가 모든 일을 영적으로 생각하면 생명과 평안이 있습니다(롬 8:5~6). 내가 예수를 믿는다고 하면서 옛날의 육적 생각을 그대로 가지고 산다면 이중인격으로 살게 됩니다. 자기 자신도 양심적으로 괴롭고 다른 사람에게서도 손가락질 받기가 쉽습니다. 이와 같이 우리의 생각이 얼마나 중요한가 하는 것을 인식해야 합니다. 그러므로 우리는 모든 생각을 사로잡아 그리스도에게 복종시켜야 합니다.

> 모든 이론을 파하며 하나님 아는 것을 대적하여 높아진 것을 다 파하고 모든 생각을 사로잡아 그리스도에게 복종케 하니 (고후 10:5)

생각을 사로잡아 그리스도에게 복종케 한다는 것은 나의 혼적인 생각을 영적인 생각으로 변화시켜 주님의 통로로 만든다는 것입니다. 우리 마음과 생각이 주님의 것에 일치될 때 의로운 태양이 떠올라 치료의 광선을 발하게 되므로 외양간에서 나온 송아지같이 기뻐 뛰게 되는 것입니다(말 4:2). 우리는 우리의 생각이 얼마나 중요한가를 분명히 깨달아야 합니다. 생각을 잘못 가지면 마귀는 즉시 생각을 더 악하게 하여 장난을 시작합니다. 예수님을 판 가룟 유다의 경우를 살펴본다면

> 마귀가 벌써 시몬의 아들 가룟 유다의 마음에 예수를 팔려는 생각을 넣었더니 (요 13:2)

마귀는 가룟 유다의 마음속에 예수님을 팔 생각조차 넣을 수 있습니다. 사람들이 어떤 일을 생각할 때 자기 생각이라고 하지

만 실상은 마귀가 넣어 주는 생각들이 많습니다. 그래서 육신의 생각은 하나님과 원수가 되는 것입니다(롬 8:7). 그러나 하나님은 예수 그리스도의 십자가를 통해서 원수된 것을 소멸하게 해 주셨습니다(엡 2:16). 내 모든 잘못된 것을 소멸하는 역사가 십자가를 통하여 있기 때문에 이 십자가는 우리들에게 새롭고 산 길이 됩니다(히 10:20).

예수께서 십자가에서 돌아가실 때 "다 이루었다"(요 19:30)고 말씀하셨습니다. 이 말씀은 우리의 영, 혼, 육의 모든 더러운 것을 청산하고 아버지 앞에서 점과 흠이 없이 보전될 수 있는 길을 마련해 주신 것입니다. 다시 말하면 십자가 사건으로 인해 우리의 영이 거듭날 수 있었고 우리의 생각 또한 변화받을 수 있는 길을 마련해 주신 것입니다. 그래서 우리는 그리스도 안에 있는 새로운 피조물입니다.

> 누구든지 그리스도 안에 있으면 새로운 피조물이라 이전 것은 지나갔으니 보라 새것이 되었도다(고후 5:17)

하나님께서는 예수님의 십자가를 통하여 우리들에게 새롭고 산 길을 열어주셨고 승리의 터전을 마련해 주셨습니다.

첫째, 내 생각을 내가 변화시켜야 합니다.

그러면 내가 해야 할 일은 무엇입니까? 내 생각을 내가 변화시켜야 합니다. 하나님은 내 생각을 변화시킬 수 있는 길을 마련해 두셨습니다. 그러나 내 생각 속에 있는 더러운 것들은 내가 청소해야 합니다. 내 마음속에 있는 미움, 다투는 마음, 시기 및 저주 등의 온갖 더러운 것들은 내가 제거해야 합니다. 은혜를 받았을 때는 모두 제거되는 것 같았는데 왜 교회 밖에 나가면 잘 되지 않습니까? 그 이유는 마귀가 우리의 생각을 잡고 있기 때문입니다. 마귀가 내 생각을 포로로 잡고 있는데 쉽게 놓아줄 것 같습니까? 그러나 예수께서 이미 원수 마귀와 싸워 이기셨기 때문에 나는 예수 그리스도의 이름으로 마귀를 대적하여 생각을 바꾸어야 합니다.

여기에서 많은 그리스도인들이 패합니다. 많은 이들이 세상에서 통상적으로 하는 일이라고 하면서 고정된 관념을 버리지 못합니다.

> 그때에 너희가 그 가운데서 행하여 이 세상 풍속을 좇고 공중의 권세 잡은 자를 따랐으니 곧 지금 불순종의 아들들 가운데서 역사하는 영이라 전에는 우리도 다 그 가운데서 우리 육체의 욕심을 따라 지내며 육체와 마음의 원하는 것을 하여 다른 이들과 같이 본질상 진노의 자녀이었더니(엡 2:2~3)

이와 같이 세상 풍속을 따르지 말라고 하는 것은 세상에 따라서 생각하는 관념, 사람의 유전, 장로의 유전을 다 버리라는 말씀입니다. 그러한 생각들을 바꾸라는 말씀입니다. 성경은 우리가 옛사람과 그 행위를 벗어버리고 지식에까지 새로워져야 하나님의 뜻을 알 수 있다고 말씀합니다(골 3:9~10).

> 너희는 이 세대를 본받지 말고 오직 마음을 새롭게 함으로 변화를 받아 하나님의 선하시고 기뻐하시고 온전하신 뜻이 무엇인지 분별하도록 하라(롬 12:2)

내 마음을 새롭게 하고 내 생각을 바꾸는 것은 나의 책임입니다. 내 생각을 변화시키지 않으면 절대로 하나님의 뜻이 무엇인지 모릅니다.

둘째, 어떻게 생각을 변화시켜야 합니까?

1) 기도로 생각을 변화시키십시오.
그러면 어떻게 생각을 변화시켜야 하겠습니까? 말씀과 기도로 거룩하여진다(딤전 4:5)고 가르쳐 주고 있는 것처럼 우리는 기도로써 생각을 변화시켜야 합니다.

본문 속에서 한나의 경우를 살펴본다면 자식을 갖지 못하여 설움을 당한 그 마음이 너무 고통스러워 격동되어 견딜 수 없는 심령으로 하나님 앞에 호소하였습니다. 그때에 속에서 울려 나오는 것이 입술에까지 나타났으니 하나님도 그 기도를 들어 주시지 않을 수가 없었습니다.

전에는 브닌나가 자기 자식과 더불어 한나를 향하여 손가락질하고 격동시킨 모든 것이 미움과 괴로움과 안타까움뿐이었는데 이제는 그런 소리를 들어도 남의 얘기같이 마음속에 편안함이 왔습니다. 왜 그렇습니까? 생각이 바뀌어졌기 때문입니다. 그러니 그 얼굴에 수색이 없어지고 평안과 기쁨이 감돌게 되었습니다.

자기의 생각이 늘 근심과 걱정 속에 있으면 하나님의 응답이 내려올 수가 없습니다. 기도로 말미암아 자기의 생각이 바뀌어지는 순간 하나님의 놀라운 역사가 일어나서 그 통로로 하나님의 복이 임한 것입니다. 그래서 잉태하지 못했던 한나가 하나님의 응답을 받아 사무엘이란 위대한 아들을 낳게 된 것입니다. 우리도 한나와 같이 기도로 우리의 생각을 바꾸어 하나님의 놀라운 복을 받아야겠습니다.

2) 잘못된 생각을 하나님께 고백하고 버리십시오.
우리는 기도할 때에 내 잘못된 생각을 하나님께 고백하고 버려야 합니다. 성경은 우리들에게 분명히 가르치고 있습니다. "만일 우리가 우리 죄를 자백하면 저는 미쁘시고 의로우사 우리 죄를 사하시며 모든 불의에서 우리를 깨끗케 하실 것이요"(요일 1:9)라고 했습니다. 기도로 우리 죄를 하나님께 자백하면 더러워져 있던 마음의 생각을 변화시켜 "정한 마음을 창조"(시 51:10) 해주시기로 약속되어 있습니다. 내가 곤고할 때에 자신을 생각해야 합니다(전 7:14). 내 생각이 잘못되면 모든 것이 잘못됩니다.

그래서 주님 앞에 무릎을 꿇고 "하나님, 지금까지 내 생각 중에 잘못된 것이 무엇입니까?" 하면서 자기의 모든 생각 하나하나를 점검해야 합니다. 내 행위의 죄를 찾지 마시고 잘못된 생각 하나하나를 전부 주님 앞에 내어놓고 용서를 구하여야 합니다. "예수님, 내가 이런 사람을 미워한 적이 있습니다. 그 사람이 보기 싫어서 교회에 앉았다가 도망친 적도 있습니다." 이 모든 것을 전부 하나님 앞에 회개하면 더러운 생각은 나가고 대신에 하나님의 신령한 생각이 들어오게 되어 있습니다.

하나님의 신령한 생각이 들어오면 미운 자가 사랑스러운 자로 바뀌지며 밥맛 없던 자를 식탁에 초대하여 즐겁게 감사의 대화를 예수님 안에서 갖게 되는 복된 생각으로 바꾸어지므로 내 심령이 치료를 받아 마음 천국을 누리게 되는 것입니다.

3) 마음속에 있는 두렵고 근심하는 생각을 주께 맡기십시오.

너희 염려를 다 주께 맡겨 버리라 이는 저가 너희를
권고하심이니라(벧전 5:7)

모든 염려를 주께 맡기라고 하지만 저도 염려와 두려움이 많았습니다. 제가 영적으로 훈련받을 때 밤에 깊은 산에 올라간 적이 있습니다. 얼마나 두려웠던지 더 이상 발이 움직이지를 않아 기도도 못하고 내려오고 말았습니다. 그 다음부터 강하고 담대하란 말을 못했습니다. 속에서 '너나 좀 강하고 담대해라!' 하고 책망합니다. 그때마다 '내가 왜 이럴까?' 하고 담대하려고 애썼지만 원수 마귀가 내 생각을 사로잡고 충동질하였습니다. 어두운 데 올라가면 '무섭지! 바람 소리만 들어도 이상하지!' 하면서 두려웠던 그때의 생각들을 잡고 놓아주지 않았습니다. 그러나 '주님! 강하고 담대한 마음을 주시옵소서. 나는 두렵지 않습니다!' 하면서 내 생각을 변화시켰습니다. 그리고 그 다음날은 올라갈 수 있었습니다.

결국은 이 포로된 생각을 주님이 열어주신 믿음의 담력 위에서 새로운 생각을 가지고 전진할 때 승리했습니다. 이와 같이 내 속에 있는 모든 잘못된 생각, 근심, 두려움을 하나하나 기도로 주님 앞에 내어놓을 때 성령님의 도우심으로 내 생각이 변화되어 승리할 수 있는 생각이 마음속에 생수처럼 흘러나는 것입니다.

> 나를 믿는 자는 성경에 이름과 같이 그 배에서 생수의 강이 흘러 나리라(요 7:38)

4) 생각을 청소한 후에는 꼭 성령 충만을 받아야 합니다.

내 생각 속의 더러운 것을 다 주워내어 생각이 깨끗해지면 곧 성령 충만을 받아야 합니다. 마태복음 12:43~45에 보면 예수께서 말씀하시기를,

> 더러운 귀신이 사람에게서 나갔을 때에 물 없는 곳으로 다니며 쉬기를 구하되 얻지 못하고 이에 가로되 내가 나온 내 집으로 돌아가리라 하고 와 보니 그 집이 비고 소제되고 수리되었거늘 이에 가서 저보다

더 악한 귀신 일곱을 데리고 들어가서 거하니 그 사
람의 나중 형편이 전보다 더욱 심하게 되느니라

마음의 생각을 깨끗이 한 후에는 성령 충만을 받아야 합니다. 그렇지 아니하면 귀신의 장난이 얼마나 더 심해지는가를 알려 주시는 말씀입니다. 에베소서는 성도들에게 "술 취하지 말라 이는 방탕한 것이니 오직 성령의 충만을 받으라"(엡 5:18) 하였습니다. 성령 충만을 받으라는 것은 명령입니다. 마음의 생각을 청소한 후에는 꼭 성령 충만을 받아야 함을 강조하고 있습니다. 우리는 우리의 생각이 바로되어 하나님의 진리를 올바르게 이해할 수 있을 뿐만 아니라 하나님의 역사인지 사단의 장난인지를 영분별할 수 있는 하나님의 지혜와 계시의 영을 달라고 기도하여야 합니다.

우리 주 예수 그리스도의 하나님, 영광의 아버지께
서 지혜와 계시의 정신을 너희에게 주사 하나님을
알게 하시고(엡 1:17)

하나님께서 저에게 많은 역사를 나타내시며 사역하게 하시는 가운데 가장 힘든 것은 영을 분별하는 것이었습니다. 영들을 올바르게 분별 못하면 마귀의 궤계에 속아 넘어가기 쉽습니다. 하나님의 은혜로 처음 사역을 할 때에 주님의 이름으로 나타나는 모든 것이 성령의 역사인 줄 생각했던 것입니다. 성회 중에 성도들을 통하여 사단의 장난이 어떻게 역사했는가를 하나하나 알 수가 있었습니다. 이것을 알 때까지 예수께서 저를 많이 훈련시켜 주셨습니다. 이것을 알면서부터 영분별을 할 수 있도록 하나님께 지혜와 계시의 정신을 달라고 기도함으로 영분별의 역사가 점점 뚜렷해지기 시작했습니다. 자신을 먼저 청결하게 한 후에 하나님의 지혜와 계시의 영을 받아야 영분별을 할 수가 있습니다. 우리는 하나님의 지혜와 계시의 영을 간구해야 합니다. 바울 사도는 빌립보 성도들을 위하여 하나님의 지혜와 계시의 정신(영)을 가지고 더욱 영 분별을 할 수 있기를 기도했습니다.

> 내가 기도하노라 너희 사랑을 지식과 모든 총명으
> 로 점점 풍성하게 하사 너희로 지극히 선한 것을 분
> 별하며 또 진실하여 허물 없이 그리스도의 날까지
> 이르고(빌 1:9~10)

솔로몬은 꿈에도 하나님께 지혜를 구함으로써 전무 후무한 지혜를 받아 모든 것을 분별할 수 있는 위대한 왕이 되었습니다.

> 누가 주의 이 많은 백성을 재판할 수 있사오리이까
> 지혜로운 마음을 종에게 주사 주의 백성을 재판하
> 여 선악을 분별하게 하옵소서(왕상 3:9)

이러한 하나님의 지혜와 계시의 영이 우리에게 필요합니다.

> 너희 중에 누구든지 지혜가 부족하거든 모든 사람
> 에게 후히 주시고 꾸짖지 아니하시는 하나님께 구
> 하라 그리하면 주시리라(약 1:5)

기도로써 인간적인 욕심의 생각을 버리고 하나님의 지혜를 얻어 영을 분별하며 세상을 이기는 삶의 복을 누릴 수 있어야 되겠습니다. 기도로 하나님의 지혜와 계시의 정신을 받아 혼자만 알고 지내는 것이 아니라 하나님의 뜻을 성취하는 일을 이루어야 합니다. 응답을 받을 때까지 낙심치 말아야 합니다.

누가복음 18장에 보면 한 과부가 끈질기게 간구하므로 사람도 하나님도 무서워하지 않던 재판관이 귀찮아서라도 이 과부의 청을 들어 주지 않았습니까? 야곱은 얍복강가에서 하나님의 사자와 씨름을 해서 비록 환도뼈가 위골되었지만 하나님의 사자가 축복해 줄 때까지 붙잡고 놓지 않았습니다. 기도의 응답을 받을 때까지 용기를 잃지 않고 기도하면서 내 자신의 생각을 변화시켜 영적인 면에서나 실생활에서 성령의 열매가 나타나도록 해야 합니다.

기도를 통하여 내 생각을 변화시키고, 내 생각의 잘못된 것을 일일이 고백하고 깨끗하게 되어 하나님의 지혜와 계시의 영이 임하게 해 달라는 기도가 응답될 때까지 용기를 상실해서는 안 됩니다. 마음의 생각의 변화를 위한 기도는 만사를 해결시킨다는 사실을 믿어야 합니다.

이스라엘 민족이 애굽이란 세상에서 430년 동안 고난을 받다가 하나님의 놀라운 기적으로 이제 그곳을 떠나서 젖과 꿀이 흐르는 가나안 복지로 갑니다. 이때 이들 앞에 제일 먼저 가로놓인 장애물이 홍해였습니다. 2백여만 명이나 되는 이스라엘 민족이 그 홍해를 건너가려고 하면 몇 척의 배가 필요하겠습니까? 그들이 인간의 지혜로는 해결할 수 없었으나 모세가 믿음의 기도를 드릴 때에 홍해가 갈라지는 기적이 일어났습니다. 기도는 홍해를 갈라놓았습니다. 오늘 우리에게 홍해와 같은 문제가 있다 하더라도 겨자씨 만한 믿음만 있으면 능히 해결할 수 있습니다. 믿음의 기도는 마음의 생각이 전적으로 하나님의 마음의 생각과 일치되는 것입니다.

잉태치 못하던 한나가 하나님께 간절히 기도했더니 하나님께서 태를 열어 사무엘이란 아들을 주셨습니다. 소경 바디매오가 나사렛 예수여 나를 불쌍히 여겨 눈을 뜨게 해 달라고 간구할 때에 눈을 떴습니다. 어떻게 눈을 뜨게 되었습니까? 예수님이 나의 눈을 분명히 볼 수 있게 하실 수 있다는 마음의 생각이 예수님의 마음에 합했기 때문이 아니겠습니까? 생각을 변화시켜 하나님의 마음에 합한 기도로 만사가 형통되는 축복을 받은 것입니다.

  오늘날 우리가 예수를 열심히 믿는다 하면서도 늘 손가락질 받고 욕을 먹는 이유는 내 생각이 변화되지 못했기 때문입니다. 우리는 성령의 도움을 받아 회개로, 말씀으로, 믿음으로 그리고 기도로써 내 생각을 변화시켜야 하나님의 능력이 내 마음과 생각에 흐르게 됩니다. 내 생각이 변화될 때에 성령께서 내 영과 함께 역사하셔서 실제 생활로 나타나므로 행함이 있는 믿음이 되어 마음 천국, 가정 천국, 교회 천국이 이루어지는 것입니다.

제3부

영의 통로

20. 영의 통로 (1)
— 깨닫는 마음 —

본문말씀: 로마서 10:8~17

8 그러면 무엇을 말하느뇨 말씀이 네게 가까와 네 입에 있으며 네 마음에 있다 하였으니 곧 우리가 전파하는 믿음의 말씀이라 9 네가 만일 네 입으로 예수를 주로 시인하며 또 하나님께서 그를 죽은 자 가운데서 살리신 것을 네 마음에 믿으면 구원을 얻으리라 10 사람이 마음으로 믿어 의에 이르고 입으로 시인하여 구원에 이르느니라 11 성경에 이르되 누구든지 저를 믿는 자는 부끄러움을 당하지 아니하리라 하니 12 유대인이나 헬라인이나 차별이 없음이라 한 주께서 모든 사람의 주가 되사 저를 부르는 모든 사람에게 부요하시도다 13 누구든지 주의 이름을 부르는 자는 구원을 얻으리라 14 그런즉 저희가 믿지 아니하는 이를 어찌 부르리요 듣지도 못한 이를 어찌 믿으리요 전파하는 자가 없이 어찌 들으리요 15 보내심을 받지 아니하였으면 어찌 전파하리요 기록된 바 아름답도다 좋은 소식을 전하는 자들의 발이여 함과 같으니라 16 그러나 저희가 다 복음을 순종치 아니하였도다 이사야가 가로되 주여 우리의 전하는 바를 누가 믿었나이까 하였으니 17 그러므로 믿음은 들음에서 나며 들음은 그리스도의 말씀으로 말미암았느니라

본문 말씀의 중심은 17절입니다.

믿음에 대한 이야기를 하면 나도 담대한 믿음이 있었으면 좋겠다고 말하는 분들이 많습니다. 담대한 믿음을 가지기 위해서는 **믿음의 말씀을 들어야 합니다.**

그러므로 믿음은 들음에서 나며 들음은 그리스도의
말씀으로 말미암았느니라(롬 10:17)

믿음은 사람의 지혜에 있는 것이 아니라 하나님의 능력에 있기 때문에(고전 2:5), 들은 바 하나님의 말씀이 거듭난 영에서 역사하기 시작하여 예수께서 일할 수 있는 믿음의 통로를 만드는 것입니다. 그러므로 믿음은 하나님이 기뻐하시는 통로가 됩니다. 이 믿음의 통로가 마음의 생각, 즉 혼적인 기관을 통해 행함이 있는 믿음으로 나타나 하나님께 영광이 되는 것입니다. 혼적인 기관(사고, 감정, 의지 등)의 더러운 찌꺼기들이 영의 통로를 막아 버리면 믿음이 담대히 역사할 수가 없습니다. 내가 예수를 오래 믿었어도 믿음이 차단되는 경우 주님과 교통하는 은혜를 깊이 체험할 수 없습니다. 이유는 혼적인 기관이 변화받지 못했기 때문입니다.

모태부터 예수를 믿었고 또한 예수를 믿은 지 여러 해가 되는데 심령이 답답한 이유는 무엇이며 열심히 기도는 하는데 마음이 계속 불안한 이유는 무엇입니까? 사단의 장난에서부터 오는 것입니까? 그렇지 않으면 하나의 질병입니까? 두 가지 대답이 있습니다. 먼저 사람이 질병으로 신경이 쇠약해지면 악령이 들어와서 그 심령을 약화시키고 파괴시키며, 이렇게 되면 회복이 무척 힘이 듭니다. 그러나 악령의 공격으로 정상적인 신경 계통의 활동이 중단된 경우는 내 속에 있는 악령을 제거하면 곧 회복됩니다. 그런데 이 두 가지가 원인은 다르나 외적 현상은 비숫하기도 합니다.

　사람이 불안하고 초조해지면 불면증에 걸립니다. 그러면 번민하게 되고 두려움과 짜증이 나고 무엇이든 자꾸 싫어지게 됩니다. 공연히 어떤 사람을 보면 섬찟해지고 과거에 없던 고집이 생겨 남의 말을 잘 듣지 않습니다. 그러면서 자기의 생각과 다르면 무조건 반대하고 증오하고 욕하고 비난합니다. 이 경우는 벌써 자기의 생각이 사단에게 사로잡혀 있기 때문입니다. 너무 위험한 상태입니다. 이런 폐쇄된 상태에 있는 사람들은 심령이 굉장히 고통스럽습니다. 사람을 만날 때도 자유롭게 대하지 못하고 무엇인가 의심하면서 도망치려고 합니다. 이 마음을 치료받아야 영의 통로가 될 수 있는데 어떻게 치료받을 수 있겠습니까?

　저는 빨간색만 보면 두려워하는 어떤 부인을 만난 적이 있습니다. 마침 그 부인이 사람을 피해 방에 들어가서는 문을 잠가 버리고 나오지 않는다는 소식을 듣고 제가 그 집에 심방을 갔습니다. 남편이 방을 잠그고 나오지 않는 부인에게 목사님이 오셨으니 문을 열어 달라고 간청했습니다. 부인은 자기를 감옥에 데리고 가려 하니 절대로 못 열겠다고 버티었습니다. 삼십 분쯤 대화한 후 결국 그 부인이 문을 열었을 때 그를 잘 달래어서 병원에 데리고 갔습니다. 병원에서는 그 부인을 독방에 넣었습니다. 제가 며칠에 한 번씩 심방가서 기도해 주었습니다. 담당 의사의 말은 이 부인은 아무리 잘 치료하더라도 70퍼센트 이상 회복은 불가능하다는 것이었습니다. 그러나 저는 100퍼센트 회복될 수 있다고 믿었습니다. 그 부인에게 우리의 죄를 대신하여 십자가에서 보혈을 흘려주신 예수 그리스도를 바라보고 어제나 오늘이나 영원히 동일하신 예수 그리스도의 피로 당신 속에 있는 모든 더러운 것과 과거의 모든 잘못된 죄를 씻김받으면 깨끗하게 치료받을 수 있다고 하면서 예수님은 당신을 사랑하여 과

거의 잘못을 용서할 뿐 아니라 치료하신다고 확신을 넣어주었습니다. 이렇게 기도를 한 결과 열흘만에 이 부인은 의사의 진단을 뒤엎고 완전히 회복을 받았습니다. 이 부인의 가정은 화목을 되찾았으며 후에 남편은 어느 교회의 장로가 되었습니다.

첫째, 예수님의 보혈로 폐쇄된 사고(思考)에서 해방받으십시요.

이와 같이 폐쇄된 사고 방식에서 해방을 받을 수 있는 길은 예수 그리스도께서 지신 십자가와 그의 흘리신 보혈입니다. 다른 길로써는 해결받지 못합니다. 그래서 에베소서 2:16에서는 십자가는 원수된 것을 소멸한다고 말씀합니다. 또한 우리는 예수의 피를 힘입어 성소에 들어갈 담력을 얻게 되었습니다(히 10:19).

십자가와 보혈은 나의 잘못되고 폐쇄된 모든 사고 방식까지도 치료하고 나에게 새롭고 산 길을 열어주십니다. 그래서 이 십자가가 중요한 것입니다. 이 십자가의 역사가 일어날 때 주께서 나를 새롭고 산 길로 인도하실 뿐만 아니라(히 10:20) 새 힘과 새 마음을 주시고 육체의 굳은 마음을 제하여 버리고 부드러운 마음으로 바꾸어주십니다(겔 36:26). 하나님께서 성령을 새 마음에 주셔서 하나님의 율례를 행하게 하여 규례를 지키게 합니다. 이와 같이 우리는 십자가와 보혈을 통해서만이 우리 마음을 새롭게 할 수 있습니다.

주님의 십자가로 우리 마음이 새롭게 될 때 폐쇄된 모든 기관의 잘못된 것을 치료합니다.

둘째, 의지로써 옛사람과 그 행위를 벗어버려야 합니다.

우리는 주님의 도우심에 힘입어 내 의지로써 옛사람과 그 행위를 벗어버려야 합니다. 사도 바울은 골로새서 3:5~10에 이를 자세히 설명합니다. 예수님의 십자가가 파괴시킨 것을 제거하는 일은 내가 해야 합니다. 즉 우리 자신의 옛사람과 그 행위를 벗어버려야 합니다(골 3:9).

옛사람은 육신을 중심으로 사는 타고난 사람입니다. 육신으로 사는 사람은 하나님과 원수가 되는 사람입니다(롬 8:7). 하나님과 원수가 되는 것을 십자가로 파괴시킨 후에 우리의 의지로 파괴된 것들을 청소해야 합니다.

창세기 2:16~17에 우리의 의지에 관한 이야기가 자세히 기록되어 있습니다. 하나님께서 아담에게 동산 가운데 있는 선악과를 따먹으면 정녕 죽을 것이니 먹지 말라 하셨습니다. 아담은 그의 자유 의지로 선악과를 따먹을 수도, 따먹지 않을 수도 있었습니다. 하나님의 말씀에 순종할 수도, 거역할 수도 있었습니다. 그는 죄를 다스릴 수가 있었습니다. 우리도 선을 행치 아니하면 죄가 문에 엎드린다고 성경은 말씀하고 있습니다(창 4:7). 예수 그리스도의 십자가로 모든 더러운 것을 파괴시키고 나면 육신의 옛 습관을 청소하는 것은 우리의 책임입니다. 이것을 성경에서는 순종이라고 하며 따라서 순종이 제사보다 낫다고 합니다.

※ 하나님께 순종하십시요.

하나님께 순종하면 우리의 마음이 순수하고 깨끗해짐으로 영의 통로가 열려서 하나님의 은혜를 쉽게 받고 체험할 수 있습니다. 예수 그리스도의 십자가로 마음의 원수된 것을 파괴하고 하나님께 순종함으로 옛사람과 그 행위를 벗어버리면 새 마음을 입어 창조자의 형상을 따라 지식에까지 새롭게 되는 것입니다. 새 마음, 새 지식을 가질 때에 영의 통로로 하나님께 영광을 돌리며 영적 교통이 이루어집니다.

"마음이 청결한 자는 복이 있나니 저희가 하나님을 볼 것임이요"(마 5:8) 하였습니다. 하나님을 볼 수 있다는 것은 하나님과 교제하는 통로가 열렸다는 것입니다. 우리가 하나님께 순종할 때 우리의 혼이 가로막고 있는 속사람의 통로가 열리게 되며, 이 통로가 열려지면 성령님께서 내 영과 더불어 마음껏 활동하실 수가 있습니다. 이때 하나님께서 우리에게 능력과 사랑과 근신하는 마음을 주십니다.

> 하나님이 우리에게 주신 것은 두려워하는 마음이 아니요 오직 능력과 사랑과 근신하는 마음이니(딤후 1:7)

* 근신하는 마음―하나님의 평강

근신하는 마음은 건전한 마음이요, 하나님이 기뻐하시는 마음입니다. 주님의 십자가를 붙잡고 원수된 것을 소멸하고 내 의지를 다하여 주님께 순종할 때에 우리의 마음이 근신하는 마음으로 바꾸어집니다. 주님 안에서 근신하는 마음은 주님을 의지하며 또한 주님 안에서 안정된 생각을 갖게 하여 하나님의 평안을 누리게 합니다.

> 주께서 심지가 견고한 자를 평강에 평강으로 지키시리니 이는 그가 주를 의뢰함이니이다 (사 26:3)

내 모든 생각이 주님이 원하시는 통로가 될수록 무엇을 하든지 주님을 더욱 의존하게 되며 마음에 평강이 가득 채워지는 것입니다. 이때 모든 지각에 뛰어난 하나님의 평강이 그리스도 예수 안에서 우리의 마음과 생각을 지키십니다(빌 4:7).

하나님의 평강이 임하면 내 속에 계신 성령님이 내 영과 함께 교통하면서 역사하기 때문에 불안, 근심, 걱정, 고통이 없어집니다.

셋째, 진리의 말씀을 마음과 생각에 새기십시오.

어떻게 하면 깨끗하고 평안한 마음을 유지할 수가 있습니까? 영적 통로가 열려져 성령님이 자유롭게 활동할 수 있는 이 마음이 얼마나 오랫동안 계속될 수 있습니까? 히브리서에서 대답을 찾을 수 있습니다.

> ……내 법을 저희 생각에 두고 저희 마음에 이것을 기록하리라 나는 저희에게 하나님이 되고 저희는 내게 백성이 되리라(히 8:10)

하나님의 진리의 복음의 말씀을 우리의 마음과 생각에 새기라는 말씀입니다. 하나님의 말씀이 우리의 마음판에 새겨지고 생각에 기록되면 그 말씀이 항상 기억날 뿐만 아니라 신앙 인격을 갖게 되는 것입니다. 세상에 많은 사람들의 마음에는 세상의 것들, 즉 돈 버는 일이나 인간 관계의 문제들로 일어난 상처로 고통스러운 것이 너무 많아 하나님의 말씀이 자리잡을 곳이 없습니다. 그래서 하나님의 말씀을 아침에 열심히 외워도 저녁에 쉽게 잊어버리는 것입니다. 그 이유는 폐쇄된 심령 속에서 사단이 세상 것은 계속 기억나게 만들고 하나님의 말씀은 하나하나 빼앗아가기 때문입니다.

하나님의 말씀을 내 마음과 생각에 기록하면 생명의 말씀이 내 속에 나의 영을 자극하여 역사하게 합니다(살전 2:13). 이때 나의 생각과 내 속사람인 영이 하나가 되어 성령의 역사가 마음에서 자유롭게 활동합니다. 이때 우리의 믿음이 성령의 역사가 있는 믿음으로 바꿔집니다. 다시 말하면 내 속에 거듭난 영은 거룩합니다. 그러나 우리의 혼은 거듭난 것이 아니므로 폐쇄되어 있습니다. 타고난 생각은 잘못되었고 오랫동안 생각을 잘못 사용해 왔습니다. 십자가로 이 잘못된 생각의 벽을 뚫어야 합니다. 생각하는 기관에 하나님의 말씀이 새겨짐으로 그 말씀이 자유함을 얻어서 내 영과 함께 역사할 때 통로가 열리고 능력이 나타나는 것입니다.

나의 마음에 주님의 말씀이 새겨져 있으면 성령님은 우리의 영의 직관을 통해 즉시 마음눈을 밝게 합니다. 이것을 성경에서는 마음눈이 열려진다, 영안이 열려진다고 표현합니다.

> 우리 주 예수 그리스도의 하나님, 영광의 아버지께서 지혜와 계시의 정신을 너희에게 주사 하나님을 알게 하시고(엡 1:17)

하나님의 지혜와 계시로 마음눈이 밝아지면 첫째로는 하나님에 대하여 더 많이 알게 되어 순종하게 되며, 둘째로는 부르심의 소망이 무엇인가를 알아 자기에게 주어진 달란트를 활용함으로 헌신 봉사에 본이 되며, 셋째로는 현재 당하는 고난과 비교할 수 없는 기업의 영광의 풍성함을 알고 세상을 두려워하지 아니하고 담대해지며, 넷째로는 하나님의 능력이 얼마나 큰지 알 뿐만 아니라 하나님의 능력이 성도들을 통하여 나타나 하나님의 나라가 확장됩니다(엡 1:18~19).

넷째, 마음눈이 열려지는 현상들

마음의 눈이 열려질 때 일어나는 현상은 세 가지로 나타납니다. 첫째로는 깨달음으로 열매맺게 되고, 둘째로는 마음이 성령의 출구가 되어 은사가 나타나고, 셋째로는 성령 충만하여 주님의 나라가 확장됩니다.

1) 영적 깨달음으로 열매를 맺습니다.

마음눈이 열린다는 것을 좀더 이해하기 쉽도록 표현한다면 영적으로 깨닫게 됨을 말하는 것입니다. "깨닫지 못하는 사람은 멸망하는 짐승같도다"(시 49:20) 하였습니다. 영적 일은 성령님의 도움으로 깨닫게 되는 것이므로 깨달을 때 열매를 맺는 것입니다.

> 하나님의 은혜를 깨달은 날부터 너희 중에서와 같이 또한 온 천하에서도 열매를 맺어 자라는도다(골 1:6)

깨달음에도 두 가지가 있습니다. 어떤 사람은 교회에서 하나님의 말씀을 들을 때에 '아! 지금 나를 치는 것이다'라고 생각합니다. 그러면 깨달음이 오다가 사단에게 완전히 삼킨 바가 되어 버립니다. 그러나 '저 말씀이 정말 깨닫고 보니 바로 나에게 하는 말씀이구나' 하고 받아들이면 회개의 역사가 일어납니다. 오순절에 사도 베드로가 성령 세례를 받고 영안이 열려져 주 예수 그리스도를 증거하며 진리의 복음을 전할 때 이를 듣고 깨달아 회개하고 주님께 돌아온 자가 얼마나 많았습니까? 깨달을 수 있는 마음은 착한 마음, 좋은 마음이라고 합니다. 착하고 좋은 마음은 하나님의 말씀을 지켜 인내로 결실하는 역사가 있습니다. 깨달은 마음에는 삼십 배, 육십 배, 백 배의 결실이 있습니다(마 13:23). 이런 사람의 마음의 눈은 열려진 것입니다.

2) 성령의 출구가 열려 은사가 나타납니다.

마음의 눈이 열려지면 성령께서 마음껏 내 안에서 왕래할 수 있는 출구가 열려 은사가 나타납니다. 성령님은 나의 인격을 무시하지 아니하시며 언제나 나의 동의 하에 역사하십니다. 하나님은 먼저 우리에게 사모하는 심령을 갖게 하신 후에 하나님의 뜻대로 성령의 은사를 우리에게 주십니다. 우리의 지적인 통로가 열려지는 순간 지혜와 지식과 영 분별의 지적 은사가 오고 우리의 감정이 열려지면서 성령님이 자유롭게 운행하는 그 순간에 여러 가지 은사가 옵니다. 의지가 순종하는 자세에서 열려지면서 기도의 능력과 믿음의 역사가 일어납니다. 하나님께서 성령으로 우리에게 은사를 주시는 것은 유익하게 하기 위함입니다. 우리 자신에게도 유익이 되나 궁극적인 목적은 하나님께 영광 돌리는 하늘나라 확장을 위한 것입니다. 바울 사도의 고백을 들어보면,

> 그리스도께서 이방인들을 순종케 하기 위하여 나로 말미암아 말과 일이며 표적과 기사의 능력이며 성령의 능력으로 역사하신 것 외에는 내가 감히 말하지 아니하노라(롬 15:18)

바울 사도의 모든 기관이 하나님께 순종하며 영의 통로로 완전히 바꾸어지는 순간, 성령님의 역사가 임하여 성령의 능력으로 역사하심에 따라 말하게 되었음을 분명히 고백하는 것입니다.

주님의 십자가로 부패된 마음을 파괴하고, 파괴된 더러운 것을 내 마음과 뜻을 다하여 회개함으로 주님의 보혈로 깨끗이 씻김을 받아야 합니다. 그때에 여러가지 은사가 믿음의 분량에 따라 전부 또는 일부가 즉시 또는 시간을 두고 일어납니다. 하나님은 우리들에게 모든 은사를 다 주시기를 원하십니다. "자기

아들을 아끼지 아니하시고 우리 모든 사람을 위하여 내어 주신 이가 어찌 그 아들과 함께 모든 것을 우리에게 은사로 주지 아니하시겠느뇨"(롬 8:32). 주님을 사랑하고 그의 계명을 지키는 자에게 주님은 나타나신다고 성경은 약속했습니다.

> 나의 계명을 가지고 지키는 자라야 나를 사랑하는 자니 나를 사랑하는 자는 내 아버지께 사랑을 받을 것이요 나도 그를 사랑하여 그에게 나를 나타내리라(요 14:21)

3) 마음눈이 밝아지면 계속 성령 충만받기를 사모하게 됩니다.

마음눈이 밝아질 때 계속 성령 충만받기를 사모합니다. 아무리 훌륭한 성도라 해도 세상에서 살고 세상과 접촉하기 때문에 더러워집니다. 우리의 마음이 더러워질 때마다 영적 교통이 중단되므로 계속 성령 충만하라고 강조합니다. "술 취하지 말라 이는 방탕한 것이니 오직 성령의 충만을 받으라"(엡 5:18).

내 마음눈이 열려 내 영과 혼과 몸이 예수 그리스도 안에서 티 없고 흠 없이 보전되어 예수 그리스도의 형상으로 닮아갈 수 있습니다. 우리가 아무리 오랫동안 예수를 믿었어도 성령 충만하여 내 폐쇄된 생각을 치료받지 못하면 늘 불만과 불평만이 나타나게 됩니다.

✻ 이렇게 기도하십시오.

나의 마음눈이 계속 밝아지게 하기 위하여 이렇게 기도하십시오.

> 주님, 내 속에 있는 악한 생각을 뿌리째 뽑아 주시옵소서. 나는 더 이상 악한 생각을 갖지 않기를 원

합니다. 원수 마귀가 내 생각을 타고 들어와 심령을 파괴시키려고 합니다. 주여! 원수 마귀가 들어올 때 빛을 비춰 주시사 그 들어오는 모습을 내가 보고 예수님 이름의 권세로 빨리 물리칠 수 있게 하옵소서. 항상 성령 충만하여 마음눈이 밝게 하옵소서. 저의 마음속에 예수님만 높이 들려 주시옵소서!

나에게 근심 걱정 및 쓸데없는 좋지 못한 생각이 들어오면,

이 원수 마귀야! 나의 옛사람인 죄의 몸은 예수님과 함께 십자가에서 죽어 버렸다. 이제 내 안에는 예수님뿐이야. 너는 들어올 수가 없다. 예수님의 이름으로 명하노니 썩 물러가라!

잘못된 생각이 들어올 때마다 예수님의 이름으로 물리쳐야 합니다. 그렇다고 마땅히 생각해야 할 것을 하지 말라는 뜻은 아닙니다. 지나친 생각이 문제를 일으킨다는 뜻입니다. 그리스도인은 "마땅히 생각할 그 이상의 생각을 품지 말고 오직 하나님께서 각 사람에게 나누어 주신 믿음의 분량대로 지혜롭게 생각하라"(롬 12:3) 하였습니다.

우리는 주님이 원하시는 생각만 하게 해 달라고 기도하여 주님의 통로로 의의 병기가 되어야 합니다. 주님의 생각이 오면 생명이 약동하여 힘이 솟아나고, 용기가 생기고, 자유함이 오고, 사랑의 역사가 일어납니다. 성령께서 역사하시는 생각을 하면 주님을 바라보게 되고 은혜 가운데 길이 열리어 심령 속에서 평안과 승리의 기쁨이 넘치며 영적 교통이 이루어지는 것입니다.

21. 영의 통로 (2)
— 성령, 말씀, 믿음, 감정의 관계 —

본문말씀: 요한복음 15:1~11

¹내가 참 포도나무요 내 아버지는 그 농부라 ²무릇 내게 있어 과실을 맺지 아니하는 가지는 아버지께서 이를 제해 버리시고 무릇 과실을 맺는 가지는 더 과실을 맺게 하려 하여 이를 깨끗케 하시느니라 ³너희는 내가 일러준 말로 이미 깨끗하였으니 ⁴내 안에 거하라 나도 너희 안에 거하리라 가지가 포도나무에 붙어 있지 아니하면 절로 과실을 맺을 수 없음 같이 너희도 내 안에 있지 아니하면 그러하리라 ⁵나는 포도나무요 너희는 가지니 저가 내 안에, 내가 저 안에 있으면 이 사람은 과실을 많이 맺나니 나를 떠나서는 너희가 아무것도 할 수 없음이라 ⁶사람이 내 안에 거하지 아니하면 가지처럼 밖에 버리워 말라지나니 사람들이 이것을 모아다가 불에 던져 사르느니라 ⁷너희가 내 안에 거하고 내 말이 너희 안에 거하면 무엇이든지 원하는대로 구하라 그리하면 이루리라 ⁸너희가 과실을 많이 맺으면 내 아버지께서 영광을 받으실 것이요 너희가 내 제자가 되리라 ⁹아버지께서 나를 사랑하신 것 같이 나도 너희를 사랑하였으니 나의 사랑 안에 거하라 ¹⁰내가 아버지의 계명을 지켜 그의 사랑 안에 거하는 것 같이 너희도 내 계명을 지키면 내 사랑 안에

거하리라 ¹¹내가 이것을 너희에게 이름은 내 기쁨
이 너희 안에 있어 너희 기쁨을 충만하게 하려 함이
니라

속사람에게 있어 영과 혼의 교통이 참 중요합니다. 친구 사이에 대화가 막히면 문제가 일어나고 점점 멀어집니다. 부부 사이에 대화의 통로가 정상화되면 모든 문제가 해결되며 한 목적을 향하여 즐겁게 나아갈 수 있습니다. 이와 같이 대화의 통로가 중요합니다. 수도 파이프가 막히면 물이 잘 나오지 않는 것과 같이 대화의 통로가 막히면 문제가 생깁니다.

이 통로 중에서 가장 중요한 속사람과 이를 둘러싼 혼의 통로가 일반적으로 거의 막혀 있습니다. 머리의 생각과 마음가짐이 다르다는 것입니다. 예수를 믿는 것이 마음으로도 믿어야지 머리만으로 믿는 것이 아닙니다. 영안이 열려 있는 사람은 속사람과 겉사람이 행하는 것을 감지합니다. 속사람과 겉사람이 조화가 이루어져야 하나님과 나 사이에 영적 교통이 됨을 알 수 있습니다. 예수를 믿는 사람들 가운데도 이 통로가 잘못되어 있기 때문에 믿음에 문제가 있고 생활에 문제가 있고 하나님께 예배드리는 데 문제가 있습니다. 예수님을 아는 것과 믿는 것이 하나가 되어야 온전히 자랄 수 있습니다. "우리가 다 하나님의 아들을 믿는 것과 아는 일에 하나가 되어 온전한 사람을 이루어 그리스도의 장성한 분량이 충만한 데까지 이르리니"(엡 4:13) 한 것처럼 하나님을 알고 믿는 만큼 하나님을 섬기며 찬양하며 예배드릴 수가 있는 것입니다.

예수께서 신령과 진정으로 예배드리는 곳에 하나님께서 함께 하신다고 말씀하셨습니다(요 4:24). 신령과 진정으로 예배드리는 그 속에는 성령의 역사하심 가운데 생명의 말씀이 나의 믿음의

제 3 부 영의 통로 257

통로를 통하여 일하심으로 하나님의 놀라운 역사가 나타납니다.
　이 통로가 제대로 되기 위하여 예수께서 우리들에게 어떤 말씀으로 교훈하셨는가를 살펴보겠습니다.
　요한복음 15장에서 예수께서는 아버지 하나님은 농부요 예수님은 포도나무요 우리는 가지라 하셨는데, 가지가 포도나무에 바로 붙어 있고 나무로부터 진액을 잘 받아서 통로가 제대로 되면 분명히 열매를 맺습니다. 이 통로가 막히면 가지가 말라지게 되어 마지막에 잘리어 버리워지게 됩니다. 그래서 주님께서는 우리가 주님 안에 거하면 많은 열매를 맺는다고 말씀하셨습니다(요 15:5). 즉 주님과 나 사이의 통로가 제대로 되어 있으면 열매를 맺는다는 뜻입니다. 주님의 진액을 받아 맺는 열매를 성령의 열매라 합니다. 성령의 열매는 나를 통하여 나타나는 하나님 성품의 온전한 것을 보여주는 것입니다.

　　　　오직 성령의 열매는 사랑과 희락과 화평과 오래 참
　　　　음과 자비와 양선과 충성과 온유와 절제니 이같은
　　　　것을 금지할 법이 없느니라(갈 5:22~23)

　그리스도의 성품인 성령의 열매가 믿는 자의 생활에 있어야 합니다. 주님과 나 사이의 통로가 바로 되어 있을 때 성령의 열매를 맺게 되고, 열매를 두고 하나님께 구하면 하나님께서 응답해 주신다고 주님은 약속하셨습니다(요 15:16). 통로가 바로 되어 있고 열매를 맺는 사람들은 분명히 예수님의 제자가 된다고 했으며(요 15:8) 예수님의 제자가 되는 사람은 기쁨이 충만합니다.

　　　　내 기쁨이 너희 안에 있어 너희 기쁨을 충만하게 하
　　　　려 함이니라(요 15:11)

주님과 나 사이에 통로가 바로 되어 있으면 열매를 맺을 뿐 아니라 주님이 주시는 기쁨으로 충만하게 됩니다. 하나님의 말씀과 믿음의 통로가 정상적인 사람의 심령은 평안의 역사가 있고 그 평안 속에 생수가 흘러나게 됩니다. 이와 같은 현상은 열매 맺는 자에게 임하는 성령의 역사이기에 금지할 법이 없으므로 큰 복이 됩니다. 성령의 감동으로 은혜가 충만해지면 어린아이와 같이 기뻐 뛰게 되고 하나님을 신령과 진정으로 더 잘 섬기게 됩니다.

성령의 역사는 하나님의 사랑을 통해 나타나는 것이므로 우리 자신이 잘나서가 아닙니다. 스가랴 선지자를 통해 여호와께서 말씀하시기를 "이는 힘으로 되지 아니하며 능으로 되지 아니하고 오직 나의 신으로 되느니라"(슥 4:6) 하셨습니다. 예수님도 승천하시기 직전 500문도들에게 "오직 성령이 너희에게 임하시면 너희가 권능을 받고 예루살렘과 온 유대와 사마리아와 땅끝까지 이르러 내 증인이 되리라"(행 1:8) 하셨습니다.

첫째, 성령의 역사하심을 받으십시오.

성령의 역사하심을 받아야 합니다. 성령의 역사하심이 없이는 아무것도 이루어질 수 없습니다. 삼위일체 되신 성령께서 운행하심으로 천지가 창조되었음을 성경은 분명히 말씀합니다(창 1:2). 하나님의 아들 예수 그리스도의 탄생을 볼 때 그는 성령으로 잉태되셨습니다. 어떻게 예수 그리스도께서 성령으로 잉태되셨음을 믿을 수 있습니까? 하나님의 성령께서 나의 심령에서 운행할 때 예수 그리스도가 하나님의 아들이심을 믿게 되는 것입니다. 외부의 압력으로 되는 것이 아닙니다. 성령의 감동하심으로 우리가 예수 그리스도를 구주로 믿을 때, 즉 영접할 때 거듭나는 축복을 받아 구원을 받게 되는 것입니다(요 3:5). 거듭난 것은 영입니다(요 3:6). 거듭난 영을 속사람이라 합니다. 성령으로 거듭난 영은 성령의 인도를 받으며, 성령과 항상 함께하며, 우리가 하나님의 자녀인 것을 증거합니다(롬 8:16). 성령의 교통은 영으로 시작되어 믿음의 통로를 통하여 역사하는 것입니다.

이와 같이 성령 충만을 받아야 나와 세상은 간 곳 없고 구속한 주님만 바라보는 가운데 사람의 체면은 사라지고 대신 예수 믿는 재미가 있고, 기뻐 뛰게 됩니다. 그렇지 못하면 점잖치 못하게 손뼉이나 치고 떠들어댄다고 흉을 보게 됩니다. 흉을 본다는 것은 외모로 판단한다는 것이며 외모로 판단하며 비난하는 것은 영적 무지에서 오는 것입니다. 성령의 역사는 온유하고 겸손하고 권면과 안위가 있는 것이므로 비평이나 흉을 보지 않습니다. 성령 충만을 받으면 인위적인 것에는 별로 관심이 없고 영적인 일과 하나님의 생명의 말씀에 따라 사는 생명있는 일에 관심이 있습니다. 성령께서 역사하실 때 진리의 말씀을 가르치며 우리에게 유익되게 합니다.

둘째, 성령께서는 말씀을 도구로 역사하십니다.

하나님의 말씀은 성령의 감동으로 쓰여진 것입니다.

> 모든 성경은 하나님의 감동으로 된 것으로 교훈과 책망과 바르게 함과 의로 교육하기에 유익하니(딤후 3:16)

성령이 없는 하나님의 말씀은 철학입니다. 성령이 없다면 구약은 이스라엘의 역사책에 지나지 않습니다. 성령이 없는 성경은 윤리나 도덕책밖에 되지 않습니다. 그러나 성경은 성령의 감동으로 기록된 책이므로 성령께서 읽는 자를 깨닫게 하여 진리

가운데로 인도합니다.

> 진리의 성령이 오시면 그가 너희를 모든 진리 가운데로 인도하시리니 그가 자의로 말하지 않고 오직 듣는 것을 말하시며 장래 일을 너희에게 알리시리라 그가 내 영광을 나타내리니 내 것을 가지고 너희에게 알리겠음이니라(요 16:13~14)

이와 같이 우리가 성령 충만하면 성령께서 우리를 하나님의 말씀에 따라 살 수 있도록 도와주시며 우리는 주님의 사역에 사랑과 의의 병기로 사용되는 것입니다.

> 소망이 부끄럽게 아니함은 우리에게 주신 성령으로 말미암아 하나님의 사랑이 우리 마음에 부은 바 됨이니(롬 5:5)

우리가 가진 소망이 우리를 실망시키지 않는 것은, 성령께서 하나님의 사랑을 우리 마음에 부으셔서 우리가 현재 당하는 고난이 장차 우리에게 임할 영광과 족히 비교할 수 없다는 사실을 알도록 하기 때문입니다.

성령님은 그냥 일하시지 않습니다. 하나님의 말씀을 듣고 일하십니다. 황소가 밭을 가는 것이 아닙니다. 황소가 하루종일 밭을 왕래해도 밭은 하나도 갈려지지 않습니다. 쟁기가 있어야 밭을 갑니다. 이와 같이 하나님의 말씀은 성령의 도구입니다.

원래의 하나님의 말씀은 로고스(Logos)입니다. 그런데 성령께서 이 말씀을 도구로 사용해서 우리에게 역사할 때에는 레마(Rhema)라고 합니다. 말씀이 레마가 되어 내 속에 부딪쳐야 역사가 일어납니다. 성령은 반드시 말씀을 가지고 역사하십니다.

너희가 거듭난 것이 썩어질 씨로 된 것이 아니요 썩
지 아니할 씨로 된 것이니 하나님의 살아 있고 항상
있는 말씀으로 되었느니라(벧전 1:23)

성령께서 도구인 말씀을 가지고 우리를 거듭나게 했다는 말씀입니다.

하나님의 말씀이 성령의 도구로 되는 순간 하나님의 말씀이 살아 역사합니다. 말씀이 양쪽에 날선 검 같이 예리한 무기로 바꾸어집니다. 성령께서 말씀의 검을 쥐고 내 심령에 역사하면 내 영과 혼 및 관절과 골수가 그대로 쪼개어집니다(히 4:12). 그래서 내 속에 있는 더러운 것들을 다 잘라냅니다. 성령의 검이 내 혼과 영을 쪼개어 더러운 것을 잘라낼 때 눈물과 콧물이 나며 회개가 터져 나옵니다. 성령으로 역사하는 하나님의 말씀에 이같은 능력이 있습니다.

1) 생명의 말씀을 받아 먹으십시요.

아담과 하와가 선악과를 따먹은 후, 하나님은 천사에게 화염검을 주어 아무도 생명과를 따먹지 못하도록 지키게 했습니다. 그러나 예수께서 오심으로 우리에게 하나님의 낙원에 있는 생명나무의 과실을 주어 먹게 하셨습니다(계 2:7). 여호와께서 에스겔에게 말씀하시기를 "인자야…… 네 입을 벌리고 내가 네게 주는 것을 먹으라"(겔 2:8) 하실 때 그가 받아 먹었습니다. 예수께서도 따르는 자들에게 "내가 곧 생명의 떡이로다"(요 6:48) 하시면서 "내 살을 먹고 내 피를 마시는 자는 영생을 가졌고 마지막 날에 내가 그를 다시 살리리니"(요 6:54)라고 하셨습니다. 예수님 자신이 생명이며 생명의 말씀으로 하늘에서 내려온 산 떡입니다. 그가 생명이니 그가 하신 말씀도 생명입니다.

> 하나님께로서 난 자마다 범죄치 아니하는 줄을 우리
> 가 아노라 하나님께로서 나신 자가 저를 지키시매
> 악한 자가 저를 만지지도 못하느니라(요일 5:18)

원수 마귀가 비록 우리의 육신과 혼을 사로잡아 이길 수 있을지라도 우리의 속사람은 손을 대지 못합니다. 왜냐하면 거기에는 성령이 함께하시며 하나님의 말씀이 검이 되어 지켜 주시기 때문입니다. 그래서 우리의 속사람은 죄를 지을 수가 없습니다(요일 3:9). 이와 같이 성령과 하나님의 말씀은 언제나 하나로 역사합니다.

2) 생각이 잘못되면 믿음의 통로가 막힙니다.

그러면 그것이 어디서 막힙니까? 그 말씀이 내게 올 때 내가 거역하면 막힙니다. 예수님을 믿으면 영까지는 통로가 열립니다. 그러나 내 생각이 잘못되어 있는 한 영에서 혼으로 가는 통로는 열리지 않습니다. 이 통로가 열려야 내 속의 믿음에 활력소가 생깁니다. 믿음은 속사람의 것이지 겉사람의 것은 아닙니다. 겉사람의 믿음은 인위적인 믿음이요 속사람의 믿음이 참 믿음입니다. 인위적인 믿음으로 주여 믿습니다 하고 높은 건물에서 뛰어내리면 어떻게 되겠습니까? 인위적인 믿음은 하나님과 관계가 없습니다. 속사람의 믿음이 산을 옮길 만한 믿음입니다.

성령께서 빌립의 속사람(영)에게 말씀하시기를 가사로 내려가라 하셨을 때 믿음으로 화합함으로 가사로 가서 에디오피아의 여왕 간다게의 모든 국고를 맡은 내시에게 접근하여 이사야의 글을 깨닫게 했습니다(행 8:26~35). 이러한 영적 믿음이 우리에게 절대적으로 필요합니다.

하나님의 말씀은 성령의 감동으로 되었기 때문에 말씀과 성령은 늘 한 통로가 되어 있습니다. 나에게 이 통로가 열려져서 주님의 역사가 일어나게 해 주는 것이 믿음입니다. 성령의 역사가 믿음을 통해 우리 겉사람에게 나타납니다. 그래서 하나님의 말씀을 듣지 않고는 겉사람을 통과할 수 있는 믿음이 이뤄지지 않습니다.

셋째, 성령의 감동된 말씀을 듣고 지킴으로 믿음의 통로가 생깁니다.

믿음의 통로는 성령의 감동된 말씀을 듣고 지킴으로 생기는 것입니다. 첫 단계로 말씀을 많이 받아들이며 지켜 행하면 통로가 넓게 열려지고, 적게 듣고 적당히 행하면 믿음의 통로가 좁게 열립니다.

> 적게 심는 자는 적게 거두고 많이 심는 자는 많이 거둔다……(고후 9:6)

하나님의 말씀을 많이 받을수록 내 속에 있는 믿음의 통로가 커지게 됩니다. 사람이 기계를 가지고 땅굴을 파는 것같이 성령께서 살았고 운동력있는 말씀을 가지고 혼 속에 있는 더러운 불순물을 파헤쳐 제거하여 믿음의 통로를 만드는 것입니다. 그래서 믿음은 들음에서 난다고 했습니다(롬 10:17). 하나님의 말씀은 믿는 자 속에서 역사하여(살전 2:13) 믿음의 통로를 깨끗하게 합니다.

> 너희는 내가 일러준 말로 이미 깨끗하였으니(요 15:3)

우리가 설교 말씀을 들을 때 혼에서 듣는 이 말씀이 내 혼의 통로를 통해 영으로 가는 순간 생명의 양식으로 바뀌집니다.

> 살리는 것은 영이니 육은 무익하니라 내가 너희에
> 게 이른 말이 영이요 생명이라(요 6:63)

밥이 위장으로 가기 전에 입을 통과해야 하는 것과 같이 말씀이 영으로 가기 전에 혼을 통과해야 합니다. 하나님의 말씀을 들으면서 뭐가 뭔지 모르는 사람은 사단이 귀를 막아 놓고 있는 것입니다. 그래서 들어도 재미가 없으니 하품만 하게 됩니다. 예수께서 귀머거리에게 열려라 하니 귀가 열렸듯이 막혔던 귀가 열려야 합니다. 귀가 열릴 때 말씀이 영에 들어가 성령의 검으로 바꾸어져 믿음의 통로를 통해 내 마음으로 다시 나옵니다. 그때 마음의 눈이 열리면서 말씀이 검이 되어 살아서 운동력이 있게 되고 우리의 영과 혼 및 관절과 골수를 쪼갭니다. 쪼개면서 거기에 있는 더러운 것을 다 제거해 버립니다. 이때 우리는 하나님의 말씀으로 거룩해지는 것입니다. 그래서 성경은 우리에게 "모이기를 폐하는 어떤 사람들의 습관과 같이 하지 말고 오직 권하여 그 날이 가까움을 볼수록 더욱 그리하자"(히 10:25)라고 했습니다. 모이기를 힘써서 하나님의 말씀을 많이 받아 먹고, 이를 지켜 행함으로 인내로 결실해야 합니다.

넷째, 믿음의 통로를 통한 역사들

혼적인 불순물을 제거하여 믿음의 통로가 생기면 예수께서 내 안에서 나를 통해 역사하실 때 일어나는 여러가지 현상이 있습니다.

1) 속사람이 강건해집니다.

> ……그의 성령으로 말미암아 너희 속사람을 능력으

로 강건하게 하옵시고(엡 3:16)

겉사람에게 통로가 생기면 하나님의 말씀을 들을수록 속사람이 능력을 받아 강건해집니다.

2) 믿음의 통로가 확장되므로 예수께서 우리 마음속에서 주인으로 일을 하십니다.

믿음으로 말미암아 그리스도께서 너희 마음에 계시게 하옵시며(엡 3:16~17)

주님께서 나의 주인으로 계시며 일하시기에 우리는 우리의 모든 염려를 주께 맡길 수가 있습니다. 그래서 베드로 사도는 "너희 염려를 주께 맡겨버리라"(벧전 5:7)고 말씀했습니다.

내 영에서 혼으로 가는 통로가 제대로 될 때에 믿음의 능력이 나타납니다. 이때 믿음대로 되는 복이 임합니다.

3) 믿음이 온전해질 때 놀라운 기적이 일어납니다.

하나님의 능력이 나오는 이 통로는 말씀을 들을수록 온전해짐으로 내게 능력 주시는 자 안에서 내가 모든 것을 할 수 있습니다(빌 4:13). 베드로는 예수님이 바다 위로 걸어오시는 것을 보고 "주여! 나도 물 위로 걷게 하옵소서" 하고 외쳤습니다. 예수님의 허락도 없이 걸었다면 어떻게 되었겠습니까? 그에게 믿음의 통로가 바로 세워지면서 베드로는 곧 하나님의 말씀 위로 걸었습니다. 베드로는 예수님의 말씀에 믿음을 화합함으로(히 4:2) 말씀에 따라 물 위를 걸었기에, 우리는 그가 "말씀 위로 걸었다"고 말할 수 있습니다. 성령은 말씀으로 역사하고 그 말씀이 나에게 받아질 때 믿음의 통로가 열려집니다. 이 믿음의 통로가 바로 될 때에 주님의 능력이 오며 귀신을 제어하고 병을 고치는 능력이 나타나게 됩니다(눅 9:1~2).

워싱톤 어느 교회 성회 때에 어떤 집사님 댁에 목사님, 사모님, 장로님과 함께 초청을 받았습니다. 식후에 그 집 부인이 기도를 요청했을 때 그 부인에게 귀신이 있다는 것을 알고 예수 이름으로 귀신을 쫓으니 큰 소리를 지르며 발작했습니다. 본 교회 목사님과 장로님들께 쫓아내도록 부탁하고 의자에 앉아 있었는데 얼마 후에 그 부인이 일어나더니 사모님을 향하여 큰 소리로 욕을 하며 공격을 했습니다. 놀란 사모님이 도망하려는 것을 보고 "큰 소리로 예수 이름으로 대항하십시요!" 했습니다. 그러자 사모님은 돌아서서 예수님의 이름으로 싸워 승리하였습니다. 그때부터 사모님의 믿음이 성장하게 되었다고 저에게 말씀했습니다. 그 후로부터 그 부인과 온 가족이 변하여 열심히 주님의 몸된 교회를 섬기고 있다는 소식을 들었습니다.

4) 믿음이 바로 세워질 때 주님이 주시는 보상이 감정축복입니다.

믿음을 통해 나타나는 감정은 하나님이 나에게 주시는 은혜의 복입니다. 믿음을 통하지 않고 오는 모든 감정은 인간적이든지 또는 사단의 장난입니다. 예를 들면 기도할 때 성령의 역사로 믿음의 통로가 바로 되어 일어나는 마음의 평안은 감격 속에서 오는 하나님의 복이며 믿음의 보상입니다. 그러나 믿음 없이 이상한 감정에 사로잡혀 진동한다면 마귀의 장난입니다. 이것을 똑바로 알 수 있어야 합니다.

믿음의 통로를 통하지 않고 내려오는 감정에 사로잡히면 샤마니즘이 됩니다. 그러므로 감정의 체험을 통하여 하나님을 알려고 하면 상당한 위험이 따릅니다. 그러나 믿음의 통로를 통하여 은사로 내 감정의 보상이 올 때는 믿음이 더욱더 견고해집니다.

사도 바울은 로마에 있는 성도들에게 믿음으로 나타나는 신령한 은사는 너희를 견고케 한다고 했습니다(롬 1:11). 믿음이 견고해지면 하나님의 말씀이 더욱 분명해지며 하나님을 더욱 잘 알게 되어 기쁨이 충만해지는 것이 곧 믿음으로 나타나는 감정의 보상입니다. 성령으로 감정의 보상이 크면 클수록 하나님을 더욱 알게 되고 믿음이 강해지는 것입니다. 믿음이 바로 세워지면서 오는 보상이 은혜의 감격인고로 그 안에서 우리는 기뻐하고 감사하고 기도하는 것입니다. 그래서 성경은 말씀하기를

> 항상 기뻐하라 쉬지 말고 기도하라 범사에 감사하라 이는 그리스도 예수 안에서 너희를 향하신 하나님의 뜻이니라(살전 5:16~18)

기뻐하며 기도하고 감사할 때에 믿음이 더욱 성장합니다. 우리의 마음이 관대해집니다. 믿음의 보상이 감정으로 역사하기 때문에 우리는 우리의 감정을 주님께 더욱 드리게 되고, 드리면 드릴수록 주님의 기쁨이 우리 속에 역사하는 것입니다.

그래서 예수께서 "내 기쁨이 너희 안에 있어 너희 기쁨을 충만하게 하려 함이니라"(요 15:11)고 말씀하셨습니다. 주님의 기쁨이 우리 속에 역사할 때 "의인은 기뻐하여 하나님 앞에서 뛰놀며 기뻐하고 즐거워"(시 68:3) 하게 되고 바울 사도의 부탁과 같이 "주 안에서 항상 기뻐하라 내가 다시 말하노니 기뻐하라 너희 관용을 모든 사람에게 알게 하라 주께서 가까우시니라"(빌 4:4~5) 할 수 있습니다.

또한 사도행전 3장에 구걸하는 앉은뱅이에게 일어난 기적을 보면 감정은 믿음의 보상임을 알 수 있습니다. 사도 베드로와 요한이 하나님의 성전에 들어갈 때 미문에 앉은 앉은뱅이가 구걸하자 베드로가 앉은뱅이의 손을 잡고,

> 은과 금은 내게 없거니와 내게 있는 것으로 네게 주
> 노니 곧 나사렛 예수 그리스도의 이름으로 걸으라
> (행 3:6)

할 때, 믿음있는 사도의 말에 한평생 앉은뱅이로 고생하던 그가 일어서서 말할 수 없는 기쁨 속에서 걷기도 하고 뛰기도 한 것은 곧 믿음에 따른 보상입니다. 오늘날 앉은뱅이에게 있었던 기쁨이 우리 마음에 있어야 합니다. 왜냐하면 하나님께서 우리를 흑암의 권세에서 건져내사 아들의 나라로 옮겨주셨기 때문입니다. 사망에서 생명으로 옮겨주셨습니다. 생명으로 옮겨진 것이 곧 기쁨이요 믿음의 보상이며 축복입니다. 믿음의 보상은 곧 기쁨입니다. 보상을 주실 것을 믿는 자마다 기쁨이 충만합니다. 그래서 히브리서 11:6에,

> 믿음이 없이는 기쁘시게 못하나니 하나님께 나아가
> 는 자는 반드시 그가 계신 것과 또한 그가 자기를
> 찾는 자들에게 상 주시는 이심을 믿어야 할지니라

라고 했습니다.

5) 말씀→믿음→기쁨, 기쁨→믿음→말씀 : 조화된 통로

성령의 놀라운 역사는 말씀을 통해서 역사하고, 말씀은 우리의 믿음을 통하여 역사하고, 기쁨은 믿음의 보상으로 나타납니다. 이것이 거꾸로 환원되어 기쁨 믿음 말씀 순으로 올라갈 때 조화된 통로가 이루어지면서 견고하게 됩니다. 이와 같은 통로가 바로 세워져야 합니다. 이 믿음의 통로가 지식으로 바로 세워질 때 지혜와 계시의 정신이 옵니다. 이 점에 관하여 다음 장에서 자세히 살펴보겠습니다.

22. 영의 통로 (3)
──지혜와 계시의 정신──

본문말씀 : 에베소서 1:15~23

15 이를 인하여 주 예수 안에서 너희 믿음과 모든 성도를 향한 사랑을 나도 듣고 16 너희를 인하여 감사하기를 마지 아니하고 내가 기도할 때에 너희를 말하노라 17 우리 주 예수 그리스도의 하나님 영광의 아버지께서 지혜와 계시의 정신을 너희에게 주사 하나님을 알게 하시고 18 너희 마음눈을 밝히사 그의 부르심의 소망이 무엇이며 성도 안에서 그 기업의 영광의 풍성이 무엇이며 19 그의 힘의 강력으로 역사하심을 따라 믿는 우리에게 베푸신 능력의 지극히 크심이 어떤 것을 너희로 알게 하시기를 구하노라 20 그 능력이 그리스도 안에서 역사하사 죽은 자들 가운데서 다시 살리시고 하늘에서 자기의 오른편에 앉히사 21 모든 정사와 권세와 능력과 주관하는 자와 이 세상뿐 아니라 오는 세상에 일컫는 모든 이름 위에 뛰어나게 하시고 22 또 만물을 그 발 아래 복종하게 하시고 그를 만물 위에 교회의 머리로 주셨느니라 23 교회는 그의 몸이니 만물 안에서 만물을 충만케 하시는 자의 충만이니라

지혜와 계시의 정신은 어떻게 오며 우리 속에서 어떻게 역사

합니까? 하나님께서는 말씀의 주인공이신 예수 그리스도를 우리와 똑같은 육신을 입고 이땅에 오게 하셔서 우리의 모든 죄를 십자가에서 담당케 하심으로 구원의 사역을 이루셨습니다. 하나님과 예수의 영이신 성령께서 죄인 중의 죄인인 우리를 감동시켜 갈보리산의 십자가로 인도하여 예수 그리스도와 함께 죽고 함께 살게 해주셨습니다. 우리의 속사람은 거듭나서 성령님과 함께하지만 우리의 혼적인 생각과 겉사람은 옛모습 그대로 있습니다. 이런 더러운 겉사람이 속사람을 폐쇄하고 있습니다. 타고난 겉사람을 원자폭탄과 같은 성령의 도구인 말씀으로 깨자는 것입니다. 겉사람이 속사람의 통로로 개통되면 내 모든 잘못된 세상적인 생각은 하나하나 물러가고 하나님의 지혜와 계시의 정신이 와서 다음과 같은 네 가지 복을 우리에게 주십니다.

첫째, 지혜와 계시의 정신이 주는 네 가지 복

1) 우리로 하여금 하나님을 알게 합니다.
하나님의 지혜와 계시의 정신이 임할 때 겉사람에 있는 지식까지 하나님의 형상을 좇아 새로워져(골 3:10) 마음눈이 밝아집니다. 하나님의 계시와 지혜의 정신이 우리의 영 속에서 역사하면서 흑암 속에 있는 지식을 새롭게 하는 복입니다.

2) 부르심의 소망이 무엇인지 알게 됩니다.
하나님이 우리를 택하여 구원하실 때 각 사람마다 하나님의 일에 동참하는 소망을 갖도록 하십니다. 부르심의 소망이 분명한 사람은 환난을 참을 수 있습니다. 그래서 사도 바울이 말씀했듯이 환난이 인내를, 인내가 연단을, 연단이 소망을 이룸으로 (롬 5:3~4) 구원을 얻는(롬 8:24) 복을 체험하게 되는 것입니다. 하나님이 각 사람에게 주신 은사가 무엇인지를 알아 각양 은혜를 받은 선한 청지기같이 부르심의 직분을 알아 서로 봉사하며 그리스도의 몸을 세우게 되는 것입니다.

3) 그 기업의 영광의 풍성함이 무엇인지 알게 됩니다.

그리스도 안에서 부름을 받은 자들은 의롭게 되고, 의롭게 된 후에는 영화롭게 되는(롬 8:30) 진리를 깨닫는 마음에는 기쁨과 즐거움이 넘치게 됩니다. 때문에 우리는 이 세상을 즐기다가 죽어가는 어리석은 사람이 아니라 하나님께서 주시는 기업의 영광의 풍성함을 앎으로 소망의 기쁨으로 세상을 이기는 것입니다.

4) 믿음의 능력이 무엇인지 알게 됩니다.

예수 이름으로 원수 마귀를 쫓고, 병든 자에게 손을 얹은즉 치료하는 놀라운 능력이 있다는 것을 알게 됩니다. 이와 같이 하나님의 계시의 정신으로 하나님을 알게 되고 부르심의 소망, 기업의 영광의 풍성함 및 믿음의 능력을 갖게 되니 그리스도 안에서 만물을 소유하게 된 것입니다. 그래서 바울 사도는 말씀하기를 "만물이 다 너희 것임이라……너희는 그리스도의 것이요 그리스도는 하나님의 것이니라"(고전 3:21~23) 하였습니다.

이런 일을 하시는 분은 예수 그리스도이시며 또한 그의 십자가입니다. 따라서 사도 바울은 이렇게 고백했습니다.

> 내가 너희 중에서 예수 그리스도와 그의 십자가에 못박히신 것 외에는 아무것도 알지 아니하기로 작정하였음이라(고전 2:2)

예수 그리스도와 그의 십자가는 원수된 것을 소멸하고 성도들에게 하나님의 평안이 임하게 합니다.

> 또 십자가로 이 둘을 한 몸으로 하나님과 화목하게
> 하려 하심이라 원수된 것을 십자가로 소멸하시고
> (엡 2:16)

원수된 것을 십자가로 소멸함으로 하나님의 형상을 좇아 새롭게 하심을 받는 자가 된 것입니다(고후 5:17). 하나님의 성령으로 우리의 굳은 마음을 제하고 부드러운 마음을 주실 때(겔 36:26) 우리의 심령이 새로워집니다.

이와 같이 하나님께서 우리의 심령을 부드럽게 하실 수 있는 믿음의 통로를 우리가 만들기 위하여 모든 생각을 사로잡아 그리스도께 복종케 하고 마음을 새롭게 하여 변화를 받아야 합니다. 이 일을 행하시는 분이 하나님이시며 그것을 지어 성취하시는 분이 하나님이십니다(렘 33:2). 그래서 다윗은 범죄 후에 하나님 앞에 무릎을 꿇고 자기에게 정한 마음을 창조하여 달라고 간구했습니다.

> 하나님이여 내 속에 정한 마음을 창조하시고 내 안
> 에 정직한 영을 새롭게 하소서(시 51:10)

둘째, 땅에 있는 지체를 죽이십시오.

하나님께서 하실 일은 하나님께서 하실 것이요 우리가 그의 힘을 입어 해야 할 일은 땅에 있는 지체를 죽이는 일입니다. 땅에 있는 우리의 지체로부터 더러운 육신의 열매를 맺게 되는 것입니다(갈 5:19~21). 이것은 지체의 열매 하나를 없이 한다고 되는 것이 아닙니다. 왜냐하면 지체 자체가 없어지기 전에는 또다시 더러운 열매를 맺기 때문입니다. 죄의 지체 그 자체가 죽고 없어지면 더러운 열매도 없어진다는 진리를 알아야 합니다.

> 그러므로 땅에 있는 지체를 죽이라 곧 음란과 부정
> 과 사욕과 악한 정욕과 탐심이니 탐심은 우상숭배
> 니라(골 3:5)

 이런 모든 인간적인 것을 내가 버려야 합니다. 이런 것들은 하나님과 원수가 되는 것입니다. 옛사람과 땅의 지체를 버리는 일은 우리가 해야 할 의무입니다(골 3:9).

셋째, 지식에까지 새로워집니다.

 땅의 지체를 죽일 때 지식에까지 새로워지는 역사가 임합니다. 새 것을 창조하신 예수 그리스도와 십자가의 바탕 위에서 우리가 땅의 지체를 죽일 때 우리는 새사람을 입게 되어 지식에까지 새로워집니다(골 3:10). 즉 우리의 혼적인 것까지 변화된다는 말입니다. 예수를 믿지만 부부싸움하지 않고 이웃을 미워하지 않는 분이 있습니까? 예수님이 싸우고 미워하라고 했습니까? 예수님은 우리를 새롭게 해 주셨음에도 불구하고 어찌하여 문제가 계속되고 있습니까? 믿음으로는 우리 옛사람이 예수와 함께 십자가에서 죽었습니다(롬 6:6). 그러나 현실에서는 아직 육신이 옛 그대로 남아 있기 때문에 미움, 시기, 질투, 쟁투 등등의 육신적인 것이 나타나는 것입니다.
 우리의 겉사람 속에 있는 이런 더러운 것들을 예수 그리스도의 십자가와 그의 말씀으로 깨끗이 씻어내야 합니다(딤전 4:5). 말씀을 붙잡고 모든 생각을 사로잡아 그리스도께 복종하며 사는 자는 하나님의 형상을 좇아 지식에까지 새롭게 됩니다.

> 옛사람과 그 행위를 벗어버리고 새사람을 입었으니
> 이는 자기를 창조하신 자의 형상을 좇아 지식에까

지 새롭게 하심을 받는 자니라(골 3:9~10)

즉 죄 없으신 하나님의 모습으로 닮아가는 것입니다. 하나님은 죄 없는 모습을 좋아하십니다. 죄 없는 아담을 처음 만드셨을 때 하나님은 심히 좋아하셨습니다. 죄 없는 여러분을 하나님이 좋아하십니다. 그런 분에게는 기쁨이 있고 소망이 있고 능력이 있습니다. 하나님의 형상을 좇아 지식에까지 새롭게 된 사람은 변화를 받아 하나님의 뜻이 무엇인지를 알 수 있는 지혜와 계시의 정신을 가지게 됩니다.

> 너희는 이 세대를 본받지 말고 오직 마음을 새롭게
> 함으로 변화를 받아 하나님의 선하시고 기뻐하시고
> 온전하신 뜻이 무엇인지 분별하도록 하라(롬 12:2)

넷째, 빼앗긴 겉사람의 영역을 회복하십시요.

진정 하나님의 지혜와 계시의 정신이 우리에게 역사될 때 세상 것들이 마음의 생각을 혼동케 하지 못하므로 세상을 본받지 않습니다. 이 세상을 본받는 자는 공중 권세잡은 자의 손에 있는 것입니다.

> 그때에 너희가 그 가운데서 행하여 이 세상 풍속을
> 좇고 공중의 권세잡은 자를 따랐으니 곧 지금 불순
> 종의 아들들 가운데서 역사하는 영이라(엡 2:2)

세상을 본받지 않고 지식에까지 새롭게 될 때 지혜와 계시의 정신이 속사람으로부터 겉사람을 통하여 나오게 되는 것입니다. 겉사람, 즉 우리의 혼적인 모든 것을 그리스도에게 복종시켜야 합니다. 그렇게 할 때에 마귀에게 잃어버렸던 겉사람의 영역을 회복하게 되는 것입니다. 우리는 잃어버린 영역을 끝까지 다시 찾아야 됩니다.

이런 일은 내 혼자 힘으로 되는 것이 아니라 성령의 도움으로 이루어지는 것입니다. 성령이 말씀이란 무기를 들고 우리의 겉사람을 파괴시키도록 도와주십니다.

그래서 말씀을 듣는 것이 이처럼 중요합니다. 고넬료가 하나님 앞에서 구제와 기도를 많이 했을 때 하나님께서는 그 기도에 응답하셨습니다. 하나님께서 천사를 보내어 고넬료에게 지금 욥바에 있는 사도 베드로를 청하라 했습니다. 베드로가 와서 하나님의 복음의 말씀을 전할 때에 그 말씀을 듣는 자 위에 하나님께서 성령의 세례를 주셨습니다(행 10:44~47).

다섯째, 말씀으로 겉사람의 통로가 열립니다.

말씀이 귀로 들어가서 머리로 올라가고 마음으로 내려가 마음판에 새겨지는 순간 믿음의 파이프를 통하여 하늘의 보화가 쏟아져 들어오면서 믿는 자의 배에서 생수의 강이 흘러나오게 됩니다(요 7:38).

이때 일어나는 현상은 성령의 감동 속에 기도하게 되고 때로는 신령한 노래가 뱃속에서 올라와 하나님을 찬양하게 됩니다. 베드로의 말씀을 듣는 고넬료와 그와 함께한 자들의 심령 속에 생명의 말씀이 들어감으로 그 말씀이 그 속에서 역사하는 순간 폭발적인 성령 세례를 받게 된 것입니다. 이때부터 하나님의 말씀이 속사람을 통하여 겉사람을 점령합니다. 말씀이 지혜와 계시의 정신으로 겉사람 속에 계속 들어가 겉사람 속에 있는 인간적인 지혜에 부딪치고 부딪치다가 인간적인 지혜는 후퇴하여 사라져버리게 되고 지식의 말씀, 지혜의 말씀 및 영분별의 은사가 나타납니다(고전

12:8~10). 그때 내 생각이 하나님 생각으로, 내 계획이 하나님 계획으로 바뀌져 내 삶에 놀라운 복이 임하게 되는 것입니다.

여섯째, 지식의 말씀을 주시는 이유

지식의 말씀이 오면 어떤 환경 속에 일어나는 사건이나 사물에 관한 참된 진상을 알게 됩니다. 하나님의 지식으로 참된 진상을 알게 되는 것입니다.

첫째로 하나님께서 영광받으시기 위해서 알려주십니다. 어떤 분은 하나님의 영광을 위한다면서 은근히 자기 것을 나타내는 사람도 있습니다. 이런 경우에 사단의 장난이 시작되기 쉽습니다. 그러므로 상당히 조심해야 합니다. 항상 청결하고 겸손한 마음으로 하나님께 온전히 순종하도록 해야 합니다.
둘째로 그리스도의 복음전파를 위해 주십니다. 지식의 말씀은 성령의 계시로 오는데 순식간에 깨달음의 역사가 오면서 마음이 밝아집니다. 그렇지 아니하고 머리로 오는 것, 꿈으로 오는 것 또는 환상으로 오는 경우도 있습니다마는 말씀에 비추어 선악을 분별하여 조심스럽게 행하여야 합니다.
특히 꿈과 환상으로 희미하면서 이상하게 보이는 것을 조심해야 합니다. 주님이 주시는 것은 분명하고 확실하고 마음에 기쁨과 평안이 있으며 실상으로 되는 것입니다. 주님이 영광 받으시고 복음이 전파되게 하기 위하여 주실 때 내 마음문이 활짝 열립니다. 그러면서 순식간에 밝아지는 역사가 옵니다. 너무나 분명하여 의심의 여지가 없습니다. 꿈이나 환상을 잘 분별하여 사단의 속임수에 절대로 넘어가지 않아야 합니다.

이것이 이상한 일이 아니라 사단도 자기를 광명의

천사로 가장하나니 (고후 11:14)

 그러므로 항상 조심해야 합니다. 무엇을 본다고 다 믿지 말고 성령께서 주시는 영분별의 은사를 받아 분별할 수 있기를 바랍니다.

* 엘리사의 경우를 보십시오.

 엘리사 선지자는 지식의 말씀의 은사를 받았습니다. 아람왕이 이스라엘을 치려하면 이스라엘이 미리 알아 번번이 실패합니다. 아람왕은 자기들 중에 스파이가 있어 정보를 빼낸다고 생각했습니다. 사실은 이스라엘에 하나님의 사람 엘리사란 선지자가 아람왕이 침실에서 하는 얘기조차 알고 있었습니다(왕하 6:8~12). 이러한 계시의 정신을 받은 사람을 지식의 은사를 받았다고 하는 것입니다.

일곱째, 지혜의 말씀

 지혜의 말씀이란 하나님이 주시는 지혜로 어떤 문제나 환경을 분별하고 깨닫는 것을 의미합니다. 이것은 인간의 총명이 아니라 하나님이 주시는 계시로 말하는 것입니다.

* 솔로몬의 경우를 보십시오.

 열왕기상 3:16~28에 한 어린 아이를 두고 서로 자기 아들이라고 싸운 두 여인의 문제를 해결한 솔로몬의 지혜가 여기에 해당합니다. 한 집에 같이 사는 두 여인이 아들을 하나씩 낳았습니다. 어느 날 밤에 자다가 한 여인이 부주의하여 자기 아들을 질식시켜 죽였습니다. 그러자 그는 옆에서 자고 있던 여인의 아들과 죽은 자기의 아들을 바꾸어 놓았습니다. 이튿날 잠에서 깬 다른 여인이 아들이 바뀌어진 것을 알고 돌려달라 했습니다. 그러자 바꿔치기한 먼저 여인은 시치미를 뚝 떼었습니다. 이에 솔로몬이 아이를 둘로 나눠 반씩 주라고 명하자 친어머니는 누구의 자식이 되든 자기 자식이 죽지 않고 살기를 원하여 그 아이를 다른 여인에게 주라고 했습니다. 이에 솔로몬은 판결하기를 어린 아이는 생명을 아끼는 자의 것이라고 했습니다. 이와같이 하나님께서는 솔로몬에게 분별하는 지혜를 주셨습니다.

어떤 분이 예수님께 "예수님! 우리 나라는 새벽 기도도 열심히 하고 교회가 꽉꽉 찹니다. 그런데도 아직 잘 살지 못합니다. 그러나 일본은 수백 개의 우상을 섬기고 하나님을 믿지 않는데도 어떻게 저렇게 잘 삽니까?" 하고 여쭈었더니 "네가 성경에 있는 바벨탑을 아느냐?" 하고 대답하실 때, 그 사람은 하나님을 대적하는 무리들이 하늘까지 닿는 바벨탑을 쌓다가 하나님이 언어를 혼잡케 하니 그 탑이 순식간에 무너졌다는 것을 즉시 깨닫게 되었다는 것입니다.

이와 같이 깨닫게 하는 것이 하나님의 지혜입니다. 다른 사람에게 해를 끼치지 아니하고 위로와 용기와 힘을 줄 수 있는 지혜의 말씀이 넘쳐야 하겠습니다.

여덟째, 지혜와 계시의 정신으로 영 분별이 옵니다.

하나님의 지혜와 계시의 정신으로 영 분별이 옵니다. 영은 보이지 않습니다. 그러므로 이것이 하나님의 것인지 사단의 장난인지 잘 분별하기 어려울 때가 있습니다.

분별하는 방법은 두 가지가 있습니다. 그 하나는 성령의 능력으로 분별하는 것이고 다른 하나는 계시된 하나님의 말씀이 거울이 되어 분별하는 것입니다.

첫째로 하나님의 지혜와 계시의 영을 받으면 영 분별로 인하여 참된 진상을 알수 있습니다.

> 너희는 주께 받은 바 기름 부음이 너희 안에 거하나니 아무도 너희를 가르칠 필요가 없고 오직 그의 기름 부음이 모든 것을 너희에게 가르치며 또 참되고 거짓이 없으니 너희를 가르치신 그대로 주 안에 거하라(요일 2:27)

사도 바울이 복음을 전할 때 이런 일이 있었습니다. 귀신 들린 여종 하나가 바울을 따라 다니며 "지극히 높은 하나님의 종으로 구원의 길을 전하는 자"(행 16:17)라고 외치며 바울을 치켜 올렸습니다. 이렇게 며칠씩이나 소리지르며 따라다니니 바울이 심히 피로워 그 여종 안에 있는 귀신을 쫓아냈습니다. 왜냐하면 복음 전파로 하나님께 영광이 되어야 하는데 사람인 자신에게 영광을 돌리게 만들기 때문입니다. 바울 사도는 영 분별의 은사가 있었고 기름 부음이 모든 것을 알게 함으로 말미암아 예수 이름으로 귀신을 쫓아냈습니다. 영적 은사를 가진 분은 특히 영 분별의 은사도 받아야 합니다.

둘째로 하나님의 말씀을 통하여 옵니다.

> 대저 젖을 먹는 자마다 어린 아이니 의의 말씀을 경험하지 못한 자요 단단한 식물은 장성한 자의 것이니 저희는 지각을 사용하므로 연단을 받아 선악을 분변(分辨)하는 자들이니라(히 5:13~14)

선악을 분별하기 위해서는 하나님의 말씀인 지각을 사용할 수 있도록 생명의 말씀을 많이 읽고 묵상하여야 합니다. 알아도 육적, 혼적으로 아는 것이 아니라 성령의 감동으로 하나님께서 주시는 지혜와 계시로 알아야 합니다.

하나님의 말씀은 밭에 뿌려지는 씨로 비유되었습니다. 성도가 거듭날 때 하나님의 말씀으로 거듭나게 되고(벧전 1:23) 그 말씀의 씨가 마음속에 거함으로 범죄치 못하게 되는 것입니다(요일 3:9). 말씀의 씨가 성도 속에 많이 거하면 거할수록 말씀에 의한 지식으로 영분별이 더 가능해지는 것입니다.

하나님의 계시와 지혜의 정신이 속사람에게 들어가게 되고 속사람에게 있는 하나님의 말씀이 우리 속에 역사할 때 믿음의 통로가 겉사람에게 생김으로 영안이 열려지는, 곧 마음의 눈이 열려지는 것입니다. 마음의 눈이 열려질 때 부르심의 소망이 무엇인지 알게 되고 하나님의 능력으로 모든 세상적인 것을 정복할 수가 있습니다. 이런 영적인 통로가 내 속사람을 통하여 내 마음으로 흘러가 내 마음의 눈이 밝아져서 원수마귀를 물리치게 되고 하나님께 더욱 영광을 돌릴 수 있는 것입니다.

우리에게도 이와 같이 하나님의 지혜와 계시가 흐르는 영적 통로가 세워질 수 있도록 사모하며 기도하여야 하겠습니다.

23. 영의 통로 (4)
─조화된 의지─

본문말씀 : 베드로후서 1:1~11

¹예수 그리스도의 종과 사도인 시몬 베드로는 우리 하나님과 구주 예수 그리스도의 의를 힘입어 동일하게 보배로운 믿음을 우리와 같이 받은 자들에게 편지하노니 ²하나님과 우리 주 예수를 앎으로 은혜와 평강이 너희에게 더욱 많을지어다 ³그의 신기한 능력으로 생명과 경건에 속한 모든 것을 우리에게 주셨으니 이는 자기의 영광과 덕으로써 우리를 부르신 자를 앎으로 말미암음이라 ⁴이로써 그 보배롭고 지극히 큰 약속을 우리에게 주사 이 약속으로 말미암아 너희로 정욕을 인하여 세상에서 썩어질 것을 피하여 신의 성품에 참예하는 자가 되게 하려 하셨으니 ⁵이러므로 너희가 더욱 힘써 너희 믿음에 덕을, 덕에 지식을, ⁶지식에 절제를, 절제에 인내를, 인내에 경건을, ⁷경건에 형제우애를, 형제우애에 사랑을 공급하라 ⁸이런 것이 너희에게 있어 흡족한즉 너희로 우리 주 예수 그리스도를 알기에 게으르지 않고 열매 없는 자가 되지 않게 하려니와 ⁹이런 것이 없는 자는 소경이라 원시치 못하고 그의 옛 죄를 깨끗케 하심을 잊었느니라 ¹⁰그러므로 형제들아 더욱 힘써 너희 부르심과 택하심을 굳게 하라 너희가 이것을 행한즉 언제든지 실족지

아니하리라 ¹¹이같이 하면 우리 주 곧 구주 예수 그리스도의 영원한 나라에 들어감을 넉넉히 너희에게 주시리라

첫째, 의지의 통로를 통해 역사하는 믿음

믿음은 우리의 의지의 통로를 통해서 역사합니다. 믿음으로 예수 그리스도를 나의 구주로 영접하면 그의 신기한 능력이 우리에게 임합니다. 이 신기한 능력이 우리 속에 역사하면 예수님과 하나님을 더욱더 알게 되고 예수님을 매일 닮아갑니다. 이것이 곧 신의 성품에 참여하는 것입니다. 신의 성품에 참여하는 분량만큼 성령의 열매를 맺게 됩니다.

예수 그리스도의 성품에 참여하는 자는 곧 열매를 맺는 자요, 열매를 맺은 자에게는 이 세상의 어떤 법이라도 우리와 하나님 사이에 맺은 사랑을 끊을 수 없습니다(롬 8:35~39). 그래서 열매를 맺는 자는 하나님의 나라에 넉넉히 들어갈 수가 있습니다.

둘째, 온전하고 거룩한 하나님의 의지

하나님의 의지는 온전하고 거룩합니다. 그러나 사단의 의지는 타락입니다. 사람은 자유 의지를 가지고 있습니다. 따라서 사람은 자기가 행한 일에 대해서는 자기가 책임을 져야 합니다. 자유 의지를 가지고 하나님께 순종하면 하나님의 온전하고 거룩한 의지가 나의 심령 속에 흘러 내 의지가 온전해지고 거룩해집니다. 그러나 사단의 의지인 타락한 성품을 받으면 내 자신이 부패해집니다. 세상을 좋아하는 사람들은 사단의 성품을 닮아 계속 타락하고 있는 것입니다. 이와 같이 하나님의 의지를 받아들

이거나 사단의 의지를 받아들이는 것은 전적으로 나의 책임입니다.

> 너희 자신을 종으로 드려 누구에게 순종하든지 그
> 순종함을 받는 자의 종이 되는 줄을 너희가 알지 못
> 하느냐 혹은 죄의 종으로 사망에 이르고 혹은 순종
> 의 종으로 의에 이르느니라(롬 6:16)

내가 하나님의 뜻에 순종하면 의인이 되나 사단의 뜻에 순종하면 사단의 타락한 성품이 내 속에 흘러 들어오면서 생각과 행동이 부패합니다. 이와 같이 사람은 누구에게 순종하느냐에 따라 생사가 좌우되는 연약한 존재입니다. 순종할 바에야 하나님께 순종하여야 하겠습니다. 하나님의 의지인 하나님의 뜻에 순종하면 하나님은 우리를 산 자로 여겨주시기로 성경은 약속하였습니다.

셋째, 하나님의 뜻을 분별하십시요.

그러면 하나님의 뜻을 어떻게 알 수 있습니까? 로마서에 그 방법이 알려져 있습니다.

> 너희는 이 세대를 본받지 말고 오직 마음을 새롭게
> 함으로 변화를 받아 하나님의 선하시고 기뻐하시고
> 온전하신 뜻이 무엇인지 분별하도록 하라(롬 12:2)

로마서 12:2에 있는 말씀 속에서 세 가지 단어를 생각함으로 하나님의 뜻을 분별할 수 있습니다.

1) 자기가 하는 일이 자기는 물론 다른 사람에게 '선'한 일인가를 알아보아야 합니다. 모두에게 '선'한 일이면 하나님의 뜻입니다.
2) 자기가 하는 일에 '기쁨'이 있으면 하나님의 뜻입니다. 하나님의 뜻으로 하는 일에는 분명히 생명의 기쁨이 있습니다.
3) '온전한 일'인가를 살펴보아야 합니다.

하나님의 뜻에 순종하면 하나님께서 저를 하나님께 대하여 죽은 자가 아니라 산 자로 여기십니다. 하나님께 산 자로 여김을 받은 사람이 하는 일에는 생기가 있고 활력이 있습니다.
하나님의 뜻대로 일할 때는 나에게 생기가 솟아나 육신의 욕심을 이길 수가 있습니다. 육신의 욕심을 이길수록 내 심령 속에 믿음의 줄이 굵어집니다. 그래서 믿는 자는 성령이 충만하게 채워집니다. 이것이 하나님의 뜻을 아는 가장 쉬운 방법입니다.
어떤 분은 기도를 할 때 하나님이 직접 "얘야, 이것이 내 뜻이다"라고 말씀하시는 음성을 듣기를 원합니다. 그러나 하나님은 성경에 다 기록되어 있다고 말씀하십니다. 이미 살펴본 바와 같이 로마서 12:2에 기록되어 있습니다. 또한 데살로니가전서 5:12~22에도 기록되어 있습니다. 그러면 어떻게 내 의지를 하나님의 뜻에 순종시킬 수 있으며, 어떻게 내 의지를 순종시켜 내 의지가 영의 통로로 바뀌어질 수가 있을까요?

넷째, 순종하는 의지와 조화되는 의지

의지에는 순종하는 의지가 있고 조화되는 의지가 있습니다.

1) 순종하는 의지
순종하는 의지는 행하기가 힘들 때가 많습니다. 하나님께서는 저에게 새벽마다 교회에 나와서 기도하라 하십니다. 피곤하고 지쳤을 때는 몸이 천근 만근 되어 정말 일어나기 힘들 때가 많습니다. 그러나 순종해야 하니 일어나지 않을 수는 없습니다. 새벽 기도를 위해 5시 30분에는 교회에 도착해야 할 것이 때로는 늦어지기도 합니다. 1분이라도 더 자려고 할 때도 있습니다. 이와 같이 순종하는 의지는 자신과의 싸움입니다. 그러니 자기 심령이 고통스럽습니다. 순종하는 의지는 내적으로 투쟁이 많습니다. 순종하는 의지는 어떻게 해서든지 자기 자신과 싸워 이기려고 하는 의지입니다.

소돔성을 떠날 때 천사들은 롯의 가족들에게 무슨 일이 있더라도 뒤돌아 보지 말라고 했습니다. 그러나 아직도 세상에 대한 미련을 완전히 버리지 못한 롯의 아내는 말씀에 불순종하여 뒤돌아 보았을 때 소금 기둥으로 변하고 말았습니다. 이와 같이 순종하면 축복이요 불순종하면 고난입니다. 구레네의 시몬은 억지로 십자가를 지고 가다가 전 가족이 구원을 받았을 뿐 아니라 구레네 시몬의 아내는 위대한 사도 바울로부터 내 어머니라는 칭함을 받고 자녀들의 이름이 성경에 기록되었으니 큰 복을 받은 것입니다.

우리는 모두 순종하여 복을 받아야 합니다. '나는 싫지만 믿습니다' 하는 의지에는 굉장한 수고와 고통이 따르나 끝까지 순종하면 하나님의 복이 임합니다.

2) 조화되는 의지

조화되는 의지는 천성이 하나님의 성품을 많이 닮아가고 있는 사람의 의지입니다. 조화되는 의지를 가진 사람들은 천성적으로 하나님의 성품에 조화를 빨리 이루어 예수 그리스도의 형상을 닮아갑니다. 그래서 천성이 상당히 중요합니다. 하나님께서는 조화되는 의지나 순종하는 의지나 특별한 경우를 제외하고는 절대로 강권으로 하시지 않습니다. 하나님은 사랑이시기 때문에 사랑으로 인도하실 때 내가 얼마만큼 순종하느냐에 따라 나에 대한 하나님의 역사가 달라집니다. 조화된 의지는 쉽게 하나님의 통로가 될 수 있습니다.

3) 하나님은 내 의지를 꺾지 않으십니다.

일반적으로 하나님은 나의 의지를 꺾지 않으십니다. 하나님은 아담에게 분명히 말씀하셨습니다. "선악을 알게 하는 나무의 실과는 먹지 말라 네가 먹는 날에는 정녕 죽으리라." 그 후에 먹고 안 먹고는 아담의 자유 의지에 달려 있었는데 그들은 불순종으로 정죄를 받았습니다.

다윗의 경우를 보겠습니다. 그는 하나님의 마음에 합한 자라고 칭함을 받았습니다. 그러나 우리아의 아내 밧세바와 동침한 것은 다윗의 자유 의지였지 하나님의 의지가 아니었습니다. 하나님은 아담에게 선악과를 먹지 말라고 하셨는데 아담은 불순종하여 죄를 범하고 말았습니다. 이와 같이 하나님은 내 의지를 꺾지 않으십니다. 그러므로 내 의지를 순종하는 의지에서 조화하는 의지로 바꿀 때에 쉽게 주님의 통로가 됩니다.

다섯째, 어떻게 신의 성품에 참여하겠습니까?

예수를 평생 믿더라도 자기 의지를 꺾지 않으면 복을 받지 못합니다. 복 중의 복은 예수님의 성품에 참여하는 것입니다. 어떤 분은 열심히 예수님을 믿지만 작심 삼일밖에 안되는 분이 있습니다. 어떤 분은 큰 어려움 없이 잘 믿는 분이 있습니다. 어떤 분들은 하나님과 조화되는 의지로 바꾸어지고 하나님의 성품에 더욱 참여하게 됩니다.

그러면 우리가 어떻게 주님의 성품에 참여할 수 있겠습니까? 어떻게 하나님은 우리로 하여금 신의 성품에 참여할 수 있게 만드실까요?

1) 징계를 통하여 역사하십니다.

> ……내 아들아 주의 징계하심을 경히 여기지 말며
> 그에게 꾸지람을 받을 때에 낙심하지 말라 주께서
> 그 사랑하시는 자를 징계하시고 그의 받으시는 아
> 들마다 채찍질하심이니라……징계는 다 받는 것이
> 거늘 너희에게 없으면 사생자요 참 아들이 아니니
> 라(히 12:5~8)

진정 하나님의 사랑을 입은 우리가 잘못했을 때 징계를 받습니다. 주님께 징계를 받을 때 가볍게 여겨서는 안됩니다. 또한 낙심해서도 안됩니다. 여러분은 어떤 꾸지람이나 어려움이 있더라도 인내함으로 하나님의 복을 받아야 합니다.

징계를 잘 받으면 채찍질까지 받습니다. 잘 달리는 말에 채찍질하는 것입니다. 외부에서 여러분들에 대하여 무슨 말을 하면 "아, 주님께서 나에게 채찍질하시는구나! 잘 달리자"하고 더욱 더 잘 달리는 복있는 자가 되기를 바랍니다. 이러한 징계를 받고 나면 놀라운 하나님의 복이 임한다는 것을 알고 참고 견디어 이겨야 합니다.

> 무릇 징계가 당시에는 즐거워 보이지 않고 슬퍼 보
> 이나 후에 그로 말미암아 연달한 자에게는 의의 평
> 강한 열매를 맺나니(히 12:11)

이러한 징계를 통하여 의의 평강한 열매를 맺게 됩니다. 이런 열매를 맺는 자는 하나님 나라에 넉넉히 들어가고도 남음이 있습니다.

그런데 징계는 억지로 순종하는 의지를 가지고 있는 사람이 더 많이 받습니다. 자기는 하기 싫지만 억지로 하다 보면 징계가 많이 옵니다. 그러나 조화되는 성품은 아예 잘 하기 때문에 징계가 적습니다.

2) 내가 징계로 인하여 신의 성품에 참여하고 있다는 것을 어떻게 증명할 수 있겠습니까?

> 우리가 환난 중에도 즐거워하나니 이는 환난은 인내를 인내는 연단을 연단은 소망을 이루는 줄 앎이로다 소망이 부끄럽게 아니함은 우리에게 주신 성령으로 말미암아 하나님의 사랑이 우리 마음에 부은 바 됨이니(롬 5:3~5)

징계와 환난과 어려움을 통하여 얼마나 주님이 원하시는 성품에 참여하느냐가 문제입니다.

① 어려운 환경에서 얼마만큼 하나님의 사랑이 나를 통해 나타나는가에 따라 알 수 있습니다.

> 내가 내 몸을 쳐 복종하게 함은 내가 남에게 전파한 후에 자기가 도리어 버림이 될까 두려워함이로라(고전 9:27)

② 자신을 위한 욕심이나 감정을 얼마나 절제하며 인내하느냐를 봄으로 알 수 있습니다. 징계를 받아 신의 성품에 참여하는 자는 날마다 이기적인 자신을 죽이는 과정에 있습니다.

③ 징계를 받을 때에 하나님의 말씀이 내 마음판에 새겨지며 말씀을 붙잡고 이겨 나갈 때에 산 증거가 생깁니다. 말씀의 위력이 무엇

인가를 진심으로 깨닫게 됩니다.

> 고난 당한 것이 내게 유익이라 이로 인하여 내가
> 주의 율례를 배우게 되었나이다(시 119:71)

말씀이 나의 것이 되지 않을 때 시험이 오면 금방 흔들립니다.

④ 징계를 받은 후에는 복이 따라와야 합니다. 많은 사람들은 복이라면 돈 생각부터 먼저 합니다. 마른 떡 한 조각만 있어도 내 가정이 화목한 것이 그보다 더한 행복입니다. 세상적인 성품이 아니라 예수님의 성품으로 바꾸어지는 것이 복 중의 복입니다. 그러나 세상 사람들은 돈만 많으면 복받았다고 하고 돈이 없으면 "별것 아니다"라고 생각합니다. 우리는 좀더 고차원적이 되어야 합니다.

> 하나님은 곤고한 자를 그 곤고할 즈음에 구원하시
> 며 학대 당할 즈음에 그 귀를 여시나니 그러므로 하
> 나님이 너를 곤고함에서 이끌어 내사 좁지 않고 넓은
> 곳으로 옮기려 하셨은즉 무릇 네 상에 차린 것은 살
> 진 것이 되었으리라(욥 36:15~16)

내 인생길이 이때부터 의의 빛으로 말미암아 아주 넓어지면서 주님의 인도하심을 따라가는 복을 받습니다. 이보다 더 귀한 복이 어디에 있습니까? 이 길은 좁은 길이라도 자유롭게 갈 수 있는 복된 길입니다.

> 진리를 알지니 진리가 너희를 자유케 하리라(요 8:32)

한 평생 자유롭게 생활하는 것이 얼마나 복된 일이겠습니까?

여섯째, 조화된 의지 — 능동적인 자세로 승리합니다.

하나님의 뜻에 따라 조화된 의지는 능동적인 자세를 가지고 승리합니다.
우리의 자세에는 수동적인 것과 능동적인 것이 있습니다. 남의 손에 이끌려 수동적으로 교회에 오는 분이 있습니다. 예배드릴 때도 지루하여 시계만 봅니다. 그러나 능동적이 되면 즐거워 시간 가는 줄 모릅니다. 봉사도 마찬가지입니다. 이전에는 갖다 주면 먹었으나 능동적이 되면 스스로 봉사할 수 있는 자세가 됩니다. 이와 같이 하나님의 뜻에 따라 조화된 의지는 수동적인 자세가 아니라 능동적인 자세가 됩니다.
예수께서는 십자가에서 죽으시기 전에 간절히 기도하셨습니다.

> 아버지여 만일 아버지의 뜻이어든 이 잔을 내게서
> 옮기시옵소서 그러나 내 원대로 마옵시고 아버지의
> 원대로 되기를 원하나이다(눅 22:42)

예수님은 자기 의지로는 죽을 생각이 없는데 죽는 것이 아버지의 뜻이라면 내가 온전히 조화된 성품으로 순종한다는 것입니다. 이와 같이 순종한 예수 그리스도를 통하여 부활의 승리가 있었습니다. 수동적이 아니라 능동적으로 십자가를 졌을 때 부활의 역사가 있었습니다.
저는 많은 분들이 성령의 은사를 받기 원하고 있음을 압니다. 그런데 수동적인 자세의 사람들이 자기에게 은사가 임했다고 말할 때 저는 그것이 정말로 성령의 역사인 줄 알았으나 나중에 보니 대부분 사단의 장난이었습니다. 수동적이고 부정적인 것들이 대체로 사단의 장난이라는 것을 쉽게 알 수 있습니다. 우리는 긍정적이고, 진취적이고, 생산적이고, 능동적인 자세로 승리

해야 합니다. 하나님은 우리의 의지를 하나님의 의지에 조화시킬 수 있도록 기다리고 계십니다.

> 그런즉 너희는 하나님께 순복할지어다 마귀를 대적하라 그리하면 너희를 피하리라(약 4:7)

대적하는 것은 수동적입니까? 능동적입니까? 수동적인 자세는 사단으로부터 공격을 받습니다. 능동적인 자세가 될 때에 원수 마귀는 한 길로 왔다가 일곱 길로 도망치게 됩니다.

일곱째, 조화된 의지에 따르는 세 가지 은사

우리가 하나님의 뜻을 능동적으로 행하여 조화된 의지를 가지면 우리에게 세 가지 은사가 임합니다. 인위적인 의지가 아니라 하나님과 조화된 의지를 가져야 능력이 임합니다. 고린도전서 12장에 있는 병 고치는 은사, 믿음의 은사 및 기적을 행하는 은사가 임합니다. 이러한 은사들을 받지 못한 사람들은 자기의 의지를 하나님의 의지에 조화되게 순종치 않았기 때문입니다. 조화되게 순종하면 이러한 은사들이 틀림없이 오게 되어 있습니다.

1) 믿음의 은사입니다. 믿음이 없이는 하나님을 기쁘시게 해드리지 못합니다(히 11:6). 이 믿음으로 말미암아 예수께서 내 안에 거하시게 되는 복이 임합니다.

인위적인 믿음이 아니라 성령으로 말미암은 믿음이 올 때 어떤 역사가 일어납니까? 제 경험을 말씀드리면, 믿음의 역사가 나에게 임하면 가슴속에 신비스러운 열정이 생깁니다. 가슴속이 뿌듯해집니다. 성령이 주시는 이 믿음으로 일을 하면 순조롭게 처리가 됩니다. 열정이 생기면 예수님 이름으로 무엇이든지 일을 하고 싶은 마음이 일어납니다. 성령으로 말미암아 나에게 믿음의 역사가 임하는 순간입니다. 이때 나의 영, 혼 및 몸이 한 곳으로 집중되어 방해물을 쉽게 이기게 됩니다. 그러면서 내 마음속에 확신이 소생하며 두려움과 염려가 없어지면서 길이 열리게 되는 것입니다.

   2) 성령으로 병을 고치는 은사입니다. 병을 고치는 은사는 여러가지가 있습니다. 의사도 전공에 따라 내과, 소아과, 정형외과 의사 등이 있듯이 성령의 병 고치는 은사도 다양합니다. 성령께서 어떤 분을 통해서는 짧았던 다리가 길어지도록 치료를 하십니다. 또는 암을 치료하십니다. 교회는 각 지체가 받은 은사대로 병을 고칠 수 있어야 합니다. 예수님도 공생애의 많은 부분을 병을 고치는 데 보내셨습니다. 내 의지가 하나님의 의지에 조화되는 순간 병을 고치는 은사가 임합니다. 병을 고치는 은사로 하나님께 영광돌리고 이로 인해 불신자를 전도하면 얼마나 효과적인지 모릅니다. 그러나 은사를 남용하거나 이상한 모양으로 남에게 과시하여 자아를 만족시키려는 분은 조심해야 합니다.

   3) 능력을 행하는 은사가 옵니다. 신유의 은사를 받아 병을 고칠 때에는 경우에 따라 상처가 즉시 치료가 될 때도 있으나 어떤 경우에는 질병의 근원을 치료받고 그 주위의 연약한 기관이 서서히 회복될 때도 있습니다. 그러나 하나님의 능력이 임할 때 순식간에 역사가 일어나기도 합니다.
   하나님께서 홍해를 가르실 때에 동풍을 불어서 홍해를 갈라 놓으셨습니다. 이것이 하나님의 권능의 역사입니다. 모세가 지팡이를 들고 반석을 치는 순간 반석이 갈라지면서 생수가 솟아났습니다.

사도행전 13장에 보면 바울 사도가 바보라는 곳에 갔습니다. 바울이 그곳 총독 서기오 바울에게 복음을 전할 때 바예수라는 박수가 방해를 했습니다. 그래서 바울이 바예수를 향하여 "주의 바른 길을 굽게 하기를 그치지 아니하겠느냐 보라 이제 주의 손이 네 위에 있으니 네가 소경이 되어 얼마 동안 해를 보지 못하리라"(행 13:10~11)고 꾸짖었더니 바예수는 즉시 소경이 되었습니다. 이것이 능력입니다. 이러한 은사들은 내가 구하면서 조화된 주님의 성품을 닮아가면 하나님의 역사가 일어납니다. 하나님과 조화된 의지가 곧 영의 통로입니다.

조화된 의지 속에는 신기한 하나님의 능력이 임하므로 하나님을 더욱더 알 수 있고 영의 눈이 열려지고 이로 인해 신의 성품에 참여하게 됩니다.

신의 성품에 참여하면 성령의 열매를 맺게 됩니다. 이렇게 되면 세상의 어떤 법도 우리를 하나님에게서 끊을 수가 없고 하나님과 연결되어 있는 자는 하나님 나라의 능력을 받는 축복이 임합니다. 우리 모두 조화된 의지를 통하여 믿음의 은사, 병을 고치는 은사 및 능력을 행하는 은사를 받아야 하겠습니다.

그러나 잊지 말아야 할 것은 하나님께서 우리에게 은사를 주시는 목적입니다. 이는 바로 우리의 믿음을 견고히 하시기 위함이며, 교회의 유익과 하나님 나라의 확장에 있음을 항상 염두에 두어야 합니다.

결코 은사를 자랑하지 마십시오.

24. 영의 통로 (5)
─감정─

본문말씀 : 마태복음 10:24~40

²⁴제자가 그 선생보다, 또는 종이 그 상전보다 높지 못하나니 ²⁵제자가 그 선생 같고 종이 그 상전 같으면 족하도다 집 주인을 바알세불이라 하였거든 하물며 그 집 사람들이랴 ²⁶그런즉 저희를 두려워하지 말라 감추인 것이 드러나지 않을 것이 없고 숨은 것이 알려지지 않을 것이 없느니라 ²⁷내가 너희에게 어두운 데서 이르는 것을 광명한 데서 말하며 너희가 귓속으로 듣는 것을 집 위에서 전파하라 ²⁸몸은 죽여도 영혼은 능히 죽이지 못하는 자들을 두려워하지 말고 오직 몸과 영혼을 능히 지옥에 멸하시는 자를 두려워하라 ²⁹참새 두 마리가 한 앗사리온에 팔리는 것이 아니냐 그러나 너희 아버지께서 허락지 아니하시면 그 하나라도 땅에 떨어지지 아니하리라 ³⁰너희에게는 머리털까지 다 세신 바 되었나니 ³¹두려워하지 말라 너희는 많은 참새보다 귀하니라 ³²누구든지 사람 앞에서 나를 시인하면 나도 하늘에 계신 내 아버지 앞에서 저를 시인할 것이요 ³³누구든지 사람 앞에서 나를 부인하면 나도 하늘에 계신 내 아버지 앞에서 저를 부인하리라 ³⁴내가 세상에 화평을 주러 온 줄로 생각지 말라 화평이 아니요 검을 주러 왔노라 ³⁵내가 온 것은 사람이 그 아비와, 딸이 어미와, 며느리가 시어미와 불화

하게 하려 함이니 ³⁶사람의 원수가 자기 집안 식구
리라 ³⁷아비나 어미를 나보다 더 사랑하는 자는 내
게 합당치 아니하고 아들이나 딸을 나보다 더 사랑
하는 자도 내게 합당치 아니하고 ³⁸또 자기 십자가
를 지고 나를 좇지 않는 자도 내게 합당치 아니하니
라 ³⁹자기 목숨을 얻는 자는 잃을 것이요 나를 위
하여 자기 목숨을 잃는 자는 얻으리라 ⁴⁰너희를 영
접하는 자는 나를 영접하는 것이요 나를 영접하는
자는 나 보내신 이를 영접하는 것이니라 ⁴¹선지자
의 이름으로 선지자를 영접하는 자는 선지자의 상
을 받을 것이요 의인의 이름으로 의인을 영접하는
자는 의인의 상을 받을 것이요 ⁴²또 누구든지 제자
의 이름으로 이 소자 중 하나에게 냉수 한 그릇이라
도 주는 자는 내가 진실로 너희에게 이르노니 그 사
람이 결단코 상을 잃지 아니하리라 하시니라

위의 말씀을 중심으로 영의 통로의 다섯번째로 감정에 대하여
말씀드리겠습니다. 예수님은 28절에서 "몸은 죽여도 영혼은 능
히 죽이지 못하는 자를 두려워하지 말고 오직 몸과 영혼을 능히
지옥에 멸하시는 자를 두려워하라" 하셨습니다. 두려워하는 것
은 우리의 감정입니다. 내 감정에 의해서 두려움이 옵니다. 본문
말씀은 몸을 죽일 수 있는 외부에서 오는 두려움에 대해서는 조
금도 염려하지 말고 외적인 몸과 내적인 영혼을 지옥에 멸할 수
있는 하나님을 두려워하여 그에게 내 감정을 드리라는 말씀입
니다.

너희 염려를 다 주께 맡겨 버리라 이는 저가 너희를
권고하심이니라(벧전 5:7)

염려는 우리의 감정에서 옵니다. 그러나 내 모든 감정을 다 처리하고 하나님께서 나에게 주신 새로운 감정, 즉 영적인 감정으로 나아가는 자에게는 승리가 있습니다.

첫째, 감정의 중요성

우리가 일반적으로 감정이라 할 때는 혼적인 감정을 말합니다. 내 혼적인 감정이 동요되거나 잘못되기 시작하면 내 이성이 감정으로 말미암아 사리를 분별하지 못합니다. 이성이 분별을 잃으면 선택을 잘못하게 됩니다. 속이 상하여 근심과 걱정과 고통이 많이 오면 "세상 살기 싫다. 죽어버리자!"하고 선택을 잘못해서 자살까지 하게 됩니다. 이와 같이 우리에게 감정은 상당히 중요합니다. 우리가 감정에 따라 살면 인생이 가야 할 길을 잃게 되고 하나님께서 들려 주시는 세미한 음성을 듣지 못하게 됩니다. 하나님과 나와의 영적 교제를 막는 것은 대부분이 우리의 감정 때문입니다. 그만큼 우리의 감정이 중요합니다. 하나님께 내 감정을 드리면 성령의 교통하심이 아주 쉽게 이루어지는 축복이 옵니다.

둘째, 감정에서 나타나는 현상은 어떤 것입니까?

우리의 혼적인 감정은 외부의 영향을 받아서 움직입니다. 옆에서 누가 소리를 크게 지르면 깜짝 놀라는 것은 외부의 갑작스런 자극에 내 감정이 발동되기 때문입니다. 무서운 얘기를 들을 때 그와 같은 외부의 영향에 의하여 감정적 혼란으로 두려움이 옵니다. 예를 들어 어떤 사람이 자기 아버지와 비슷한 모양이나 성품의 남자를 만났을 때 자기도 모르게 미움의 감정이 솟아 오르는 것은 과거에 아버지로부터 받았던 상처가 잠재의식 속에 쌓여 있다가 발산되는 것입니다. 따라서 원인은 외부적인 것입니다. 이와 같이 놀라고 두려워하고 미워하는 모든 것들은 외부적인 환경의 영향으로 인한 것이지 내부에서 오는 것이 아닙니다.

사랑하는 사람과 사별한 후 몇 년이 가도 잊지 못하고 슬퍼하는 사람이 있습니다. 동업자가 돈을 훔쳐 가지고 달아나면 그때부터 증오하는 마음이 쌓이게 됩니다. 이웃이 잘 살면 부러워하는 마음이 생깁니다. 이와 같이 우리가 외부 환경과 접촉함으로 말미암아 일어나는 모든 일들로 인해 우리에게 나타나는 현상이 감정이기 때문에 우리의 감정은 수시로 변합니다. 그래서 성경은 우리에게 혼적인 감정에 사로잡히지 말라고 계속 말씀합니다. 교회에서도 사람들의 감정이 폭발해서 문제가 생기는 것입니다. 외부로부터 영향을 받은 감정이 사라지면 마음이 평안해 집니다.

셋째, 감정과 영감(靈感)은 어떤 차이가 있습니까?

여기서 말하는 영감은 성경계시를 위해 주신 영감이 아니라 영적 깨달음을 뜻합니다. 혼적인 감정과 영감은 완전히 다릅니다. 혼적인 감정은 외부에서 오기 때문에 변덕이 많습니다. 조금만 기분이 좋고 은혜가 오면 "주여! 믿습니다, 감사합니다" 하다가 조금만 기분이 나쁘면 "에이!"하고는 그때부터 꼭 지옥과 같은 생활을 하는 분들이 너무나 많습니다.

그러나 영감은 외부와는 상관없이 내부에서 오는 것입니다. 성령께서 내 영과 함께하시는 가운데 내 영에 주시는 어떤 직관(直觀)적 느낌이나 깨우침을 받는 것이 영감입니다. 이것은 교회에 나를 미워하는 사람이 있든, 좋아하는 사람이 있든 외부의 환경적인 영향과 관계없이 내 속에 자리잡은 영의 영향을 받습니다. 영감은 내부에서 역사하므로 바다 표면에 아무리 풍랑이 일더라도 깊은 바다속은 고요한 것같이 잠잠합니다. 우리가 예수 그리스도와의 관계만 잘 되어 있으면 어떠한 어려운 환경에 처할지라도 온유하고 안정된 마음을 유지할 수 있습니다.

내 영에서 나오는 영적 직관에 믿음으로 내 혼을 순종케 할 때 내 혼이 변화받는 영적인 감정에 더욱 민감할 수가 있습니다.

넷째, 우리에게 문제가 되는 혼의 감정은 어떻게 제어(制御)될 수가 있습니까?

우리의 혼적인 감정이 살아 있는 한 영적인 감정은 오지 않습니다. 타고난 감정이 혼적인 감정입니다. 어떤 사람은 신경질을 타고 태어납니다. 그러나 이러한 혼적인 감정을 잘 처리하면 영적인 감정이 나타납니다.

혼적인 감정을 처리하는 것이 곧 예수 그리스도의 십자가입니다. 십자가는 원수된 것을 소멸하기 때문에 십자가로 소멸시키는 방법 이외의 방법은 없습니다. 예수께서 "자기 목숨을 잃는 자는 얻으리라"(마 10:39) 하신 것은 목숨 중에는 혼적인 감정이 들어 있기 때문에 혼적인 감정을 죽일 때 온유하고 안정된 성품이 나타나는 것입니다. 인간적으로 좀 참는 것은 오래 가면 3일, 즉 작심 삼일입니다. 혼적인 감정을 십자가로 죽이면 "온유하고 안정한 심령"(벧전 3:4)이 옵니다. 이와 같은 심령이 나타나는 것을 하나님은 귀중하게 보십니다. 혼적인 감정을 죽이고 나면 내 속사람으로부터 나오는 온유하고 안정된 심령이 나타나서 하나님을 기쁘시게 해드립니다. 어떤 사람들은 우리의 혼적인 감정을 죽이면 무슨 재미로 이 세상을 살아가느냐고 합니다. 그러나 우리의 혼적인 감정을 죽이면 혼적인 감정보다 몇 천만 배 고귀한 감정이 우리 속에서 생수와 같이 소생합니다. 이 기쁨은 세상의 어느 것과도 비교할 수 없습니다.

이렇게 영에서 소생하는 감정을 가질 수 있도록 성경은 계속 자기를 죽이라고 합니다. 혼적인 감정을 죽일 때에 내 혼이 영의 감정에 순종함으로 영의 통로로 사용될 수가 있습니다.

다섯째, 영적인 감정이 어떻게 나타납니까?

영적인 감정과 혼적인 감정이 나타나는 것이 다릅니다. 영적인 감정이 나타나는 현상 세 가지를 살펴보겠습니다.

1) 아가페적인 사랑으로 나타납니다. 아가페적인 사랑은 필레오나 에로스적 사랑과는 다릅니다. 필레오는 부모 자식 사이와 같은 혈연간이나 친구 사이에 이루어지는 사랑이고, 에로스는 부부간이나 남녀간의 사랑을 말합니다. 아가페 사랑은 인간의 감정을 통해 나타나는 사랑이 아니라 예수 그리스도의 십자가를 통하여 나타나는 사랑입니다. 내가 나의 모든 생각을 사로잡아 그리스도께 복종시킴으로써 혼적 감정을 죽일 때에 영적인 감정을 가지고 사랑을 할 수 있습니다. 그 순종의 사랑으로 하는 사랑이 아가페의 사랑입니다.

아가페 사랑에는 희생과 헌신이 따릅니다. 예수께서 우리의 죄를 위하여 십자가에서 보혈을 흘려주신 사랑입니다.

이 사랑은 믿지 않는 사람 속에는 전혀 없습니다. 예수 그리스도를 영접한 사람에게 임하는 특별한 사랑입니다. 그래서 우리 주님께서는 '인간적인 사랑은 먼저 십자가에 못박아버려라. 그 후에야 하나님의 아가페 사랑이 임한다'고 말씀하십니다.

하나님의 사랑이 일반적인 가정에 들어오면 문제가 생깁니다. 하나님의 사랑과 인간적인 사랑이 마찰이 생기기 때문입니다. 예수님은 말씀하십니다.

> 내가 세상에 화평을 주러 온 줄로 생각지 말라 화평이 아니요 검을 주러 왔노라(마 10:34)

하나님의 사랑인 예수님이 인간적인 사랑과 부딪치니 화평이 아니라 검이 되어 싸움이 일어납니다. 예수 안 믿는 가정에 예수 믿는 사람이 들어오면 그 가정에 화평이 아니라 싸움이 옵니다. 이것은 바로 영적인 사랑과 육적인 사랑의 투쟁입니다(마 10:35~38). 영적 사랑의 최고봉은 우리를 위하여 십자가에서 아들을 내어 주신 하나님의 사랑입니다.

우리가 아직 죄인 되었을 때 그리스도께서 우리를 위하여 죽으심으로 하나님께서 우리에게 대한 자기의 사랑을 확증하셨느니라(롬 5:8)

예수님이 우리의 죄를 위해 돌아가셨는데 하나님의 사랑과 혈육간의 사랑이 부딪칠 때에 어느 사랑이 더 강해야 하겠습니까? 예수님에 대한 사랑이 더 크고 강해야 합니다. 아비나 어미를 예수님보다 더 사랑하는 자는 하나님 앞에 합당하지 않다는 말씀입니다. 또한 아들이나 딸을 예수님보다 더 사랑하는 것도 합당치 않다고 하셨습니다(마 10:37).

하나님은 질투의 하나님이십니다(출 20:5). 아브라함이 백 세에 이삭을 낳았으니 그 아들을 얼마나 사랑하였겠습니까? 그러나 하나님께서는 아브라함에게 "네 아들, 네 사랑하는 독자 이삭을 번제로 바치라"(창 22:2)고 명령하십니다. 우리가 아무리 믿음이 좋다고 "주여, 주여!" 하다가도 자기 자식을 바치라면 거의 다 도망갈 것입니다.

저희 교회에서 얼마 전에 주일 학교 부흥회를 인도하신 데니스 전도사께서 들려주신 말씀입니다. 자기가 인도한 부흥회에서 목사가 되려는 아이들이 많이 있었습니다. 그랬더니 부모들이 전화하여 내 아들 데려가서 목사를 만들면 죽여버리겠다는 협박까지 했답니다. 여러분들은 남편을 목사로 바치라면 "아멘" 하시겠습니까?

　하나님의 명령에 아브라함은 육친의 사랑을 포기해 버렸습니다. 하나님의 아가페 사랑을 위해 이삭을 포기한 것입니다. 우리는 이 인간적인 부모의 사랑, 부부의 사랑, 자식으로서의 사랑을 다 버릴 수 있어야 합니다. 아브라함이 하나님의 사랑을 더 귀중히 여겼을 때 하나님께서는 아브라함에게 더 큰 복을 내려 주셨습니다. 이러한 아가페 사랑은 혼적이고 인간적인 사랑을 버리는 시련과 고통을 통해서 옵니다. 예수 그리스도의 십자가를 통해서만이 나타납니다. 십자가 없이는 이 아가페의 사랑이 나타날 수가 없습니다.

> 너희 믿음의 시련이 불로 연단하여도 없어질 금보
> 다 더 귀하여 예수 그리스도의 나타나실 때에 칭찬
> 과 영광과 존귀를 얻게 하려 함이라(벧전 1:7)

　불로 연단한 금보다 더 귀한 아가페적 사랑이 나타나는 것입니다. 예수 그리스도의 십자가 앞에서 나의 혼적인 사랑의 감정이 완전히 죽어지고 하나님의 사랑이 없이는 견딜 수 없는 심령이 소생할 때에 아가페의 사랑이 나타나며, 이것이 곧 영의 감정에서 소생하는 것입니다.
　이 아가페적 사랑은 십자가를 통하여 내 속에서 소생하기 때문에 악한 자가 와서 만지지도 못합니다(요일 5:18). 이 사랑은 하나님의 성령으로 말미암아 우리 마음에 부은 바 되었고(롬 5:5) 이 사랑이 나타날 때에 예수님이 내 앞에서 역사하시는 것입니다(요 14:21).
　2) 영적인 감정이 나에게 나타나면 안식이 옵니다. 영적인 감정이 안식으로 올 때 내 마음에 평안과 화평이 오고 기쁨이 넘칩니다. 하나님께서는 우리에게 영원한 안식이 있다는 것을 알

게 해주시기 위해 7일 가운데 하루를 안식일로 정하셨습니다.

우리가 예수를 믿는다고 하면서도 안식이 없으면 제대로 믿는 것이 아닙니다. 왜냐하면 내 마음속에 평안함이 있다는 것은 영원한 안식처로 돌아갈 수 있다는 증거이기 때문입니다. 이 안식의 큰 적은 욕심입니다. 예수님을 잘 믿는다고 하는 목사, 장로, 집사가 더 많이 문제를 일으킬 수 있습니다. 그래서 다른 사람들이 저런 사람이 목사냐, 장로냐 또는 집사냐? 하고 비난합니다. 그 이유는 안식의 적(敵)인 욕심이 나타나기 때문입니다. 자신의 욕심으로 생활하면 결국은 예수님을 욕먹이게 됩니다. 이 욕심을 주님의 십자가로 파괴할 수 있습니다.

야고보서 1:15은 말씀합니다. "욕심이 잉태한즉 죄를 낳고 죄가 장성한즉 사망을 낳느니라." 욕심이 있는 사람의 심령 속에 안식이 찾아올 길이 없습니다. 이러한 욕심을 인간의 힘으로 제거하는 것은 불가능합니다. 우리는 오직 십자가의 공로를 의지하여야 이 혼적인 욕심을 소멸할 수 있습니다. 성령의 불로 더러운 것을 태우고 주 안에서 단련되어 새롭게 되어야 합니다. 예수님의 십자가는 새롭고 산 길이기 때문입니다(히 20:19~20).

그러면 안식이란 무엇입니까? 평안 또는 화평이라고도 할 수 있습니다. 그러나 무엇보다도 자기 포기를 의미합니다.

> 자기 목숨을 얻는 자는 잃을 것이요 나를 위하여 자
> 기 목숨을 잃는 자는 얻으리라(마 10:39)

자기의 생각과 인간적 욕심과 포부를 죽이기 위해서는 기도를 많이 하여 하나님과 원수된 것을 소멸하는 십자가로 이것을 파괴시켜야 합니다(엡 2:16). 십자가로 원수된 것을 소멸하는 예수께서는 나의 무거운 짐이 되는 욕심을 버리는 방법을 마태복음 11:28~30에서 잘 설명하셨습니다.

> 수고하고 무거운 짐진 자들아 다 내게로 오라 내가
> 너희를 쉬게 하리라 나는 마음이 온유하고 겸손하
> 니 나의 멍에를 메고 내게 배우라 그러면 너희 마음
> 이 쉼을 얻으리니 이는 내 멍에는 쉽고 내 짐은 가
> 벼움이라

　예수님의 마음인 온유와 겸손을 배우면 욕심의 모든 문제는 해결된다는 것입니다. 주님의 성품인 온유와 겸손의 짐을 지면 모든 문제가 해결되어 마음이 공중으로 날아갈 듯 가볍습니다. 욕심 없는 온유와 겸손의 마음은 쉽게 공중에서 주를 영접하게 됩니다. 쉼을 얻게 되면 주님 안에서 만족이 찾아옵니다.

> 나의 하나님이 그리스도 예수 안에서 영광 가운데
> 그 풍성한 대로 너희 모든 쓸 것을 채우시리라(빌
> 4:19)

> 마른 떡 한 조각만 있고도 화목하는 것이 육선이 집
> 에 가득하고 다투는 것보다 나으니라(잠 17:1)

　3) 마음이 뜨거워집니다. 예수님의 제자들이 엠마오로 가는 도상에서 예수님을 만나 대화하는 순간 그들의 마음이 뜨거워졌습니다. 육적(혼적)인 감정은 냉냉하지만 영적인 감정은 뜨겁습니다. 남편이 다이아몬드 반지를 사주면 마음이 기쁘기는 하지만 뜨거워지지는 않습니다. 주님의 역사가 내 속에 부딪칠 때에 마음이 뜨거워지고 내 혼적이고 육적인 것이 죽어집니다. 마음이 뜨거워질 때 흘리는 눈물은 뜨겁습니다. 마음이 뜨거워지는 영적 체험은 모든 것이 복이 됩니다. 반대로 마음이 냉정해지면서 체험하는 것은 위험이 따르므로 주의해야 합니다.

우리의 마음이 늘 뜨거워져서 견딜 수 없게 되면 얼마나 좋겠습니까? 은혜를 받을 때는 마음이 뜨겁고 할렐루야! 하다가도 경건의 훈련을 계속하지 않으면 시간이 지나면서 또 냉냉해져서 과거의 경험이 진짜인지 가짜인지 의심까지 하게 됩니다. 그러다가 "주여! 다시 한 번만 더 허락하여 주시옵소서" 하면 대개 이전보다 조금 덜한 뜨거움이 옵니다.

여기에서 우리가 주의해야 할 것은 마음이 뜨거워지는 영적인 체험이 첫째는 하나님의 주권적인 역사라는 것, 둘째는 하나님의 성령의 도우심으로 마음문을 여는 자에게 임한다는 것, 세째는 혼적인 감정과 혼동해서 이러한 혼적인 감정에 의존하지 말아야 한다는 것입니다. 주님께서는 "네 감정에 의존하지 말고 믿음으로 하라"고 말씀하십니다.

그래서 복음에는 하나님의 의가 나타나서 믿음에서 믿음으로 이르도록 역사해 줍니다. 이 믿음이 살아서 역사하는 믿음입니다. 뜨거워진 속에서 채워진 믿음이 살아서 역사하는 믿음입니다. 이런 체험을 할 때에 하나님께서 더 가까이 오십니다. 인간이 얼마나 변덕스럽고 약한 죄인인가를 깨닫게 됩니다. 그러면서 우리의 믿음이 어떠한 환경에 처하더라도 이겨 나갈 수 있는 믿음으로 성장합니다. 한편 하나님께서는 영적 훈련을 계속하면서 믿음으로 살 수 있게 인도해 주십니다. 이 뜨거움에서 일어나는 것은 감정이 아니라 믿음입니다.

혼적인 감정은 하나님의 역사를 거스릴 때가 참 많습니다. 이 혼적인 것이 십자가에 못박혀 죽어지면 그 감정의 기능이 없어지는 것이 아니라 영의 통로로 바꾸어집니다. 영의 통로가 온전히 될 때에 내 영으로부터 아가페적인 사랑이 나타나고, 안식이 오고, 마음이 뜨거워지며 믿음이 성장됩니다.

여섯째, 성령께서 영의 감정에 역사하실 때 방언, 방언 통역, 예언의 은사가 나타납니다.

성령의 은사를 구분할 때 지식, 감정, 행위의 은사로 나누기도 하는데 방언, 방언 통역, 예언의 은사는 우리의 감정과 연관된 은사입니다. 성령으로 내 혼적인 감정을 내 영에게 순종케 할 때에 세 가지 은사가 나타납니다. 즉 방언, 방언 통역, 예언 등의 은사가 나타납니다. 방언의 유익한 점은 나의 영이 하나님과 교통하는 것입니다(고전 14:15), 믿지 않는 자들에게 표적이 됩니다(고전 14:22).

방언 통역은 예언의 은사와 같습니다. 통역되는 방법은 여러 가지가 있습니다. 어떤 때는 다른 사람의 방언의 내용이 내 생각 속에 쑥 들어옵니다. 이것을 말로 나타내면 통역이 됩니다. 어떤 사람은 '왜 이런 생각이 들까?' 하고 계속 무시하면 성령이 소멸되어 은사가 다시 나타나지 않기 쉽습니다.

어떤 경우는 내 마음속에 성령의 역사로 마음이 뜨거워지고 믿음으로 입을 열고 싶습니다. 그래서 입술을 열면 한 마디가 나오면서 계속해서 기도가 나옵니다. 어떤 때는 방언하는 분의 내용을 한 마디씩 알게 됩니다. 그때 입을 열어 말을 하면 통역이 되는 것입니다.

마지막으로 예언입니다. 고린도전서 14:1에 예언을 사모하라고 했습니다. 예언은 믿는 자에게나 교회에 덕을 세우나 잘못하면 교회에서 많은 문제를 일으킵니다. 성령의 역사로 되는 예언은 할렐루야이지만 많은 사람들이 혼적으로 예언을 합니다. 또한 사단의 장난에 속아 예언하기도 합니다. 그래서 저는 함부로 말하지 못하게 하고 실상으로 이루어질 때까지 참고 기다리라 합니다. 왜냐하면 예언은 덕을 세우고 권면하며 안위해야 하기 때문입니다(고전 14:3).

얼마 전에 어느 자매님이 이제는 남편하고 못 살겠다고 했습니다. 그 이유인즉 어느 자칭 예언자가 와서 지금 남편하고 계속 살면 큰 일 난다고 했다는 것입니다. 이런 것은 사단의 장난이지 하나님께로부터 온 것이 아닙니다.

구약의 예언은 민족을 인도하는 예언이요, 신약의 예언은 하나님의 말씀을 확증하는 것입니다. 하나님의 말씀에 어긋나는 것은 전부 사단의 장난입니다. 오늘날 열심히 믿는다는 분들이 사단의 장난에 많이 넘어갑니다.

참된 예언은 마음에 숨은 일을 가르쳐줍니다. 어떤 사람은 기도하던 중 어떤 것을 회개하라고 조용히 일러주면 그 자리에서 회개하며 통곡합니다. 이와 반대로 큰 소리치며 자아를 과시하는 예언은 다 거짓입니다. 우리는 주님의 말씀 위에 세워져서 하나님의 뜻에 맞는 예언을 할 수 있는 은사가 필요합니다.

> 너희는 먼저 그의 나라와 그의 의를 구하라 그리하면 이 모든 것을 너희에게 더하시리라(마 6:33)

우리의 혼적 감정을 죽이고 영적인 감정 속에서 하나님께 영광을 돌려드리는 복된 성도가 되어야겠습니다.

제4부

육체

25. 육 체 (1)

본문말씀 : 고린도 전서 6 : 12~20

¹²모든 것이 내게 가하나 다 유익한 것이 아니요 모든 것이 내게 가하나 내가 아무에게든지 제재를 받지 아니하리라 ¹³식물은 배를 위하고 배는 식물을 위하나 하나님이 이것 저것 다 폐하시리라 몸은 음란을 위하지 않고 오직 주를 위하며 주는 몸을 위하시느니라 ¹⁴하나님이 주를 다시 살리셨고 또한 그의 권능으로 우리를 다시 살리시리라 ¹⁵너희 몸이 그리스도의 지체인 줄을 알지 못하느냐 내가 그리스도의 지체를 가지고 창기의 지체를 만들겠느냐 결코 그럴 수 없느니라 ¹⁶창기와 합하는 자는 창기와 한 몸인줄을 알지 못하느냐 일렀으되 둘이 한 육체가 된다 하셨나니 ¹⁷주와 합하는 자는 한 영이니라 ¹⁸음행을 피하라 사람이 범하는 죄마다 몸 밖에 있거니와 음행하는 자는 자기 몸에게 죄를 범하느니라 ¹⁹너희 몸은 너희가 하나님께로부터 받은 바 너희 가운데 계신 성령의 전인줄을 알지 못하느냐 너희는 너희의 것이 아니라 ²⁰값으로 산 것이 되었으니 그런즉 너희 몸으로 하나님께 영광을 돌리라

지금까지 저는 영과 혼에 대해서 말씀드렸습니다. 이제 몸에 대해서 말씀드리겠습니다. 본문 속에는 우리의 몸을 의미하는

몸(body), 지체(members) 및 육체(flesh)라는 말이 열 두번 나옵니다. 몸이 어떻게 이루어졌나에 대해서 알고자 하면 사람의 창조에 대하여 알아야 합니다.

첫째, 사람의 창조

사람의 창조에 대하여 세밀하게 설명한 곳은 성경에만 있습니다. 피조물인 우리의 지식이나 지혜로는 사람이 어떻게 창조되었는가를 알 수 없습니다. 오직 창조해주신 하나님께서 설명해 주심으로 우리가 어떻게 창조되었는가를 알 수 있습니다. 성경은 사람 창조에 대하여 하나님께서 흙으로 사람을 지으셨다고 말씀하고 있습니다.

> 여호와 하나님이 흙으로 사람을 지으시고 생기를 그 코에 불어넣으시니 사람이 생령이 된지라(창 2:7)

생기는 하나님의 호흡, 하나님의 영 또는 신(神), 즉 성령입니다. 하나님이 흙으로 지으신 인간의 몸 속에 하나님의 영을 불어 넣었더니 사람이 생령(a living soul, a living being)이 되었습니다. 이것을 좀더 자세히 살펴보겠습니다.

하나님의 신인 영(Spirit)이 아담 속에 들어온 순간에 자동적으로 아담 안에 영(spirit)이 생겨났습니다. 그래서 스가랴 12:1은 하나님에 대하여,

> 여호와 곧 하늘을 펴시며 땅의 터를 세우시며 사람 안에 심령(spirit)을 지으신 자

라고 말씀하고 있습니다.

하나님의 생명의 호흡인 영이 아담의 육신인 흙에 부딪치는 순간 혼이 생기면서 생명체가 생겼습니다. 이것이 바로 생령(a living soul)이 되었다는 말입니다. 하나님이 아담에게 생육하고 번성하고 정복하고 다스릴 수 있게 하신 것은 혼에게 준 능력입니다. 그러므로 예수를 믿는 사람이나 안 믿는 사람이나 이 혼을 갖고 모든 것을 정복합니다. 사람이 달나라에 가는 것은 영으로 가는 것이 아니라 혼적으로 과학을 발달시켜 가는 것입니다.

하나님께서는 원래 사람을 창조하실 때에 혼은 영에 순종하여 영이 모든 것을 지배하도록 하셨습니다. 사람 속에 있는 영은 흙에서 온 것이 아니고 하나님께로서 왔기 때문에 이 영은 하나님과 교통하기를 원하고 위엣 것을 바라보기를 원합니다. 하나님과 교통하는 인간의 영이 하나님으로부터 모든 계시 또는 지시를 받고, 이에 혼, 즉 정신 세계가 순종하여 모든 것을 정복하고 다스릴 수 있게 되어 있었습니다. 그리고 인간의 몸은 하나님의 영광을 위한 의의 병기로 지음을 받았습니다(롬 6 : 13). 이렇게 영이 모든 것을 지배하는 사람을 영적인 사람이라 하는데 타락 이전의 아담은 영적인 사람이었습니다.

둘째, 어떻게 육적인 사람이 되었습니까?

그러나 우리 인간은 우리의 선조 아담이 범죄하고 타락하여 영이 죽게 됨으로 말미암아 육적인 사람으로 바꾸어져 버렸습니다. 다시 말하면 하나님께서 사람에게 주셨던 하나님의 신(神), 즉 성령을 거두어 가심으로 말미암아 육적인 사람으로 되었습니다.

> 여호와께서 가라사대 나의 신이 영원히 사람과 함께하지 아니하리니 이는 그들이 육체가 됨이라(창 6 : 3)

흙으로 된 몸은 땅에서 왔기 때문에 항상 세상 것을 생각하고 세상 것으로 만족하며 지내려고 합니다. 그래서 예수께서는 육으로 난 것은 육이요 성령으로 난 것은 영(요 3 : 6)이라 하셨고, 또 살리는 것은 영(the Spirit)이니 육은 무익하다고(요 6 : 63) 하셨습니다. 땅엣 것을 잘 보는 사람은 흙을 좋아하는 사람이요 세상을 좋아하는 사람입니다. 그러나 위엣 것을 바라보는 사람들은 영적인 소망을 가진 사람들입니다.

성경에서 말하는 "육"이란 말은 두 가지 의미를 가지고 있습니다. 즉 우리의 육과 혼이 합쳐진 것을 가지고 말합니다. 아담의 죄로 인하여 우리의 영이 죽음으로 말미암아 우리는 육적인 사람이 되었습니다.

> 첫 사람 아담은 산 영(a living soul)이 되었다 함과
> 같이 마지막 아담은 살려주는 영(a life-giving spirit)
> 이 되었나니(고전 15 : 45)

아담은 범죄함으로 말미암아 영이 죽고 혼적으로 살게 되었습니다. 성경에서 사람 또는 목숨이라고 하는 존재는 완전히 혼적인 사람을 두고 말합니다. 범죄로 인해 영이 죽은 상태의 아담으로부터 물려받아 타고난 육과 혼 안에 있는 모든 사람은 어디까지나 혼이 중심이 되어 썩어질 몸을 위하여 살다가 멸망 받는 것뿐입니다(빌 3 : 19). 그래서 성경은 말씀하기를 "자기 목숨을 얻고자 하는 사람은 잃을 것이요", 다시 말하면 육체적으로 살고자 하는 자는 멸망한다는 말씀입니다.

셋째, 육신은 아담으로부터 상속받은 것입니다.

세상 사람들은 아담으로부터 물려받은 이 혼적이고 육적인 것

을 개발시켜 이 세상에서 성공하기를 원합니다. 그러나 육으로 난 것은 육이기 때문에 영적인 측면에서 보면 죽은 것들입니다.

에덴 추방 이후 사람들은 교육을 통해서, 철학으로, 과학으로 그리고 종교로 인간 개조를 꿈꾸었으나 실패한 것은 죄의 문제를 해결할 수 없었기 때문입니다. 육으로 난 것은 육이요, 육은 죄를 섬기기(롬 7 : 25) 때문에 결국은 썩어질 것밖에 없다고 성경은 말합니다(갈 6 : 8).

죄를 사하고 사람을 변화시킬 수 있는 유일한 방법은 하나님의 성령뿐입니다.

> 이는 힘으로 되지 아니하며 능으로 되지 아니하고
> 오직 나의 신으로 되느니라(슥 4 : 6)

우리의 자신을 변화시킬 수 있는 것은 하나님의 신, 성령의 능력밖에 없습니다. 우리의 육체는 죄로 말미암아 하나님의 신이 떠나고 죄를 섬기는 도구로 바꾸어졌습니다. 안 믿는 사람들이 아무리 돈벌이 잘하고 윤리적이며 도덕적이며 예의 범절이 훌륭하다 하더라도 주님이 보실 때 "얘, 너는 죄만 섬기는구나"라고 말씀하십니다. 예수 믿는 분들이 "주님, 나는 새벽 기도도 하고 열심히 주님을 섬겨도 잘 못사는데 저 옆집 사람은 예수님을 안 믿어도 어떻게 저렇게 잘 삽니까?" 예수님께서 대답하시기를 "악인의 형통한 것은 다 죄니라"(잠 21 : 4). 세상에서 만족하는 사람들은 하나님의 뜻과 먼 삶을 살고 있으므로 그만큼 저주와 죄를 많이 쌓고 있다는 것을 성경은 말씀하고 있습니다. 하나님께서 우리에게 건강과 능력을 주신 것은 열심히 일하고 복음을 전하여 하나님께 영광을 돌리라는 것입니다.

넷째, 육신은 죄를 섬깁니다.

우리의 육체는 왜 죄를 섬기는 것일까요? 아담이 뱀의 유혹으로 말미암아 범죄함으로써 죄를 섬기는 육신으로 바꾸어졌습니다. 사도 바울은 로마서 7：14에서 "나는 육신에 속하여 죄 아래 팔렸도다"라고 외칩니다. 죄 아래 팔린 육신을 아무리 다듬더라도 우리의 육신은 죄를 섬기는 것입니다. "내 자신이 마음으로는 하나님의 법을 육신으로는 죄의 법을 섬기노라"(롬 7：25). 우리가 잘난 것같이 큰 소리를 치더라도 우리의 육체는 항상 죄를 섬깁니다. 이 마음의 법과 지체의 법이 싸울 때에 마음의 법이 이기지 못함으로 말미암아 바울 사도는 이렇게 탄식했습니다.

> 오호라 나는 곤고한 사람이로다 이 사망의 몸에서
> 누가 나를 건져내랴(롬 7：24)

우리의 육체는 하나님의 진노를 불러일으키는 일들만 하고 있다는 것입니다. 죄에 팔린 육신은 "육체의 욕심을 따라 지내며 육체와 마음의 원하는 것을 하여 다른 이들과 같이 본질상 진노의 자녀이었더니"(엡 2：3), 이런 육체로서는 하나님께 순종할 수도 없고 하나님을 기쁘시게 할 수도 없고 하나님의 뜻을 이룰 수 없다고 했습니다. 그래서 바울 사도는 "육신의 생각은 하나님과 원수가 되나니"(롬 8：7)라고 말했습니다. 오죽하면 바울 사도가 마지막으로 경고하면서 이런 말을 했겠습니까? "혈과 육은 하나님 나라를 유업으로 받을 수 없고 또한 썩은 것은 썩지 아니한 것을 유업으로 받지 못하느니라"(고전 15：50).

우리의 육체가 행하는 모든 죄의 일은 원수 마귀가 하는 것들입니다. 하나님은 우리들이 죄 때문에 죽어가는 모습을 도저히 볼 수 없어서 독생자 예수 그리스도를 이 땅에 보내주신 것입니다.

> 죄를 짓는 자는 마귀에 속하나니 마귀는 처음부터
> 범죄함이니라 하나님의 아들이 나타나신 것은 마귀
> 의 일을 멸하려 하심이니라(요일 3 : 8)

사람의 힘으로는 마귀의 일을 제거할 길이 없습니다. 오직 창조주 하나님만이 제거할 수 있기 때문에 하나님이 독생자 예수 그리스도를 이 땅에 보내주신 것입니다. 이와 같이 육체로는 죄를 섬기는데도 인간은 죄악 속에 푹 빠져 있어서 무엇이 죄인지도 모를 뿐만 아니라 생각지도 깨닫지도 못합니다. 깨닫는다 해도 해결할 방법이 없습니다. 육신을 가지고 있는 사람이 얼마나 큰 죄인인가를 보여주어야만 죄를 깨달을 수 있으므로 율법을 주셨던 것입니다. 구약에서 율법을 준 것은 율법을 통하여 우리를 구원하려는 것이 아니라 죄가 무엇인지 깨닫게 하기 위한 것입니다.

> 그러므로 율법의 행위로 그의 앞에 의롭다 하심을
> 얻을 육체가 없나니 율법으로는 죄를 깨달음이니라
> (롬 3 : 20).

우리가 몸으로 죄를 깨닫게 하기 위하여 율법을 주셨는데 사람들이 이 율법을 지키기 위하여 전력을 기울입니다. 제가 어떤 모임에 갔더니 어떤 분이 자기는 자식들에게 열심히 율법을 가르친다고 했습니다. 율법을 많이 가르칠수록 그 자식이 크면 빗나갑니다. 왜냐하면 율법을 지키다가 하나라도 지키지 못하면 전부 다 범한 자가 된다(약 2 : 10)고 말씀했기 때문입니다. 그래서 저는 절대로 율법을 가르치지 말라고 합니다. 하나님의 사랑을 가르치면 율법이 다 이루어집니다. 이 율법을 우리로 하여금 지키게 하기 위하여 주신 것이 아니라 죄를 깨닫게 하려고 주신 것이기 때문입니다.

> 율법 안에서 의롭다 함을 얻으려 하는 너희는 그리
> 스도에게서 끊어지고 은혜에서 떨어진 자로다(갈 5
> : 4)

이와 같이 율법으로 죄 문제를 해결받을 자는 아무도 없습니다. 율법이 올수록 죄책감만 더 많아지기 때문입니다. 우리도 율법주의자가 되어서는 안되겠습니다. 율법주의자가 되면 다른 사람 눈의 티끌만 보고 빼려고 합니다. "예수를 믿는 사람이 왜 저럴까? 성령받았다는 사람이 저럴 수가 있을까?" 자기가 율법주의자이므로 남을 자꾸 묶으려고 합니다. 믿는 형제가 조그만 실수를 하여도 "예수를 믿는다는 사람이 저럴 수가 있나" 하며 힐책을 합니다. 마치 자기는 죄인이 아닌 것처럼 말합니다. 우리는 분명히 우리 자신이 죄인임을 알아야 합니다. 예수를 믿는 사람들은 다른 사람들의 문제를 풀어주어야 합니다.

> 의인은 없나니 하나도 없으며(롬 3 : 10)

율법대로 하면 저나 여러분은 꼼짝도 못하고 사형입니다. 이와 같이 우리가 사형을 당하게 되었을 때에 예수님이 오신 것입니다.

> 때가 차매 하나님이 그 아들을 보내사 여자에게서
> 나게 하시고 율법 아래 나게 하신 것은 율법 아래
> 있는 자들을 속량하시고 우리로 아들의 명분을 얻
> 게 하려 하심이라(갈 4 : 4~5)

다섯째, 육신의 죄를 그리스도께서 담당하셨습니다.

　인간의 힘으로 인간을 아무리 개조해도 되지 아니함을 아시고 하나님께서 그 해결 방법으로 예수님을 보내주신 것입니다.
　예수께서 율법에 묶여 있는 자를 해방시켜 주시고 죄 아래 있는 우리를 죄에서 자유케 해주심으로 예수를 믿고 성령 충만을 받으면 하나님이 주시는 기쁨이 거듭난 영에서부터 솟아납니다. 그러므로 모든 사람이 성령 충만을 받아야 합니다.
　이와 같이 우리의 육신은 부모로부터 상속받았기 때문에 죄를 섬기는데, 하나님이 율법을 주셔서 우리에게 죄가 무엇인가를 알게 하시고, 이 죄로 말미암아 우리가 사형을 받게 되었다는 것을 깨닫게 해주셨습니다. 이와 같이 우리가 죽게 되었을 때 하나님께서 아들을 보내사 우리의 죄를 그리스도께 담당시키셨습니다. 예수님이 육신으로 오셔서 십자가에서 나와 하나가 되어 내 속에 있는 죄의 근원을 제거해 주셨습니다. 예수님을 영접한 후에 잘못이나 범죄한 것을 예수의 이름으로 회개할 때 모든 죄가 주님의 보혈로 용서함을 받는 것입니다. 우리의 죄와 허물이 사함을 받을 때 주님의 성령으로 우리의 심령이 시원해지며 평강이 들어오는 복을 받게 되는 것입니다. 이 시간에 믿음의 주요, 온전케 하시는 예수 그리스도를 바라보는(히 12：2) 자마다 예수 그리스도와 연합되어 모든 죄가 사함받고 여러분의 몸은 성령의 전으로 바꾸어지는 것입니다.

　　　　너희 몸은…… 너희 가운데 계신 성령의 전인줄을
　　　　알지 못하느냐 너희는 너희의 것이 아니라 값으로
　　　　산 것이 되었으니 그런즉 너희 몸으로 하나님께 영
　　　　광을 돌리라(고전 6：19~20)

318 속사람

우리의 몸도 중요합니다.

이 몸이 얼마나 중요한가는 본문 15~16절에 나와 있습니다. 내 몸이 창기와 합하면 창기의 몸이 되고, 세상과 합하면 세상의 몸이 되고, 예수님과 합하면 성령의 전이 됩니다. 이와 같이 몸이 어느 쪽으로 가느냐가 얼마나 중요한지 모릅니다. 예수를 믿는 우리는 영, 혼, 몸이 예수님과 합해져야 합니다.

이 길을 우리에게 주시기 위하여 예수께서 이 땅에 오셔서 십자가에서 보혈을 흘리고 죽으셨습니다. 그러므로 이제는 내 몸을 내 마음대로 해서는 안되고 성령의 전이 되었으므로 하나님 뜻대로 사용되는 의의 병기가 되어야 합니다. 의의 병기인 몸으로써 하나님께 영광을 돌리는 거룩한 산 제사를 하나님은 기뻐하십니다. 인간의 체면, 위신 및 시기와 미움을 십자가에 못박고, 어린 아이와 같이 자유를 누리는 마음에서 아멘과 할렐루야로 하나님께 영광을 돌리시기 바랍니다.

예수님의 십자가 공로로 우리의 몸이 하나님의 성전이요, 성령의 전이 되었으므로 의의 병기로 사용될 수 있도록 온전히 보전되어야 합니다. 그래서 바울 사도는 데살로니가전서 5 : 23에서 말씀합니다.

> 평강의 하나님이 친히 너희로 온전히 거룩하게 하시고 또 너희 온 영과 혼과 몸이 우리 주 예수 그리스도 강림하실 때에 흠없이 보전되기를 원하노라

우리는 우리의 몸이 세상을 떠나서 예수님과 함께 합하게 된 것을 감사해야 하겠습니다. 그래서 이 몸을 하나님께 거룩한 산 제사로 드릴 수 있어야 합니다.

그러므로 형제들아 내가 하나님의 모든 자비하심으

로 너희를 권하노니 너희 몸을 하나님이 기뻐하시
는 거룩한 산 제사로 드리라 이는 너희의 드릴 영적
예배니라(롬 12：1)

26. 육 체 (2)
—몸과 죄—

본문말씀 : 로마서 8 : 9~17

⁹만일 너희 속에 하나님의 영이 거하시면 너희가 육신에 있지 아니하고 영에 있나니 누구든지 그리스도의 영이 없으면 그리스도의 사람이 아니라 ¹⁰또 그리스도께서 너희 안에 계시면 몸은 죄로 인하여 죽은 것이나 영은 의를 인하여 산 것이니라 ¹¹예수를 죽은 자 가운데서 살리신 이의 영이 너희 안에 거하시면 그리스도 예수를 죽은 자 가운데서 살리신 이가 너희 안에 거하시는 그 영으로 말미암아 너희 죽을 몸도 살리시리라 ¹²그러므로 형제들아 우리가 빚진 자로되 육신에게 져서 육신대로 살 것이 아니니라 ¹³너희가 육신대로 살면 반드시 죽을 것이로되 영으로써 몸의 행실을 죽이면 살리니 ¹⁴무릇 하나님의 영으로 인도함을 받는 그들은 곧 하나님의 아들이라 ¹⁵너희는 다시 무서워하는 종의 영을 받지 아니하였고 양자의 영을 받았으므로 아바 아버지라 부르짖느니라 ¹⁶성령이 친히 우리 영으로 더불어 우리가 하나님의 자녀인 것을 증거하시나니 ¹⁷자녀이면 또한 후사 곧 하나님의 후사요 그리스도와 함께한 후사니 우리가 그와 함께 영광을 받기 위하여 고난도 함께 받아야 될 것이니라

이제 몸과 죄의 관계에 대하여 생각해 보겠습니다. 하나님은 우리가 몸을 중심으로 사는 것이 아니라 영을 중심으로 생활하게 만드셨습니다. 에덴 동산에서 거닐던 아담과 하와는 영적인 사람이었습니다. 왜냐하면 하나님은 영이시고 아담은 하나님과 더불어 영적으로 교통했기 때문입니다. 영적인 사람은 하나님께 영광을 돌리기에 충분합니다. 뿐만 아니라 이웃을 내 몸과 같이 사랑할 수 있도록 성령께서 내 속에서 강하게 역사합니다. 내 겉사람으로는 내 이웃을 내 몸과 같이 사랑할 수 없습니다. 영인 내 속사람이 하나님과 교통할 때에 이웃을 내 몸과 같이 사랑할 수가 있습니다.

에덴은 낙원이란 뜻이며 낙원은 기쁨의 장소입니다. 그러나 아담이 죄를 짓고 타락하여 쫓겨남으로써 사람들은 지금까지 여러가지 고통을 당하고 있는 것입니다. 그러나 사람들이 고통을 당하는 것이 본래 하나님의 뜻은 아닙니다.

> 주께서 인생으로 고생하며 근심하게 하심이 본심이
> 아니시로다(예레미야애가 3 : 33)

그러면 우리가 어떻게 해서 죄를 섬기고 있는 것입니까? 그리고 우리의 몸과 죄는 어떤 관계가 있습니까?

첫째, 우리는 하나님의 형상대로 창조되었습니다.

하나님은 우리를 하나님의 형상대로 창조하시고 우리에게 생육하고 번성하고 정복하고 다스리는 복을 주셨습니다(창 1 : 28). 그러므로 우리 몸에 병이 들었으면 하나님의 형상을 입어서 이 병을 다스릴 수 있어야 합니다. 사람의 심령은 그 병을 능히 이긴다고(잠 18 : 14) 하나님의 말씀은 약속하고 있습니다. 우리 몸에 죄가 들어왔으면 이것을 회개하고 쫓아낼 수 있는 힘을 주셨습니다. "네가 선을 행하면 어찌 낯을 들지 못하겠느냐 선을 행치 아니하면 죄가 문에 엎드리느니라 죄의 소원은 네게 있으나 너는 죄를 다스릴지니라"(창 4:7) 하신 하나님께서는 이와 같이 우리에게 선을 행할 수 있는 능력을 주셨고 죄를 다스릴 수 있도록 자유의지를 주셨습니다. 이 자유의지로 말미암아 우리는 하나님 앞에 영광을 돌려 드릴 수가 있고 반대로 하나님을 대적하여 욕되게 할 수도 있습니다. 그러므로 내가 잘하고 못한 것은 하나님의 책임이 아니라 바로 나의 책임입니다. 우리가 자식을 기를 때에도 내 뜻대로 되지 않는 것은 자식들에게도 자유의지가 있어 부모에게 거역할 수도 있고 순종할 수도 있기 때문입니다.

이와 같이 우리는 하나님으로부터 자유의지를 받았기 때문에 하나님께서는 내 자유의지를 짓밟거나 빼앗지는 않습니다. 내가 하나님께 기꺼이 순종하면 하나님의 복과 기쁨이 찾아오지만 거역하면 고통이 따릅니다. 모든 책임은 나에게 있습니다. 말하자면 하나님은 내 동의 없이는 역사하시지 않습니다. 지금 수원지의 물이 파이프를 통해 우리 집에까지 들어와 있습니다. 그러나 우리가 수도꼭지를 틀지 않으면 물이 나오지 않습니다. 이와 같이 하나님의 능력도 내 동의가 없이는 역사하지 않습니다. 우리에게는 자유의지가 있기 때문에 싫으면 수도꼭지를 잠그듯 하나님의 말씀을 거역할 수도 있습니다. 그러므로 모든 책임은 하나님에게 있는 것이 아니라 나에게 있는 것입니다.

하나님께서 내 동의 없이는 일을 하시지 않는 것과 마찬가지로 사단도 내 동의 없이는 내 속에 못 들어옵니다. 사단이 들어올 수 있는 다리를 내가 놓아줌으로써 들어오는 것입니다. 따라서 우리가 누구에게 순종하느냐에 따라 그의 종이 됩니다.

> 너희 자신을 종으로 드려 누구에게 순종하든지 그
> 순종함을 받는 자의 종이 되는 줄을 너희가 알지 못
> 하느냐 혹은 죄의 종으로 사망에 이르고 혹은 순종
> 의 종으로 의에 이르느니라(롬 6 : 16)

하나님께 순종하면 하나님의 종이 되고, 사단에게 순종하면 죄의 종이 되어 지옥으로 갈 수밖에 없습니다. 자유의지를 가진 우리가 모든 일에 책임져야 합니다. 하나님께서는 화목할 수 있는 길과 복된 길을 열어주셨는데 이것을 취하거나 거절하는 것은 나에게 달려 있습니다.

둘째, 하나님께서는 사람을 정직하게 지으셨으나 사람이 꾀를 내었습니다.

> 하나님이 사람을 정직하게 지으셨으나 사람은 많은
> 꾀를 낸 것이니라(전 7 : 29)

사람들은 꾀를 잘 내지만 그 중에서도 여자들이 잔꾀를 더 잘 내는 것 같습니다. 하나님께서는 아담에게 모든 실과는 먹되 동산 가운데 있는 선악을 아는 나무의 과실은 먹지 말라고 말씀하셨고 아담은 이 사실을 하와에게 누누이 말했을 것입니다. 하와는 잔꾀가 많은 여자라 선악을 알게 하는 나무의 실과에 대하여 호기심이 생겨 나무 아래로 가보았습니다.

> 여자가 그 나무를 본즉 먹음직도 하고 보암직도 하
> 고 지혜롭게 할 만큼 탐스럽기도 한 나무인지라
> ......(창 3 : 6)

하나님이 먹지 말라는 나무를 보고 하와는 마음에 탐심이 생긴 것입니다. 먹음직도 하다는 말은 자기 육체를 좀 만족시키고 싶다는 것이 아닙니까? 지혜롭게 할 만큼 탐스럽다는 것은 욕심으로 교만이 생겼다는 것입니다. 야고보서 1장 14~15절에는 욕심의 결과가 어떠한지를 잘 말해 줍니다.

> 오직 각 사람이 시험을 받는 것은 자기 욕심에 끌려
> 미혹됨이니 욕심이 잉태한즉 죄를 낳고 죄가 장성
> 한즉 사망을 낳느니라

1) 사람의 꾀가 죽음을 초래하였습니다.

사람의 꾀가 욕심을 갖게 하여 우리로 하여금 하나님의 말씀을 거역하고 죄에게 순종하여 사망에 이르게 한 것입니다. 죄를 낸 사람의 욕심에는 세 가지가 있습니다. 위에 적은 창세기 3:6에 있는 말씀에 대하여 요한일서 2:16에 있는 말씀 "세상에 있는 모든 것이 육신의 정욕과 안목의 정욕과 이생의 자랑이니 다 아버지께로 좇아 온 것이 아니요 세상으로 좇아 온 것이라" 한 구절과 짝이 되어 잘 설명하고 있습니다. "먹음직" 하다는 것은 "육신의 정욕"이요, "보암직" 하다는 것은 "안목의 정욕"이요, "지혜롭게"란 말은 "이생의 자랑"과 짝이 됩니다.

사람들은 이 죄로 말미암아 영의 사람, 즉 속사람이 죽어서 육적인 사람으로 바꾸어진 것입니다. 이와 같이 여자가 선악을 알게 하는 실과를 바라볼 때 꾀를 내는 것을 사단이 즉시 알아채고 여인에게 다가와서 유혹했습니다.

> 뱀이 여자에게 물어 가로되 하나님이 참으로 너희
> 더러 동산 모든 나무의 실과를 먹지 말라 하시더냐
> 여자가 뱀에게 말하되…… 동산 중앙에 있는 나무

의 실과는 하나님의 말씀에 너희는 먹지도 말고 만
지지도 말라 너희가 죽을까 하노라 하셨느니라(창
3 : 1∼3)

하나님께서는 아담에게 "이 실과를 먹는 날에는 정녕 죽으리라" 하셨는데 사단의 물음에 하와는 꾀를 내어 "죽을까 하노라" 하셨다고 말뜻을 얼버무렸습니다. 하와가 하나님의 말씀을 명확하게 전하지 아니하고 비슷하게 전함으로 인해 결과는 다른 길로 빠져 버렸습니다. "죽을까" 하는 표현에는 벌써 의심하는 마음이 생긴 것입니다. 그랬더니 사단이 여자가 꾀를 내는 것을 알고는 여인에게 다가와서 "안 죽어, 먹는 날에는 하나님과 같이 된다"고 추켜 세웠습니다.

2) 육적인 생각에 사단이 들어옵니다.

이와 같이 우리가 꾀를 내어 육적인 생각을 가지면 사단이 즉시 옵니다. 하와가 사단의 유혹에 넘어가 선악과를 따 먹음으로써 하나님의 말씀에 불순종하게 되었습니다. 불순종이 곧 죄이며 하나님의 말씀에 어긋나는 것이 다 죄입니다.

창세기 2 : 17에 "먹는다"는 말 대신에 "불순종"이란 말을 넣으면 "불순종하는 날에는 정녕 죽으리라" 하면 더 빨리 이해가 됩니다. 그러므로 우리가 여기서 한 가지 깨달아야 하는 것은 하나님의 역사와 사단의 장난과의 차이점을 꼭 분별할 수 있어야 합니다. 성도들이 저에게 "목사님, 이 일이 하나님의 뜻인지 제 욕심인지 알아 주세요" 하고 묻습니다. 묻는 분은 제가 그 사람의 모든 것을 아는 것으로 생각하고 묻지만 사실은 저도 모릅니다. 제가 알 수 있는 유일한 방법은 저에게 거울이 되는 하나님의 말씀에 비추어 그것이 하나님의 뜻인지 사람의 뜻인지 구분하는 일입니다.

하와를 범죄케 한 사단의 유혹은 우리의 내부가 아닌 외부로 부터 왔습니다. 먹음직도 하고 보암직도 하고 지혜롭게 할 만큼 탐스럽다는 것은 외부로부터 온 것입니다. 육체적으로 볼 때 사단의 장난은 외부에서 들어와서 내적인 것을 죽이는 역할을 합니다.

3) 사단은 약점을 이용하여 외부로부터 들어옵니다.
여러분은 점치고 굿하는 사람들이 어떻게 그렇게 되었는지 아십니까? 사람이 약할 때 무엇이든 붙들려고 하다 보니까 사단이 그 약점을 이용하여 외부로부터 들어온 것입니다.

사람이 어떤 질병에 걸렸을 때라든가, 어떤 사람은 세상 일에 많이 집착한다든가, 죽은 사람을 깊이 생각하며 동정이나 연민을 한다든가, 하나님의 영광을 가리는 일을 할 때에 사단이 찾아 들어옵니다. 이 나쁜 영이 들어와 생각과 몸을 사로잡는 것입니다. 이러한 상태에서 신접할 때에 점쟁이나 무당이 되는 것입니다. 이와 같이 악의 영은 언제나 외부에서 들어와서 그 사람을 자기의 소유로 만듭니다.

욕심이 잉태한즉 죄를 낳고……(약 1 : 15)

즉 우리가 욕심을 가지고 있기 때문에 죄를 낳고, 이 죄를 통하여 악령이 들어옵니다.

그러나 하나님의 역사는 외부로부터 들어오는 것이 아니라 내적인 것입니다. 예를 들어 여러분이 기분 나쁜 것은 외부의 영향을 받았기 때문입니다. 옆에 있는 사람이 칭찬하면 기분이 좋고, 욕을 하면 패씸해서 속이 상하게 되는데 이것은 모두 외부에서 오는 것이며 이런 것들을 통하여 사단이 작용을 합니다. 그러나 하나님의 역사는 외부와 관계없이 내부에서 옵니다. 왜

제 4 부 육 체 327

나하면, 창세기 2 : 7에서 "여호와 하나님이 흙으로 사람을 지으시고 생기를 그 코에 불어넣으시니 사람이 생령이 된지라" 할 때에 하나님의 생기가 내 속에 들어옴으로 말미암아 내 속에 영이 생겼습니다. 하나님은 영이시므로 사람의 영과 교통하는데 외부의 영향과는 관계없이 내적으로 교통합니다. 로마서 8 : 16에서,

> 성령이 친히 우리 영으로 더불어 우리가 하나
> 님의 자녀인 것을 증거하시나니

한 것처럼 하나님의 영은 우리 내부에서 우리의 영과 교통하시며 역사하십니다.

4) 하나님의 영은 내적으로 역사하십니다.

하나님의 영이 우리 영으로 더불어 역사하시기 때문에 환경의 어려움 속에서도 내 마음이 평안해지고 기쁨이 솟아날 수 있는 것입니다. 내적으로 역사하는 영의 힘이 성장하기 위해서 하나님의 말씀인 영의 양식을 바로 받아 먹고 지키는 자는 내부에서부터 더욱 하나님의 나라가 확장되어 갑니다. 하늘 나라가 확장되지 못하게 사단은 외적으로 여러가지 시험을 합니다.

> 비가 내리고 창수가 나고 바람이 불어 그 집에 부딪
> 치되(마 7 : 25)

"비"는 공중 권세잡은 사단이 위에서 직접 방해 및 시험하는 것이며, 바람은 인생의 막대기인 사람을 통하여 역사하는 것이며, 창수는 자기 자신 안에서 역사하는 것입니다.
아내가 은혜를 많이 받아 "주여!" 하면 남편이 바람이 되어

"왜 나와 같이 좀 조용히 지내지 못하고 교회만 가느냐" 하고 공연히 트집잡으며 때로는 핍박합니다. 물론 예수를 믿는 사람들은 가정도 잘 돌보고 주님의 일에도 충성해야 합니다. 여러분의 자유의지가 진리 안에 세워지고 반석 위에 세워지면 어떠한 방해가 오더라도 무너지지 아니하고 승리할 수 있습니다. 하나님의 은혜로 주님 안에서 항상 승리의 개가를 부르면서 속사람으로 즐거워하면 얼마 후에는 남편이 교회에 나와 하나님을 기쁘시게 하는 훌륭한 그리스도인이 되는 것입니다.

셋째, 몸과 죄와 죽음에 대하여

> 선악을 알게 하는 나무의 실과는 먹지 말라 네가 먹는 날에는 정녕 죽으리라(창 2:17)

죽음에는 두 가지가 있습니다. 영적인 죽음이 있고 육적인 죽음이 있습니다. 영적인 죽음이란 죄로 인해 하나님과의 교통이 단절된다는 것입니다. 하나님은 영이시기에 내 영과 교통하십니다. 내가 죄를 범하면 내 영이 하나님 앞에서 죽은 상태이므로 영이신 하나님과 교통할 수가 없습니다. 따라서 영이 죽은 사람은 하나님과의 교통이 끊어져 육적인 사람으로 바꾸어져서 내 육신을 중심으로 살게 됩니다.

몸을 중심으로 생활하면 내 영은 완전히 죽은 상태입니다. 하나님이 아담을 지으시고 보시기에 좋았더라 했습니다. 그 이유는 하나님의 영과 아담의 영이 함께 동산을 거닐며 대화했기(창 3:8) 때문입니다. 그런데 아담은 하나님의 말씀에 불순종하는 죄를 지음으로 말미암아 하나님과의 교통이 끊어져 영이 죽게 되었습니다.

세상적인 관념으로 "죽는다"는 것은 없어지는 것을 의미하지만 성경적인 의미는 관계가 끊어진다는 말입니다. 아담과 하와가 범죄함으로 말미암아 하느님과의 관계가 끊어짐으로써 인간은 육체적인 사람이 되어버렸습니다.

일반적으로 죽음이란 우리 속에 있는 영이 우리 몸과의 관계가 끊어질 때를 육체가 죽었다고 하며 몸이 죽는 것은 외부 환경과의 관계가 끊어지는 것을 말합니다. "그들이 육체가 됨이라" 한 말씀은 하나님과 관계가 끊어진 사람들이 영으로 생활하지 아니하고 육으로 생활하는 상태를 뜻합니다.

내 영이 하나님과의 교통이 끊어짐으로 말미암아 하늘 나라를 바라보는 것이 없어지니 자연히 땅엣 것만 바라보게 됩니다. 몸이 흙으로부터 왔기 때문에 땅의 것만 바라봅니다. 여러분들 기분 나쁠 때 어떻게 하십니까? 한숨 내쉬며 땅만 바라봅니다. 땅에서 왔기 때문에 땅만 내려다보게 되어 있습니다. 내 마음의 양심은 죄의 화인(火印)을 맞았고 하나님의 성령의 도움이 없이 땅만 보기 때문에 우리는 이기적이고 탐욕적이며 독선적이 되었습니다. 그래서 빌립보서 3 : 19에 땅엣 것을 많이 생각하는 자에게 따라오는 세 가지 모습이 기록되어 있습니다.

> 저희의 마침은 멸망이요 저희의 신(神)은 배요 그 영광은 저희의 부끄러움에 있고 땅의 일을 생각하는 자라

예수께서 이 땅에 오신 것은 내 죽었던 영을 살려주시기 위한 것이었습니다.

> 만일 너희 속에 하나님의 영이 거하시면 너희가 육신에 있지 아니하고 영에 있나니 누구든지 그리스도의 영이 없으면 그리스도의 사람이 아니라(롬 8 : 9)

예수님을 영접하기 이전의 사람의 영은 죽은 상태입니다. 그러나 하나님의 영이 우리 속에 들어와서 우리 속에 거하시면 우리가 육신에 있지 아니하고 영에 있습니다. 하나님의 영이 내 속에 들어오면 하나님께로 난 내 속사람이 다시 태어나는 것입니다. 이것을 거듭난다라고 합니다.

> 또 그리스도께서 너희 안에 계시면 몸은 죄로 인하여 죽은 것이나 영은 의를 인하여 산 것이니라(롬 8 : 10)

우리의 영이 죽음으로 말미암아 몸도 자연적으로 죽게 된 것입니다. 그리스도인이라 할지라도, 즉 영이 거듭나서 살아난 사람이라 할지라도 "몸은 죄로 인하여 죽은 것"이라는 말은 죄의 결과로써 육체는 죽음을 면할 수 없다는 말입니다.

오늘날 많은 사람들이 썩어질 몸을 위하여 살려고 너무나 발버둥칩니다.

> 자기의 육체를 위하여 심는 자는 육체로부터 썩어진 것을 거두고 성령을 위하여 심는 자는 성령으로부터 영생을 거두리라(갈 6 : 8)

육신으로 난 것은 다 썩어지는 것입니다. 그러나 하나님의 성령으로 심는 것은 영생입니다.

그러면 우리의 죽을 몸은 언제 영원히 사는 것입니까? 하나님께서 예수님을 부활시키실 때에 영만 살리신 것이 아니라 몸도 살리셨습니다. 그러므로 하늘나라에 가 계시는 예수님은 우리의 육의 눈으로 보이는 몸이 아니라 영화된 몸입니다. 이와 마찬가지로 예수님을 살리신 하나님의 영이 우리 안에 거하시면 그 영

으로 우리 죽을 몸도 살리시는 것입니다(롬 8 : 11). 우리 주님이 재림하실 때에,

> 우리의 낮은 몸을 자기 영광의 몸의 형체와 같이 변케 하시리라(빌 3 : 21)

우리의 낮은 몸, 즉 죽을 몸이 영화된 예수 그리스도의 형상으로 바꾸어진다는 것입니다. 그래서 예수 그리스도를 살리신 하나님의 영이 우리 안에 거하시면, 죄로 말미암아 하나님에 대하여 죽은 우리의 몸을 영광의 몸으로 다시 살려주신다고 약속하셨습니다. 그러므로 우리의 몸에도 소망이 있는 것입니다. 그래서 다윗이 기쁨의 마음으로 이 소망의 노래를 외쳤습니다.

> 내가 항상 내 앞에 계신 주를 뵈웠음이여 나로 요동치 않게 하기 위하여 그가 내 우편에 계시도다(행 2 : 25)

내가 넘어지려고 할 때 주님이 내 우편에 서서 잡아주시니 얼마나 감사합니까? 예수를 안 믿는 사람의 영은 이미 죽어버렸고 몸도 죽어 영원한 지옥에 떨어집니다. 그러나 예수 믿는 사람은 죽어도 살고 살아서 믿는 사람은 영원히 죽지 않습니다. 그래서 바울 사도는 죽음에 대하여 담대히 외쳤습니다.

> 사망아 너의 이기는 것이 어디 있느냐 사망아 너의 쏘는 것이 어디 있느냐(고전 15 : 55)

죄로 인해 죽은 우리가 물과 성령으로 거듭나 새 사람이 되었으므로 이제 우리는 몸을 위해서 살지 말고 속사람을 통해 하나님을 위해 살 수 있는 신령한 그리스도인이 되어야 합니다.

27. 육 체 (3)
― 육신과 죄와 율법 ―

본문말씀 : 로마서 7 : 1~19

¹형제들아 내가 법 아는 자들에게 말하노니 너희는 율법이 사람의 살 동안만 그를 주관하는 줄 알지 못하느냐 ²남편있는 여인이 그 남편 생전에는 법으로 그에게 매인바 되나 만일 그 남편이 죽으면 남편의 법에서 벗어났느니라 ³그러므로 만일 그 남편 생전에 다른 남자에게 가면 음부라 이르되 남편이 죽으면 그 법에서 자유케 되나니 다른 남자에게 갈지라도 음부가 되지 아니하느니라 ⁴그러므로 내 형제들아 너희도 그리스도의 몸으로 말미암아 율법에 대하여 죽임을 당하였으니 이는 다른 이 곧 죽은 자 가운데서 살아나신 이에게 가서 우리로 하나님을 위하여 열매를 맺히게 하려 함이니라 ⁵우리가 육신에 있을 때에는 율법으로 말미암은 죄의 정욕이 우리 지체 중에 역사하여 우리로 사망을 위하여 열매를 맺게 하였더니 ⁶이제는 우리가 얽매였던 것에 대하여 죽었으므로 율법에서 벗어났으니 이러므로 우리가 영의 새로운 것으로 섬길 것이요 의문의 묵은 것으로 아니할지니라 ⁷그런즉 우리가 무슨 말하리요 율법이 죄냐 그럴 수 없느니라 율법으로 말미암지 않고는 내가 죄를 알지 못하였으니 곧 율법이 탐내지 말라 하지 아니하였더면 내가 탐심

제 4 부 육 체 333

을 알지 못하였으리라 8그러나 죄가 기회를 타서
계명으로 말미암아 내 속에서 각양 탐심을 이루었
나니 이는 법이 없으면 죄가 죽은 것임이니라 9전
에 법을 깨닫지 못할 때에는 내가 살았더니 계명이
이르매 죄는 살아나고 나는 죽었도다 10생명에 이
르게 할 그 계명이 내게 대하여 도리어 사망에 이르
게 하는 것이 되었도다 11죄가 기회를 타서 계명으
로 말미암아 나를 속이고 그것으로 나를 죽였는지
라 12이로 보건대 율법도 거룩하며 계명도 거룩하
며 의로우며 선하도다 13그런즉 선한 것이 내게 사
망이 되었느뇨 그럴 수 없느니라 오직 죄가 죄로 드
러나기 위하여 선한 그것으로 말미암아 나를 죽게
만들었으니 이는 계명으로 말미암아 죄로 심히 죄
되게 하려 함이니라 14우리가 율법은 신령한 줄 알
거니와 나는 육신에 속하여 죄 아래 팔렸도다 15나
의 행하는 것을 내가 알지 못하노니 곧 원하는 이것
을 행하지 아니하고 도리어 미워하는 그것을 함이
라 16만일 내가 원치 아니하는 그것을 하면 내가
이로 율법의 선한 것을 시인하노니 17이제는 이것
을 행하는 자가 내가 아니요 내 속에 거하는 죄니라
18내 속 곧 내 육신에 선한 것이 거하지 아니하는
줄을 아노니 원함은 내게 있으나 선을 행하는 것은
없노라 19내가 원하는 바 선은 하지 아니하고 도리
어 원치 아니하는 바 악은 행하는도다

성경에서 몸 또는 육신이란 말에는 두 가지 뜻이 있습니다.
하나는 뼈와 살을 가진 물질적인 것을 표현하며 다른 하나는 혼
과 육을 동시에 표현하기도 합니다. 인간의 몸을 물질로 표현한
경우는 "우리 죽을 육체"(고후 4 : 11), "육체의 약함을 인하여"

(갈 4 : 13)입니다. 그러나 대부분의 경우는 혼과 육을 두고 육체 또는 육신이라고 표현했습니다. 이 육신은 죄를 섬김으로 하나님 앞에서 의롭다 할 육체가 없습니다.

> 율법의 행위로 그의 앞에 의롭다 하심을 얻을 육체가 없나니……(롬 3 : 20)

> 내 육신에 선한 것이 거하지 아니하는 줄을 아노니 원함은 내게 있으나 선을 행하는 것은 없노라(롬 7 : 18)

첫째, 육신은 죄에게 팔린 것입니다.

우리가 육신과 죄와의 관계를 나타낼 때에는 눈에 보이는 육신을 가지고 말한다면 몸무게에 따라 평가되어야 할 것입니다. 영적인 면에서 설명한다면 타고난 혼적 힘에 의하여 움직이는 육신, 즉 불의의 병기인 육신을 뜻합니다.

이에 대하여 좀더 구체적으로 살펴보겠습니다.

하나님이 사랑으로 흙을 빚어 사람의 몸을 만드시고 그 코에 생기를 넣어 주심으로 말미암아 사람은 영과 혼과 몸으로 생겨나게 되었습니다. 이것이 하나님 보시기에 심히 좋았기 때문에 사람으로 하여금 만물의 영장이 되게 하셨습니다. 하나님이 보시기에 좋았다는 것은 하나님이 온전하신 것과 같이 사람도 온전했다는 말씀입니다(마 5 : 48 참조). 그러나 아담의 범죄로 인하여 온 인류는 죄 가운데 빠지게 되었습니다. 이런 죄악의 상태에서 벗어나 창조의 원상태로 돌아가는 것이 구원이며 그 길이 바로 예수 그리스도이십니다. 왜냐하면 예수님이 곧 길이요, 진리요, 생명이요(요 14 : 6), 그를 통해서만이 구원을 받을 수 있기 때문에 하나님께서는 예수님 외에 구원을 얻을 만한 다른 이름을 우리에게 주신 일이 없습니다(행 4 : 12).

아담의 범죄로 아담 안에 있는 사람은 누구나 죄와 사망의 종 노릇을 하게 되었습니다.

> 한 사람으로 말미암아 죄가 세상에 들어오고 죄로 말미암아 사망이 왔나니(롬 5 : 12), 아담으로부터 모세까지 아담의 범죄와 같은 죄를 짓지 아니한 자들 위에도 사망이 왕노릇하여(롬 5 : 14), 죄의 종으로 사망에 이르고(롬 6 : 16), 나는 육신에 속하여 죄 아래 팔렸도다(롬 7 : 14)

✽ 사망에는 두 가지가 있습니다.

이 세상에서 죽음이라고 하는 것은 환경과의 교통이 끊어지는 것을 의미합니다. 또다른 죽음은 영적인 것으로, 하나님께서 선악을 알게 하는 과실을 먹는 날에는 정녕 죽으리라(창 2 : 17) 하실 때 일차적으로 우리의 영이 하나님과의 교통이 끊어진다는 것을 의미하는 죽음으로서 어두움의 세계를 주관하는 사단의 나라, 지옥으로 간다는 말씀입니다.

이와 같이 우리의 영이 하나님과의 교통이 끊어지면 우리는 죄 아래 팔리게 되어 있습니다.

둘째, 죄 아래 팔려 육신에 속한 나의 존재

내가 죄 아래 팔려서 육신에 속하게 됨으로 어떤 존재가 된 것입니까?

1) 우리의 육신에는 선한 것이 없게 되었습니다. "내 속 곧 육신에 선한 것이 거하지 아니하는 줄을 아노니 원함은 내게 있으나 선을 행하는 것은 없노라"(롬 7:18). 선한 것이 없을 뿐만 아니라 선한 것을 행하는 능력도 없다고 합니다.

2) 육신으로는 악을 행하는 것밖에 없다고 합니다. "내가 원하는 바 선은 하지 아니하고 도리어 원치 아니하는 바 악은 행하는도다"(롬 7:19). 육신에는 선도 없고, 선을 행할 수 있는 힘도 없고, 반면에 원치 않는 악만 행하게 됩니다.

3) 육신으로 죄 아래 팔려왔기 때문에 죄를 섬기는 것밖에 없습니다. "육신으로는 죄의 법을 섬기노라"(롬 7:25).

4) 육신으로는 하나님을 대적합니다. "육신의 생각은 하나님과 원수가 되나니"(롬 8:7).

5) 하나님의 법에 굴복하지 아니합니다. "하나님의 법에 굴복치 않을 뿐만 아니라 할 수도 없고"(롬 8:7).

6) 하나님을 기쁘시게도 못합니다. "육신에 있는 자들은 하나님을 기쁘시게 할 수 없느니라"(롬 8:8).

7) 육신으로는 더러운 열매를 맺습니다. "육체의 일은 현저하니 곧 음행과 더러운 것과 호색과 우상숭배와 술수와 원수를 맺는 것과 분쟁과 시기와 분냄과 당짓는 것과 분리함과 이단과 투기와 술취함과 방탕함과 또 그와 같은 것들이라 | 전에 너희에게 경계한 것같이 경계하노니 이런 일을 하는 자들은 하나님의 나라를 유업으로 받지 못할 것이요"(갈 5:19~21).

8) 육신으로는 썩어질 것만 거두게 됩니다. "자기의 육체를 위하여 심는 자는 육체로부터 썩어진 것을 거두고"(갈 6:8).

9) 우리의 몸은 반드시 죽게 되어 있습니다. "너희의 허물과 죄로 죽었던 너희를 살리셨도다"(엡 2:1).

10) 사망이 육신의 왕노릇을 하고 있습니다. "아담으로부터 모세까지 아담의 범죄와 같은 죄를 짓지 아니한 자들 위에도 사망이 왕

노릇하였나니"(롬 5:14)

선한 것이 없는 우리의 육신에는 죄가 왕 노릇합니다. 이 죄가 주인이 되어 있음으로 말미암아 육신의 정욕, 안목의 정욕, 이생의 자랑 등이 계속 나를 허무에로 몰아가고 있습니다. 이 세상에서 모든 부귀와 영화를 누렸던 솔로몬도 인생의 마지막에 깨달은 말이 있습니다.

> 헛되고 헛되며 헛되고 헛되니 모든 것이 헛되도다
> 사람이 해 아래서 수고하는 모든 수고가 자기에게
> 무엇이 유익한고(전 1:2~3)

또한 이사야 선지자는 죄가 어떻게 사람을 몰아가고 있는가를 잘 설명했습니다.

> 대저 우리는 다 부정한 자 같아서 우리의 의는 다
> 더러운 옷 같으며 우리는 다 쇠패함이 잎사귀 같으
> 므로 우리의 죄악이 바람 같이 우리를 몰아 가나이
> 다(사 64:6)

연세 많은 분들에게 한 평생 인생살이가 어떠하셨냐고 여쭈어 보면 "허무합니다"라고 대답합니다. 젊었을 때 둘째 가라면 서러워하고 모든 세상이 자기 것같이 자신 만만하였는데 한 평생 지나고 보니 창문(눈)이 내려 닫히고 맷돌(이빨)이 흔들흔들하니 모든 것이 헛되기만 하다는 것입니다. 이에 솔로몬이 마지막에 깨달은 진리는

> 일의 결국을 다 들었으니 하나님을 경외하고 그 명

령을 지킬지어다 이것이 사람의 본분이니라(전 12
: 13)

자기의 본분이 무엇인지 모르고 사는 사람들이 너무나 많습니다. 믿지 않는 사람에게 본분이 뭐냐고 물으면 먹고 사는 것이라고 대답합니다. 그러나 우리의 본분은 하나님을 경외하고 그의 명령을 지키는 것입니다. 그래서 예수께서도 우리가 먼저 해야 할 일이 무엇인지를 가르쳐주셨습니다.

너희는 먼저 그의 나라와 그의 의를 구하라 그리하
면 이 모든 것을 너희에게 더하시리라(마 6 : 33)

예수께서는 우리가 하나님의 나라와 그의 의를 구할 때 우리에게 필요한 모든 것을 채워주시기로 약속하였습니다. 우리 인간의 본분이 무엇인가를 알려주시기 위하여 하나님의 독생자 예수 그리스도를 이땅에 보내주시고, 예수 그리스도를 통하여 하나님을 알게 해주시고, 예수 그리스도께서 십자가에서 보혈을 흘려주심으로 우리 죄를 다 용서해 주셨고 죽었던 우리의 영이 소생하게 된 것입니다.

다시 살아난 영, 곧 우리의 속사람과 함께 성령님이 거하시고, 이 성령님이 우리로 하여금 육신의 욕심을 이길 수 있게 해주십니다. 많은 사람들이 이 진리를 알지 못하기 때문에 육신으로 살다가 결국 멸망에 이르게 됩니다.

그러나 예수를 믿는 우리는 예수 그리스도의 십자가의 공로로 우리의 모든 죄를 용서받고 사망이 더이상 우리에게 왕 노릇하지 못합니다.

사망아 너의 이기는 것이 어디 있느냐 사망아 너의

쏘는 것이 어디 있느냐 사망이 쏘는 것은 죄요 죄의
권능은 율법이라(고전 15 : 55~56)

그래서 예수께서 "나를 믿는 자는 죽어도 살겠고 무릇 살아서 나를 믿는 자는 영원히 죽지 아니하리라"(요 11 : 25~26)고 말씀하셨습니다. 믿는 자가 죽는다는 것은 몸이 잠시 사라지는 것 뿐입니다. 예수님이 재림하실 때 우리의 몸은 영광의 몸으로 바꾸어집니다. 그래서 믿는 자는 죽음이 없으며 영원히 살게 되는 것입니다. 왜냐하면 우리는 육에 속한 자가 아니기 때문입니다.

셋째, 육신과 죄와 율법의 관계

하나님께서 우리에게 율법을 주신 목적과, 육신과 죄와 율법의 관계에 대해서 많은 분들이 잘 알지 못하기 때문에 혼돈을 합니다.

먼저, 하나님이 사람을 창조하셨다는 사실을 알 수 있는 방법이 두 가지가 있습니다.

첫째로 만물을 보고 하나님을 알 수 있습니다.

> 이는 하나님을 알 만한 것이 저희 속에 보임이라 하나님께서 이를 저희에게 보이셨느니라 창세로부터 그의 보이지 아니하는 것들 곧 그의 영원하신 능력과 신성이 그 만드신 만물에 분명히 보여 알게 되나니 그러므로 저희가 핑계치 못할지니라(롬 1 : 19~20)

둘째로 우리의 양심을 통해 하나님을 알 수가 있습니다.

> 율법 없는 이방인이 본성으로 율법의 일을 행할 때
> 는 이 사람은 율법이 없어도 자기가 자기에게 율법
> 이 되나니 이런 이들은 그 양심이 증거가 되어……
> (롬 2 : 14~15)

세상에서 사람들끼리 말하기를 "당신 양심이 있소, 없소?"라고 합니다. 사람들이 하나님을 아는 데 자기의 양심과 자연 만물을 무시하고 자기 지식과 철학과 관념을 주장하다 보니 우둔하게 되어 썩어지지 아니하는 하나님의 영광을 썩어질 사람과 금수와 버러지 형상의 우상으로 바꾸게 되었습니다(롬 1 : 23).

자기의 유익을 위하여 사상이나 신념을 잘 바꾸는 사람도 참 많습니다. 그 중에서도 제일 심한 것은 하나님의 영광을 사람의 영광으로 바꾸는 엄청난 일을 저지른 것입니다. 하나님께서 인간들 하는 대로 내버려두었더니(롬 1 : 24), 인간들이 온갖 죄 속에 깊이 빠져서 죄가 무엇인줄도 모르고 살고 있습니다.

하나님께서 이스라엘 민족을 430년 동안의 애굽 종살이에서 건져 내셨습니다. 그들이 광야에서 계속 죄를 지으므로 하나님께서는 너희들이 언제까지 이렇게 죄를 짓겠느냐고 꾸짖으셨습니다. 이에 이스라엘 민족이 "우리는 죄가 무엇인지 잘 모르니 죄를 알 수 있게 가르쳐 주십시오. 그러면 죄를 짓지 않겠습니다."라고 하였습니다. 하나님께서 양심과 만물을 통해 알 수 있게 해주셨는데도 사람들이 이렇게 우둔해진 것입니다. 그래서 하나님께서 "내가 너희에게 율법을 줄 것이니 너희가 율법을 지키겠느냐?"고 물으셨더니, 이스라엘 백성들이 "아멘!"하면서 큰 소리로 대답했습니다. 그때 하나님께서 모세를 통해 십계명을 주셨습니다. 계명, 즉 율법이 그들에게 임함으로 죄가 무엇인가를 알게 되었던 것입니다.

율법이 없으면 죄가 죄인줄 모르기 때문에 죄가 전혀 드러나

지 아니하고(롬 4 : 15, 7 : 7) 따라서 율법이 없으면 죄가 죽은 것이라고 하는 것입니다(롬 7 : 8).

"목사님, 율법이 무엇인지도 전혀 모르고, 예수님 말씀을 한 번도 듣지 못하고 살다가 죽은 사람은 천당에 갔습니까, 지옥에 갔습니까?"라고 질문하는 성도가 있습니다. 어디로 갔을 것 같습니까? 로마서를 보니 율법이 없어도 자기가 자기에게 율법이 되고, 자연이나 양심을 통하여 하나님을 알 수 있으니 저희가 핑계치 못한다(롬 1 : 20)고 말씀합니다.

> 율법 없는 이방인이 본성으로 율법의 일을 행할 때는 이 사람은 율법이 없어도 자기가 자기에게 율법이 되나니 이런 이들은 그 양심이 증거가 되어 그 생각들이 서로 혹은 송사하며 혹은 변명하여 그 마음에 새긴 율법의 행위를 나타내느니라(롬 2 : 14~15)

율법이 없을 때는 양심이 우둔하게 되어 죄 되는 줄 모르고 죄를 짓다가 이제는 율법이 왔으니 꼼짝 못하게 되었습니다.

넷째, 율법을 주신 목적

여기서 우리는 하나님께서 율법을 주신 목적을 잠시 생각해 보겠습니다. 율법이 온 것은 사람의 죄가 무엇인지를 알려주기 위한 것이지 우리를 구원하기 위한 것이 아닙니다.

"율법으로는 죄를 깨달음이니라"(롬 3 : 20)고 분명히 성경은 말씀하고 있습니다. 좀더 잘 이해할 수 있도록 구체적으로 설명한 말씀은,

> 율법으로 말미암지 않고는 내가 죄를 알지 못하였
> 으니 곧 율법이 탐내지 말라 하지 아니하였더면 내
> 가 탐심을 알지 못하였으리라 그러나 죄가 기회를
> 타서 계명으로 말미암아 내 속에서 각양 탐심을 이
> 루었나니 이는 법이 없으면 죄가 죽은 것임이니라
> (롬 7 : 7~8)

　위의 말씀 같이 율법이 탐내지 말라 하는 순간에 내 속에서 탐심이 일어나는 것입니다. 탐심이 일어나는 이유는 호기심 때문입니다. 자유의지 속에서 일어나는 호기심이 탐심을 갖게 된 것입니다. 탐심이 일어나는 그 순간에 사단이 내 마음문 앞에 엎드려 있다가(창 4 : 7) 내 속으로 들어오는 것입니다.
　우리 마음속에 율법이 금한 일을 마음에 생각만 하더라도 예수께서는 우리가 죄를 범했다고 말씀하셨습니다.
　예를 들어 본다면 어머니가 외출하면서 아이들에게 병 속에 있는 사탕은 먹지 말라고 했습니다. 먹으면 매를 맞을 것이라고 주의를 주었습니다. 어머니가 외출하자 아이들은 사탕을 보며 "왜 먹지 말라고 했을까?" "먹으면 왜 안될까?" 하고 하나 들고 혀로 핥아보니 달고 맛있었습니다. 한 번 두 번 핥다가 "에이, 먹어버리자" 하고 먹어버렸습니다. 어머니가 돌아와서 이 사실을 알고 약속대로 종아리를 걷어라 하고, 아이들은 잘못했다고 사정합니다. 자식이 잘못했다고 용서를 빌 때 아이들이 매맞는 것은 용서받지만 후에 치아는 썩게 됩니다. 자기들이 심은 대로 죄의 열매를 거두어들이는 것입니다.
　먹지 말라고 할 때에 죄가 기회를 타서 "왜 먹으면 안될까?" 하는 의문과 함께 탐심을 일으키는 순간에 사단은 말합니다. "먹어 봐라, 맛있다. 네 눈이 밝아진다. 너도 하나님같이 된다." 이렇게 해서 사람이 범죄했다는 말씀입니다.

율법이 우리에게 임할 때에 우리 속에 있는 죄가 드러납니다. 교통규칙이 복잡하여 이 길로 가라, 저 길로 가라. 여기 멈춤 표지판, 저기 양보 표지판과 같이 우리들에게 이해할 수 없는 법이 많이 생기는 것은 헤아릴 수 없는 죄가 있다는 것입니다. 사람은 자기에게 있는 죄는 감추려 하고 다른 사람의 허물만 들추어 비난합니다. 자신은 외식자로 회칠한 무덤과 같은 죄인이 되는 것입니다. 결국 율법은 죄를 더하게 하는 것뿐입니다(롬 5 : 20).

율법을 온전히 지킬 수 있는 사람이 과연 있습니까? 인간이 이와 같이 율법을 지키지 못함으로 말미암아 육신의 죄를 자꾸 쌓고 있습니다. 사람들이 여기에서 벗어나려고 종교적으로, 율법적으로, 양심적으로, 도덕적으로, 지식적으로 아무리 몸부림치더라도 하나님 앞에서는 죄인이고 죽은 자입니다.

하나님이 우리에게 주신 율법은 거룩하고 온전합니다. 그러나 사람들은 하나님의 거룩한 율법을 지키지 못합니다. 이 율법을 지키지 못할 때에 고소하는 자가 곧 사단입니다. "하나님, 당신의 백성이 율법을 지키지 못했습니다. 율법을 범했으니 하나님의 공의로써 사형시켜야 합니다"라고 사단이 계속 고소를 합니다. 다시 말하면 죄라는 주인이 율법이라는 기계를 들고 우리 육체에서 일한 소산은 사망입니다. 그래서 우리의 육신은 정죄를 받아 죽게 되어 있습니다.

율법으로 인해서 정죄된 우리가 어떻게 구원을 받을 수가 있습니까? 하나님께로서 오신(고전 1 : 30) 예수 그리스도의 십자가의 길만이 구원의 길입니다. 육신의 모든 죄를 예수님이 대신 지시고 십자가에 못박히시고, 보혈로 우리의 죄를 깨끗이 씻어 주심으로 율법의 요구를 이룬 것입니다. 즉, 예수 그리스도와 함께 십자가에서 우리의 옛사람이 죽어 죄의 몸이 멸해짐으로 다시는 죄에게 종 노릇하지 않게 된 것입니다.

> 우리가 알거니와 우리 옛사람이 예수와
> 함께 십자가에 못박힌 것은 죄의 몸이
> 멸하여 다시는 우리가 죄에게 종 노릇
> 하지 아니하려 함이니 이는 죽은 자가
> 죄에서 벗어나 의롭다 하심을 얻었음이
> 니라(롬 6 : 6~7)

 그러므로 우리는 행위로 구원받은 것이 아니라 예수를 믿음으로 구원을 받은 것입니다. 그래서 의인은 믿음으로 사는 것입니다(롬 1 : 17).

 그렇다고 믿음이 율법을 폐하는 것이 아니라 도리어 세우는 것입니다(롬 3 : 31). 내가 하나님 앞에 설 때, 예수님이 나의 대변인이 되어 주십니다. 공의의 하나님이 보시기에 죽을 죄인인 나를 대신하여 죽으시고 살아나신 예수께서 나의 대변인이 되어 주셨으므로 우리는 예수를 믿음으로 구원받고 의롭다 인정함을 받아 영생하게 되는 것입니다. 할렐루야!

28. 육신을 정복하는 싸움

본문말씀 : 로마서 7:18~8:2

18내 속 곧 내 육신에 선한 것이 거하지 아니하는 줄을 아노니 원함은 내게 있으나 선을 행하는 것은 없노라 19내가 원하는 바 선은 하지 아니하고 도리어 원치 아니하는 바 악은 행하는도다 20만일 내가 원치 아니하는 그것을 하면 이를 행하는 자가 내가 아니요 내 속에 거하는 죄니라 21그러므로 내가 한 법을 깨달았노니 곧 선을 행하기 원하는 나에게 악이 함께 있는 것이로다 22내 속사람으로는 하나님의 법을 즐거워하되 23내 지체 속에서 한 다른 법이 내 마음의 법과 싸워 내 지체 속에 있는 죄의 법 아래로 나를 사로잡아 오는 것을 보는도다 24 오호라 나는 곤고한 사람이로다 이 사망의 몸에서 누가 나를 건져 내랴 25우리 주 예수 그리스도로 말미암아 하나님께 감사하리로다 그런즉 내 자신이 마음으로는 하나님의 법을, 육신으로는 죄의 법을 섬기노라 8/1그러므로 이제 그리스도 예수 안에 있는 자에게는 결코 정죄함이 없나니 2이는 그리스도 예수 안에 있는 생명의 성령의 법이 죄와 사망의 법에서 너를 해방하였음이라

첫째, 율법이 옴으로 내가 죄인임을 깨닫게 되었습니다.

　우리는 속사람과 겉사람과의 싸움에 대하여 확실히 알아야 하겠습니다. 하나님께로서 난 자는 속사람이며 그 이전 사람을 겉사람이라 합니다. 우리는 비록 예수를 믿지만 겉사람이 속사람을 이기는 경우가 많습니다. 그래서 사도 바울은 24절에서 "오호라 나는 곤고한 사람이로다 이 사망의 몸에서 누가 나를 건져내랴" 하고 탄식했습니다. 우리는 성령으로 말미암아 사망의 몸에서 해방되어 생명의 성령 안에서 기쁨을 누릴 수 있어야 하겠습니다.

　제가 어떤 집을 방문했을 때 전도하면서 "선생님, 예수 그리스도를 영접하시고 영원한 생명의 기쁨을 누리며 하나님의 자녀가 되기를 바랍니다" 하였더니 이 분이 저에게 "목사님, 저는 한 평생 지내면서 다른 사람에게 해를 끼쳤다고 생각해 본 적이 없고 제 자신이 죄를 지었다고 생각하지 않았습니다" 하면서 예수 그리스도를 구주로 영접하기를 거절했습니다. 그후 계속 그 가정에 가서 예수 믿기를 권했더니 결국 교회에 나오기 시작했습니다. 오랜 세월이 지난 후 그 집에 다시 초대 받을 기회가 있었습니다. 그 분은 저를 붙잡고 눈물을 흘리면서 얘기했습니다. "목사님, 저는 하나님의 말씀인 성경책을 읽을 때마다, 죄가 없는 줄 알았던 저 자신이 말할 수 없는 죄인임을 깨닫고 눈물바다가 됩니다" 하였습니다.

　저는 이 이야기를 듣고 큰 감동을 받았습니다. 우리는 율법이 오기 전에는 죄를 범하고 있으면서도 그 사실을 몰랐습니다. 그러나 하나님의 계명이 나에게 임함으로 말미암아 내 자신이 큰 죄인이란 사실을 하나님께서 깨닫게 해주시는 것입니다.

　　　죄가 율법이 있기 전에도 세상에 있었으나 율법이

없을 때에는 죄를 죄로 여기지 아니하느니라(롬 5:13)

이 계명이 임함으로 말미암아 내가 육신을 가지고 얼마나 큰 죄를 범하고 있는가 하는 사실은 갈라디아서 5:19~21에 잘 나타나 있습니다.

> 육체의 일은 현저하니 곧 음행과 더러운 것과 호색과 우상숭배와 술수와 원수를 맺는 것과 분쟁과 시기와 분냄과 당 짓는 것과 분리함과 이단과 투기와 술 취함과 방탕함과 또 그와 같은 것들이라 전에 너희에게 경계한 것 같이 경계하노니 이런 일을 하는 자들은 하나님의 나라를 유업으로 받지 못할 것이요

 예수를 안 믿는 남자들은 음행도 하고 호색을 해야 호걸이라고 자랑하고 큰 소리칩니다. 그러나 진리의 말씀인 계명은 이런 것들이 얼마나 엄청난 죄인가를 깨닫게 해줍니다. 때로는 무엇이든지 믿는 것은 좋은 일이겠지 하면서 자기도 모르게 우상을 숭배하다가, "우상숭배 하지 말라, 나 외에는 다른 신을 두지 말라"는 하나님의 계명이 임하는 순간, 나 자신이 얼마나 엄청난 죄인인가를 깨닫게 됩니다.
 원수맺는 것과 분쟁과 시기와 분내는 것과 당짓는 것과 분리와 이단과 투기하는 이 모든 것들, 그리고 그리스도의 사랑을 나타내지 못하고 자신을 내세우고 상대방을 짓밟는 일들 때문에 하나님과 나 사이에 화목을 가져올 수도 없고 하나님과 나 사이에 원수를 맺고 있다는 사실을 하나님의 계명을 통하여 알 수 있습니다.

그뿐만 아니라, 술 취함과 방탕함과 육체의 정욕 및 자기 육체의 만족을 위하여 자기 영혼도 사랑하지 못한 죄가 얼마나 큰가를 깨닫고 하나님 앞에 눈물로 회개하는 모습을 많이 보았습니다.

이와 같이 과거에는 이런 일들이 죄인 줄도 모르고, 이것이 자기를 사망으로 인도하는 것임을 알지 못했는데 하나님의 율법이 임하자 죄가 무엇인지 깨닫게 된 것입니다(롬 3:25).

하나님의 계명이 우리에게 임함으로 말미암아 우리는 죄인이 되고, 그 죄로 인하여 죽게 된 것입니다.

> 전에 법을 깨닫지 못할 때에는 내가 살았더니 계명
> 이 이르매 죄는 살아나고 나는 죽었도다(롬 7:9)

다시 설명하면, 어떤 사람이 살인죄를 지어 재판을 받게 되면 형법 몇 조에 의하여 죄를 범했으니 사형이라 할 때, '형법 몇 조' 하는 죄의 죄목은 살아나고 자기는 죽게 되었다는 뜻입니다.

그래서 성경은 말합니다.

> 사망이 쏘는 것은 죄요 죄의 권능은 율법이라(고전
> 15:56)

율법이 임함으로 말미암아 내가 죽게 되고 죄는 살아났다는 것과 동일한 말씀입니다. 계명이 이르매 죄는 살아나고 나는 죽게 되었으므로 한탄하기를,

> 오호라 나는 곤고한 사람이로다 이 사망의 몸에서
> 누가 나를 건져내랴(롬 7:24)

죽어야만 할 이 죄의 몸에서 누가 나를 살려낼 수가 있겠습니까?

둘째, 율법과 성령

> 우리 주 예수 그리스도로 말미암아 하나님께 감사
> 하리로다 그런즉 내 자신의 마음으로는 하나님의
> 법을, 육신으로는 죄의 법을 섬기노라(롬 7:25)

죄의 법을 섬기고 있는 것은 육신이며 하나님을 섬기는 것은 마음의 법인 것입니다. 육신이 얼마나 큰 죄를 가지고 있는 것을 알게 하는 것은 율법입니다. 율법은 곧 육신에서 일하며 육신이 죄로 말미암아 사망할 뿐임을 증거합니다. 율법으로 말미암아 육은 죽고 죄가 죄되게 만든 것입니다. 반면에 성령께서는 하나님의 은혜의 복음을 가지고 영에서 일하여 생명을 소생케 합니다.

육체를 중심으로 생활하는 사람들은 육신만 바라보며 자신의 잘못은 숨기려 하니 자연 옹졸하여 남을 판단하게 됩니다. 그러나 성령으로 말미암아 복음 속에서 영적으로 생활하는 사람의 마음은 열려 있어 살리는 일에 자신을 희생하게 되는 것입니다. 이런 분들은 영적 생명의 중심인 예수 그리스도의 형상만 닮아 가기를 소망하는 생활을 하며 자신을 십자가에 매일 못박기 때문에 마음이 넓어지면서 진리 안에서 자유를 누리게 됩니다.

> 진리를 알지니 진리가 너희를 자유케 하리라(요 8:32)

예수 그리스도가 나의 중심이 되니 내 마음속에 자유함이 옵니다. 자유함이 없으면 예배 중에 손뼉치는 것이 어색할 수가 있습니다. 손을 들면 점잖치 못하게 왜 손을 드냐고 생각합니다. 그러나 자기의 육적인 것을 십자가에 못박아버린 사람들은 자유함을 얻어서, 주님께 영광을 돌릴 때 손이 자연스럽게 올라갑니다.

> 주는 영이시니 주의 영이 계신 곳에는 자유함이 있느니라(고후 3:17)

우리는 그리스도 안에서 자유함을 누릴 수 있어야 합니다. 자유함을 누릴 때에 주님의 기쁨이 소생합니다. 그 기쁨으로 인하여 내 마음이 관대해지는 것입니다.

> 주 안에서 항상 기뻐하라 내가 다시 말하노니 기뻐하라 너희 관용을 모든 사람에게 알게 하라 주께서 가까우시니라(빌 4:4~5)

셋째, 탄식하는 속사람

예수 그리스도를 구주로 영접하는 순간, 성령에 의해 태어난 속사람이 타고난 겉사람과 싸우기 시작합니다.

> 내 속사람으로는 하나님의 법을 즐거워하되 내 지체 속에서 한 다른 법이 내 마음의 법과 싸워 내 지체 속에 있는 죄의 법 아래로 나를 사로잡아 오는 것을 보는도다(롬 7:22~23)

이와 같이 속사람과 겉사람이 싸우는데 겉사람이 이긴다는 것입니다. 그래서 "오호라 나는 곤고한 사람이로다"(롬 7:24). 쉽게 말하면 은혜받았을 때는 그 놀라운 사랑 속에 "주여! 믿습니다, 여기 초막을 짓고 살기를 원합니다" 했으나 산에서 내려와 세상에서 살다 보니 또 "오호라, 나는 곤고한 사람이로다"라고 한탄합니다. "아, 마음은 원이로되 육신이 심히 약하도다" 하면서 전진을 포기하게 되는 경우가 많습니다.

* 관념으로 믿는 예수

오랫동안 예수를 믿어온 많은 사람들이 육신에 속하여 믿고, 변화되지 못한 혼적 관념으로 예수를 믿고 섬기다 보니 그들의 신앙이 관념 속에서 머물러 있는 것을 봅니다.

이 관념적 신앙에 사로잡히면 하나님의 은혜가 얼마나 감사한 것이며 예수 그리스도로 말미암아 우리가 구원을 얻은 것이 얼마나 좋은 것인가를 맛보았으나, 그 이상 그리스도의 형상을 닮아 주님과 동행하는 성령 충만의 체험(요 15:7 ; 살전 2:13)은 없습니다. 관념적인 신앙에서 머문다는 것은 믿음이 실상화되는 영적 경험이 없다는 말이며 따라서 실상적인 믿음이 그 속에 없다는 말입니다.

넷째, 영적 경험의 대가를 치러야 합니다.

예수를 믿고 구원받은 분들은 영적 체험을 추구하여야 합니다. 영적 체험이란 하나님의 말씀이 자신에게 생명의 양식이 되며 마음판에 새겨지는 것을 말합니다. 영적 경험을 추구하여 영적으로 성장할 때에 성령의 도우심으로 혼적이고 육적인 것이 변화받아 그리스도께 순종하는 통로가 됩니다.

하나님의 말씀을 자기 관념과 사상에 맞추어 적용하면 혼적인 것만 두터워집니다. 영적인 변화가 없다는 것은 성령 안에서 구원받았다는 사실 이외에는 자아의 변화가 없다는 것입니다. 그래서 예수를 아무리 오래 믿었어도 예나 지금이나 변화가 없습니다. 이와 같이 관념적인 믿음은 나의 실생활에 영향을 미치지 못합니다.

영적인 경험이란 무엇입니까? 영적 경험이란 하나님의 말씀을 믿는 믿음으로 성령의 도우심을 받아 내 영에서 나타나는 역사가 나의 겉사람까지 변화시키는 것을 체험하며 예수 그리스도를 닮아가는 것을 말합니다. 이것은 내 힘으로 되는 것이 아니라 성령의 나타나심과 능력으로 되는 것입니다.

영적 경험이 없는 사람들은 다른 사람들이 영적으로 깊이 들어간 것을 보면 이해를 못합니다. 많은 사람들이 영적인 전진을 하지 못하는 이유는 영적 훈련을 원치 않기 때문입니다. 영적인 성장을 하기 위해서는 영적 싸움의 대가를 지불해야 됩니다. 우리는 속사람과 겉사람 간의 영적 싸움을 위한 대가를 꼭 치러야 합니다.

※ 대가를 치르기를 원치 아니하는 사람들

이 대가를 치르기를 원치 않는 사람들은 "꼭 그렇게 예수를 믿어야 하나? 좀 지나치지 않은가"라고 생각을 합니다. 영적으로 열심히 뜨겁게 믿으면 "이상하다" 하다가 "이단이다" 하고 비판하기도 합니다. 또는 영적인 곳에 가서 기도도 한 번 해보고 열심히 찬송도 한 번 해본 후 "나도 한 번 해보았는데 별것 아니더라"라고 속단해버리는 어리석은 사람들도 있습니다.

다섯째, 어린 아이 신앙에서 벗어나야 합니다.

어떤 사람들은 자기가 예수를 믿고 몇 가지 육신의 열매를 제거한 후에는 자신이 신령한 그리스도인이 된 것처럼 과장해서 행동할 때도 있습니다. 오늘날 이런 착각 속에서 예수를 믿는 사람이 얼마나 많은지 모릅니다.

그러나 육으로 난 것은 육입니다. 육으로 아무리 자기가 남보다 잘난 것처럼 보이지만 육으로 난 것은 어디까지나 육입니다. 성경에서는 이런 사람을 젖이나 먹고 단단한 식물을 먹지 못하는 어린 아이로 비유했습니다. 이런 분들은 예수를 믿어서 그 속에 속사람은 생겨났지만 겉사람은 예나 지금이나 여전한 사람들입니다.

* 영적 어린 아이의 모습

젖병을 물고 있는 영적인 어린 아이들의 태도가 어떤가를 살펴봅시다.

> 형제들아 내가 신령한 자들을 대함과 같이 너희에게 말할 수 없어서 육신에 속한 자 곧 그리스도 안에서 어린 아이들을 대함과 같이 하노라 내가 너희를 젖으로 먹이고 밥으로 아니하였노니 이는 너희가 감당치 못하였음이거니와 지금도 못하리라 너희가 아직도 육신에 속한 자로다 너희 가운데 시기와 분쟁이 있으니 어찌 육신에 속하여 사람을 따라 행함이 아니리요 어떤 이는 말하되 나는 바울에게라 하고 다른 이는 나는 아볼로에게라 하니 너희가 사람이 아니리요(고전 3:1~4)

오늘날 많은 교회에서 예수 믿는 사람들이 싸우는 이유는 젖병을 물고 자기 것을 먹고 있으면서도 옆의 사람에게 젖병 달라 하고 자기는 남에게 주지 않으려 하기 때문입니다. 때로는 나는 바울에게, 나는 아볼로에게 하면서 자기 노선을 찾습니다. 우리는 사람의 노선을 찾아서는 안됩니다. 우리는 오직 예수님의 노선을 찾아야 합니다.

쉽게 말씀드린다면, 그 목사님이 내 고향 친구인데, 그분이 내 사촌 형제인데 내가 그분을 도와야지 하는 인간적인 관계에 끌려 가는 것은 어린 아이의 신앙입니다. 어린 아이의 신앙이 오래되어 고질화되면 율법주의자가 되어버립니다. 우리는 모두 이런 어린 아이 신앙에서 벗어나야 합니다.

이런 신앙을 가진 자를 "의의 말씀을 경험하지 못한 자"(히 5:13)라고 합니다. 즉 예수를 믿기는 믿어도 관념적으로만 믿고 살아 있는 말씀 하나하나를 경험하지 못한 자라고 합니다. 이런 분들은 구원 받은 그것으로 만족함으로 그 이상 전진하지 못하는, 기독교의 초보에서 왔다갔다하는 어린 아이의 모습입니다.

> 그러므로 우리가 그리스도 도의 초보를 버리고 죽은 행실을 회개함과 하나님께 대한 신앙과 세례들과 안수와 죽은 자의 부활과 영원한 심판에 관한 교훈의 터를 다시 닦지 말고 완전한 데 나아갈지니라 (히 6:1~2)

믿는 자들은 모두 육신적인 그리스도인이 아니라 신령한 그리스도인이 되어야 하겠습니다.

여섯째, 신령한 그리스도인에게 영적 싸움이 있습니다.

육신적인 그리스도인이 신령한 그리스도인으로 될 때 심한 영적 싸움이 일어납니다.

'아, 내 자아는 약하구나. 내 육신 속에는 선한 것이 없구나. 육으로 난 것은 하나님과 원수가 되었구나. 주님! 제 힘으로는 도저히 이길 수가 없사오니 저를 도와주시옵소서.' 여기서 갈급한 심령이 살아나서 영적 전쟁을 위한 대가를 치르기 시작하는 것입니다. 이 싸움을 하는 동안 우리는 성령의 도움이 없이는 도저히 이길 수가 없다는 사실을 깨닫고 주님께 매달리고 호소하며 부르짖게 됩니다.

찬송을 부를 때 땀을 흘리면서 열심히 부르고, 기도할 때도 무릎을 꿇고 부르짖으며 간절하게 합니다. 영적으로 전진하고자 하는 사모하는 마음을 만족케 해주시는 성령의 역사로 말미암아 영적 세계의 문이 열리기 시작합니다. 성령의 역사로 내 속에서 하나님의 나라가 조금씩 확장됩니다. 한꺼번에 해주시면 사람이 교만해지기 쉬우므로 조금씩 역사해 주십니다. 하나씩 승리할 때마다 기쁨이 소생하고 하나님께 감사와 찬양을 진심으로 돌리게 됩니다. 싸울 때는 고통스럽더라도 이기고 나면 더욱 놀라운 축복과 기쁨이 임하는 것입니다.

속사람으로는 하나님의 법을 사랑하고 지체로는 죄의 법을 사랑하는 나는 곤고한 자이지만 성령께서 도와주심으로 해방의 기쁨을 누릴 수 있게 됩니다.

> 그러므로 이제 그리스도 예수 안에 있는 자에게는 결코 정죄함이 없나니 이는 그리스도 예수 안에 있는 생명의 성령의 법이 죄와 사망의 법에서 너를 해방하였음이라(롬 8:1~2)

* 그리스도의 마음으로

성령의 도우심으로 죄와 사망의 법을 이길 때 우리는 신령한 그리스도인의 단계에 들어갑니다. 그때 가장 중요한 것은 우리가 그리스도의 마음을 가지는 것입니다. 이때부터 나는 육체를 위하는 생각과 느낌을 가지고 일하는 것이 아니라 예수 그리스도의 마음으로 일하기 시작합니다. 모든 것이 예수 그리스도가 중심이 되며 내 안에 계시는 예수님께 순종하는 생활로 바꾸어지며 그 생활 속에 분별력이 생겨납니다.

> 우리가 이것을 말하거니와 사람의 지혜의 가르친 말로 아니하고 오직 성령의 가르치신 것으로 하니 신령한 일은 신령한 것으로 분별하느니라(고전 2:13)

처음 육신적인 그리스도인의 단계에서는 영적 말씀을 체험하지 못하여 분별력이 없으나, 시간이 감에 따라 성령의 가르치신 것으로 의의 말씀을 좀더 경험하게 되고, 많이 경험하면 할수록 신령한 일을 더 잘 분별하여 신령한 그리스도인의 생활을 영위하게 되는 것입니다.

> 대저 젖을 먹는 자마다 어린 아이니 의의 말씀을 경험하지 못한 자요 단단한 식물은 장성한 자의 것이니 저희는 지각을 사용하므로 연단을 받아 선악을 분변하는 자들이니라(히 5:13~14)

신령한 자들은 하나님의 계시적인 말씀을 사용하며, 연단을 받아 영적 싸움을 통하여 선악을 분별하게 되는 것입니다.

✱ 완전한 길로 나아갑시다.

그래서 우리는 구원의 초보단계에만 터를 닦지 말고 하나님이 허락하시는 대로 완전한 데로 나아가야 합니다(히 6:2).

결 론

영적인 신령한 것을 체험하고 나면 '내가 지금까지 어리석게 살아왔구나. 억울하다!' 하고 한탄을 하게 됩니다. 그러나 다른 한편으로는 하나님께 감사 찬송을 하게 됩니다.

여러분 모두 하늘의 은사를 하나님께 간구하여 맛볼 수 있어야 합니다. 성령에 참예한 바 되어 성령과 교통을 가지니 얼마나 좋겠습니까? 하나님의 말씀과 내세의 능력을 맛보고 예수의 이름으로 승리의 생활을 하니 기쁨의 잔이 넘치는 것입니다. 이와 같이 여러분도 구원의 초보에 머물지 말고, 사람 눈치보며 행하지 말고 신령한 그리스도인의 세계로 들어갈 수 있기를 바랍니다.

이미 말한 바와 같이 신령한 그리스도인이 되기 위해서는 분명히 대가를 치러야 합니다. 신령한 그리스도인이 되어 우리의 몸으로 하나님께 영광을 돌릴 때에 우리의 몸이 성령의 전이 되고(고전 6:19), 의의 병기로 하나님께 드려(롬 6:13), 우리의 몸으로 하나님께 산 제사를 드릴 수 있게 됩니다(롬 12:1). 이때 하나님이 기뻐하시고 내 속에 있는 천국이 날로날로 확장되고, 내 얼굴이 빛이 납니다. 누가 무슨 말을 하더라도 성령의 열매를 절로 맺으며 하나님께 영광을 돌리게 됩니다. 우리도 성령의 도우심으로 이 영적 싸움에서 속사람이 승리하여 매일매일 하나님 나라를 확장시켜야 하겠습니다. 승리 속에 승리의 기쁨이 있고 많은 사람에게 그리스도의 사랑의 향기가 될 수 있는 것입니다.

29. 육신의 소욕과 성령의 소욕

본문말씀 : 갈라디아서 5:13~26

13형제들아 너희가 자유를 위하여 부르심을 입었으나 그러나 그 자유로 육체의 기회를 삼지 말고 오직 사랑으로 서로 종 노릇하라 14온 율법은 네 이웃 사랑하기를 네 몸같이 하라 하신 한 말씀에 이루었나니 15만일 서로 물고 먹으면 피차 멸망할까 조심하라 16내가 이르노니 너희는 성령을 좇아 행하라 그리하면 육체의 욕심을 이루지 아니하리라 17육체의 소욕은 성령을 거스리고 성령의 소욕은 육체를 거스리나니 이 둘이 서로 대적함으로 너희의 원하는 것을 하지 못하게 하려 함이니라 18너희가 만일 성령의 인도하시는 바가 되면 율법 아래 있지 아니하리라 19육체의 일은 현저하니 곧 음행과 더러운 것과 호색과 20우상 숭배와 술수와 원수를 맺는 것과 분쟁과 이단과 21투기와 술 취함과 방탕함과 또 그와 같은 것들이라 전에 너희에게 경계한 것 같이 경계하노니 이런 일을 하는 자들은 하나님의 나라를 유업으로 받지 못할 것이요 22오직 성령의 열매는 사랑과 희락과 화평과 오래 참음과 자비와 양선과 충성과 23온유와 절제니 이같은 것을 금지할 법이 없느니라 24그리스도 예수의 사람들은 육체와 함께 그 정과 욕심을 십자가에 못박았느니라 25만일 우리가 성령으로 살면 또한 성령으로 행할지니 26헛된 영광을 구하여 서로 격동하고 서로 투

기하지 말지니라

첫째, 육신의 일은 하나님 앞에 선한 것이 없습니다.

예수를 안 믿어도 예수를 믿는 사람보다 더 착하고 좋은 일을 하는 사람들이 많이 있는데 예수를 믿는 사람에게 더 훌륭한 것이 무엇이 있느냐고 질문하는 사람들이 있습니다. 물론 믿지 않는 분들 가운데 믿는 사람보다 인격이 훌륭한 사람들이 많이 있습니다. 선한 일도 많이 하고 사회 정의를 위해 목숨까지 바치는 분들도 많이 있습니다.

사람은 육신으로 두 가지 일을 할 수 있습니다. 육신으로 죄를 범하고 악한 일을 해서 남을 못 살게도 할 수 있는 반면에, 선한 일을 해서 남을 도울 수도 있습니다. 예수를 믿지 않지만 타고난 성품이 온유하고 겸손하고 친절할 뿐 아니라, 착한 일을 많이 하며 솔선수범하여 헌신과 봉사를 잘 하는 분들도 많습니다. 하나님은 이런 분들을 어떻게 보실까요? 우리 인간이 보기에 어떠한가가 중요한 것이 아니라 하나님 보시기에 어떠한가가 더 중요합니다.

하나님께서는 성경을 통하여 이렇게 말씀하십니다. "육신의 것이 아무리 아름답다 해도 육신의 것은 육신의 것이다. 육신의 생각은 하나님과 원수가 될 뿐만 아니라(롬 8:7) 내 속, 곧 내 육신에 선한 것이라고는 하나도 없다(롬 7:18). 왜냐하면 살리는 것은 영이요 육은 무익하기 때문이다(요 6:63)." 그러므로 믿지 않는 사람이 육으로 아무리 선한 일을 해도 하나님 보시기에는 모두 무익한 것입니다.

위대한 사도 바울은 사도 중에서 가장 많은 핍박과 고난을 받으면서도 주님의 일은 가장 많이 했습니다. 그는 자신이 "율법의 의로는 흠이 없는 자"(빌 3:6)라고 했습니다. 육신의 죄를 깨닮게 하기 위해 임한 율법으로는 흠이 없을 정도로 온전한 자라고 했습니다. 그러나 자신이 의롭다고 할 수 없었습니다.

> 내가 자책할 아무것도 깨닫지 못하나 그러나 이를
> 인하여 의롭다 함을 얻지 못하노라 다만 나를 판단
> 하실 이는 주시니라(고전 4:4)

많은 사람들이 자기 의로나 육신의 의로 자기 혼자 죄를 짓지 않고 의롭다고 해도 하나님 앞에 설 때에 우리 육신은 하나님과 원수가 되는 것입니다.

사도 바울은 빌립보 교회에 편지하면서 육체를 신뢰하지 말라(빌 3:3)고 했습니다. 왜냐하면 육신만큼 간사한 것이 없기 때문입니다.

예수께서 십자가에 못박혀 돌아가시기 전날 밤 제자들에게 깨어 기도해 달라고 부탁하고 돌 던질 만큼의 거리에서 이마의 땀방울이 핏방울이 되도록 열심히 기도하고 돌아와 보니 제자들이 곤하여 잠을 자고 있었습니다. 세 번이나 기도하고 돌아오신 후 제자들을 깨우시며 "마음에는 원이로되 육신이 약하도다"(마 26:41) 하셨습니다.

육신이 하나님 보시기에 무익한 이유는 죄로 인해 정과 욕심(갈 5:24)이 깊이 뿌리박혀 거룩한 하나님 앞에 원수가 되어 있기 때문입니다.

"정"이란 "정욕"을 말합니다. 소돔과 고모라 성은 이 정욕으로 인하여 하나님의 심판을 받았습니다. 욕심이란 자기 것으로 소유하고자 하는 마음으로, 욕심이 잉태하면 죄를 낳고, 죄가 장성하면 사망을 낳습니다(약 1:15). 이 두 죄악의 뿌리로부터 그 진액이 점점 나무 줄기를 타고 올라와 맺는 육신의 열매들이 참 많습니다.

> 육체의 일은 현저하니 곧 음행과 더러운 것과 호색
> 과 우상숭배와 술수와 원수를 맺는 것과 분쟁과 시
> 기와 당 짓는 것과 분리함과 이단과 투기와 술취함
> 과 방탕함과 또 그와 같은 것들이라(갈 5:19~21)

 우리는 육신으로 생활하기 때문에 아무리 신령하다 하여도 육신의 열매를 맺게 되는 것입니다. 그래서 바울은 "의인은 없나니 하나도 없으며"(롬 3:10)라고 외친 것입니다. 그러나 하나님께서 이러한 육체의 소욕을 이길 수 있는 방법을 우리에게 주신 것을 감사합니다.

둘째, 육체의 소욕을 이기려면

1) 그리스도의 사람들은 정과 욕심을 십자가에 못박아야 합니다.

> 그리스도 예수의 사람들은 육체와 함께 그 정과 욕
> 심을 십자가에 못박았느니라(갈 5:24)

 육신의 열매들을 제거하는 유일한 방법으로는 육신을 십자가에 못박을 수밖에 없습니다. 우리가 은혜받고 성령 충만하여도 육체의 기회가 조금만 주어지면 다시 범죄하는 이유는 어디에 있습니까? 그것은 우리 육신에는 선한 것이 거하지 않으므로 기회만 있으면 악한 죄의 본성이 나타나기 때문입니다. 그러므로 육신의 열매를 제거하려고 하지 말고 그 열매를 맺게 하는 근원이 되는 육신의 정과 욕심을 죽여야 합니다. 이러한 육신이 완전히 죽을 때에 우리는 하나님의 영광에 들어갈 수가 있습니다.
 그러므로 우리가 이 땅에 살고 있는 동안에는 우리의 정과 욕심을 날마다 십자가에 못박아야 합니다. 불의의 병기로 사용되는 육신을 주님의 십자가에 못박는 순간 의의 병기로 하나님께 영광을 돌릴 수 있게 됩니다. 예수께서 이미 2천년 전에 지신 십자가 사건이 믿음으로 나에게 시인될 때 나와 세상은 간곳 없고 구속한 주님만 보이는 산 체험을 하게 됩니다. 그래서 기독교는 체험의 종교라고도 합니다. 십자가가 내게 임하는 순간 내 죄의 몸이 멸하여 자유함을 얻게 됩니다.

　2천년 전 갈보리산의 십자가가 내 심령 속에 들어와야 합니다. 이 십자가에 나의 정과 욕심이 못박힐 때 하나님의 능력이 임하고 육신의 소욕을 이길 수가 있습니다. 이 십자가가 들려질 때 의로운 해가 떠오릅니다.

> 내 이름을 경외하는 너희에게는 의로운 해가 떠올라서 치료하는 광선을 발하리니 너희가 나가서 외양간에서 나온 송아지 같이 뛰리라(말 4:2)

　내 속에 주님의 십자가가 들려질 때 그리스도의 의로운 해가 떠올라 어둠을 물리치고 육신의 소욕을 이길 수가 있습니다. 그래서 화가 나고 속이 상할 때마다 십자가를 붙잡아야 합니다. 십자가에 분노와 정욕과 욕심을 못박아야 합니다. 이것이 나에게 실상으로 임할 때에 승리하는 삶을 살 수가 있습니다. 찬송가 138장은 이렇게 말합니다.

> 십자가 십자가 내가 처음 볼 때에 나의 마음에 큰 고통 사라져……

　십자가는 나의 마음의 큰 고통과 문제를 해결해 주는 하나님의 능력이 임하는 길입니다.

2) 우리는 성령을 좇아 행함으로써 육신의 소욕을 이길 수가 있습니다.

> 너희는 성령을 좇아 행하라 그리하면 육체의 욕심을 이루지 아니하리라(갈 5:16)

성령은 예수 그리스도께서 십자가에서 이루어 놓으신 구원을 우리 안에 친히 역사해 주시는 분입니다. 이 성령은 우리가 연약하여 구할 바를 알지 못할 때 우리를 위해 탄식하며 기도해 주십니다(롬 8:26). 그러므로 그리스도 안에 있는 자는 정죄함이 없으며 생명의 성령의 법이 죄와 사망의 법에서 우리를 해방시켜 주셨습니다(롬 8:1~2). 예수를 믿고 성령 충만하면 진리의 자유함을 누릴 수 있는 것입니다.

> 진리를 알지니 진리가 너희를 자유케 하리라(요 8:32)

세상 사람들은 이 자유함을 모릅니다. 오늘날 육신적인 그리스도인들이 영적인 면을 알지 못하고 성령을 좇지 않고 육신의 소욕을 좇아 행할 때가 얼마나 많습니까?

> 너희가 이같이 어리석으냐 성령으로 시작하였다가 이제는 육체로 마치겠느냐(갈 3:3)

우리는 성령 충만하였다가 육체로 마치지 않도록 기도해야 합니다. 우리는 성령 충만을 위해 항상 근신하고 깨어 기도하고 말씀을 묵상하여야 합니다. 우리가 성령을 좇아 행할 때에 생명의 역사가 임합니다.

> 너희가 육신대로 살면 반드시 죽을 것이로되 영으
> 로써 몸의 행실을 죽이면 살리니(롬 8:13)

다른 방법으로는 육신을 이길 수가 없습니다. 인간의 힘으로는 절대로 안됩니다. 오직 성령을 좇아 행할 때에만 이길 수가 있습니다.

3) 육신을 이기는 방법은 육신을 하나님께 의의 병기로 드려야 합니다.

우리의 몸은 십자가에서 값으로 사신 바 된 것입니다.

> 너희 몸은 너희가 하나님께로부터 받은 바 너희 가
> 운데 계신 성령의 전인줄을 알지 못하느냐 너희는
> 너희의 것이 아니라 값으로 산 것이 되었으니 그런
> 즉 너희 몸으로 하나님께 영광을 돌리라(고전 6:19
> ~20)

몸으로 하나님께 영광을 돌려야 합니다. 내 자신을 하나님께 온전히 드릴 때에 육신의 소욕을 이깁니다. 아브라함이 이삭을 제물로 드렸을 때 육신의 소욕을 이겼습니다. 내가 가장 귀중히 여기는 것을 드릴 때 하나님께서 놀라운 복을 주십니다. 가족, 물질, 생명, 우리 자신을 하나님께 드리는 순간 하나님이 우리를 책임져 주시고 우리의 몸은 의의 병기로 바뀌어집니다.

> 또한 너희 지체를 불의의 병기로 죄에게 드리지 말
> 고 오직 너희 자신을 죽은 자 가운데서 다시 산 자
> 같이 하나님께 드리며 너희 지체를 의의 병기로 하
> 나님께 드리라(롬 6:13)

죄 가운데 영영 죽을 수밖에 없었던 나를 예수님이 살려주셨으므로 나의 몸은 이제 나의 것이 아닙니다. 옛사람은 다 죽고 지금 있는 것은 새사람입니다. 이미 나는 죽었으니 지금 있는 것은 내 것이 아니라고 생각하면 아까울 것이 하나도 없습니다. 예수 그리스도 안에서 산 자가 됨으로 말미암아 하나님 앞에서도 산 자며, 하나님 앞에 신령과 진정으로 예배를 드릴 수가 있습니다.

> 너희 몸을 하나님이 기뻐하시는 거룩한 산 제사로
> 드리라 이는 너희의 드릴 영적 예배니라(롬 12:1)

몸을 드리지 않고는 영적 예배가 될 수가 없습니다. 영, 혼, 몸이 온전히 주님께 드려질 때에 하나님께서 산 제사로 받아 주시며 우리의 모든 것을 책임져 주십니다. 우리는 주님이 다시 오시는 그날까지 우리의 영, 혼, 몸을 흠없이 보전하여야 합니다(살전 5:23).

이를 위하여 우리는 첫째로는 정과 욕심을 십자가에 못박고, 둘째로는 성령을 좇아 행하여 육신의 소욕을 이기고, 세째로는 내 자신을 의의 병기로 하나님께 드려야 합니다. 그러면 우리는 매일 승리하며 살 수 있습니다.

結章

全人救援

30. 전인(全人) 구원을 받아라
― 영과 혼과 몸의 구원 ―

본문말씀 : 로마서 6 : 1~23

¹그런즉 우리가 무슨 말하리요 은혜를 더하게 하려고 죄에 거하겠느뇨 ²그럴 수 없느니라 죄에 대하여 죽은 우리가 어찌 그 가운데 더 살리요 ³무릇 그리스도 예수와 합하여 세례를 받은 우리는 그의 죽으심과 합하여 세례를 받은 줄을 알지 못하느뇨 ⁴그러므로 우리가 그의 죽으심과 합하여 세례를 받음으로 그와 함께 장사되었나니 이는 아버지의 영광으로 말미암아 그리스도를 죽은 자 가운데서 살리심과 같이 우리로 또한 새 생명 가운데서 행하게 하려 함이니라 ⁵만일 우리가 그의 죽으심을 본받아 연합한 자가 되었으면 또한 그의 부활을 본받아 연합한 자가 되리라 ⁶우리가 알거니와 우리 옛 사람이 예수와 함께 십자가에 못박힌 것은 죄의 몸이 멸하여 다시는 우리가 죄에게 종 노릇하지 아니하려 함이니 ⁷이는 죽은 자가 죄에서 벗어나 의롭다 하심을 얻었음이니라 ⁸만일 우리가 그리스도와 함께 죽었으면 또한 그와 함께 살 줄을 믿노니 ⁹이는 그리스도께서 죽은 자 가운데서 사셨으매 다시 죽지 아니하시고 사망이 다시 그를 주장하지 못할 줄을 앎이로라 ¹⁰그의 죽으심은 죄에 대하여 단번에 죽으심이요 그의 살으심은 하나님께 대하여 살

으심이니 ¹¹이와 같이 너희도 너희 자신을 죄에 대하여는 죽은 자요 그리스도 예수 안에서 하나님을 대하여는 산 자로 여길지어다 ¹²그러므로 너희는 죄로 너희 죽을 몸에 왕 노릇하지 못하게 하여 몸의 사욕을 순종치 말고 ¹³또한 너희 지체를 불의의 병기로 죄에게 드리지 말고 오직 너희 자신을 죽은 자 가운데서 다시 산 자같이 하나님께 드리며 너희 지체를 의의 병기로 하나님께 드리라 ¹⁴죄가 너희를 주관치 못하리니 이는 너희가 법 아래 있지 아니하고 은혜 아래 있음이니라 ¹⁵그런즉 어찌하리요 우리가 법 아래 있지 아니하고 은혜 아래 있으니 죄를 지으리요 그럴 수 없느니라 ¹⁶너희 자신을 종으로 드려 누구에게 순종하든지 그 순종함을 받는 자의 종이 되는 줄을 너희가 알지 못하느냐 혹은 죄의 종으로 사망에 이르고 혹은 순종의 종으로 의에 이르느니라 ¹⁷하나님께 감사하리로다 너희가 본래 죄의 종이더니 너희에게 전하여 준 바 교훈의 본을 마음으로 순종하여 ¹⁸죄에게서 해방되어 의에게 종이 되었느니라 ¹⁹너희 육신이 연약하므로 내가 사람의 예대로 말하노니 전에 너희가 너희 지체를 부정과 불법에 드려 불법에 이른 것같이 이제는 너희 지체를 의에게 종으로 드려 거룩함에 이르라 ²⁰너희가 죄의 종이 되었을 때에는 의에 대하여 자유하였느니라 ²¹너희가 그때에 무슨 열매를 얻었느뇨 이제는 너희가 그 일을 부끄러워하나니 이는 그 마지막이 사망임이니라 ²²그러나 이제는 너희가 죄에게서 해방되고 하나님께 종이 되어 거룩함에 이르는 열매를 얻었으니 이 마지막은 영생이라 ²³죄의 삯은 사망이요 하나님의 은사는 그리스도 예수 우리 주 안에 있는 영생이니라 우리 인간은 영과 혼과 몸으로 이루어져 있습니다. 영은 하나님과 교통하는 기관이 되고, 인격이라 말할 수 있는 혼은 정신 세계와 교통하는 기관이 되고, 우리 육신은 물질 세계와 접촉하는 기관이 되었습니다.

첫째, 사람을 살리기 원하시는 하나님

첫사람 아담이 하나님 앞에 범죄함으로 말미암아 하나님의 신이 우리와 함께하시지 않게 되어 우리의 영은 죽은 자가 되었습니다. 죽었다고 하는 것은 하나님과 나 사이에 교통이 끊어졌다는 말입니다. 즉 인간은 하나님에 대해서 죽은 자이며 세상에 대해서 산 자가 되었습니다. 하나님과는 아무런 관계가 없는 존재가 된 것입니다. 영이 죽으므로 혼과 육체도 죽게 되었습니다. 죽는다고 하는 것, 즉 하나님과 나 사이의 관계가 없어졌다는 것은 우리가 영원히 마귀의 종이 되었다는 것입니다.

그러나 하나님은 사랑이시므로 영원히 멸망받게 된 우리를 살려 주시기를 원하십니다. 그래서 하나님께서 에스겔에게 마른 뼈들을 보이시면서 "인자야 이 뼈들이 능히 살겠느냐?" 하실 때 에스겔은 "하나님께서 아시나이다" 하였습니다. 하나님의 말씀에 따라 그 뼈들에게 명할 때에 그들이 다시 살아나 하나님의 큰 군대로 바꾸어진 것과 같이 오늘 하나님의 놀라운 구원의 역사가 여러분의 심령과 가정과 이웃에 나타날 줄 믿습니다.

둘째, 영과 혼과 몸의 전체적인 구원

사람에게 있는 영과 혼과 몸 이 세 가지 모두 예수 그리스도 안에서 구원을 받아야 합니다. 영, 혼, 몸의 전체적인 구원에 대하여 살펴보겠습니다.

1) 영의 구원—어떻게 받는가?

하나님께서 이 땅에 보내 주신 예수 그리스도는 죄가 없으신 분입니다. 그가 인간의 형상으로 이 땅에 오신 것은 우리 인간을 구원해 주시기 위함이었습니다. 그가 나를 구원해 주시기 위하여 나의 모든 죄를 십자가에서 대신 짊어지셨습니다. 내가 사형 당해야 할 그 자리에서 사형을 당해 주시고 부활하심으로 말미암아 하나님께서 이전까지는 우리를 보실 때에 우리가 하나님에 대하여 죄인이었으나 이제 죄의 몸이 십자가에서 멸함으로 말미암아 예수 그리스도 안에서 하나님을 대하여 산 자로 여기게 되었습니다(롬 6:6~7, 11).

예수께서 부활하심으로 예수 그리스도를 믿는 자도 함께 부활하게 되었으며 예수께서 죽은 자들 가운데서 부활하심으로 우리를 거듭나게 만들어 주셨습니다(벧전 1:3). 누구든지 예수 그리스도 안에 있는 자는 그와 함께 죽고, 그와 함께 살 수 있는, 구원의 은혜 속에 있는 것입니다. 거듭난다고 하는 것은 부활로 말미암아 생긴 것이므로 여기에는 산 소망이 있습니다. 이 산 소망은 썩지 않고 더러워지지 않고 쇠하지 않습니다(벧전 1:3~4).

예수께서 요한복음 3:5에서 "물과 성령으로 나지 아니하면 하나님 나라에 들어갈 수 없느니라"고 하시고 6절에서는 "육으로 난 것은 육이요 성령으로 난 것은 영이니" 하셨습니다. 성령으로 말미암아 태어난 것은 영입니다. 성령의 인도함을 받아서 내가 그리스도와 함께 죽고 함께 살 때에 내 속에서 영이 거듭난 것을 속사람이라 합니다. 이 속사람은 썩지 않고 더러워지지 않으며 쇠하지 않습니다. 그 이유는 하나님께로서 난 자이기 때문입니다.

영접하는 자 곧 그 이름을 믿는 자들에게는 하나님

의 자녀가 되는 권세를 주셨으니 이는 혈통으로나
육정으로나 사람의 뜻으로 나지 아니하고 오직 하
나님께로서 난 자들이니라(요 1:12~13)

또한 성령께서 우리를 거듭나게 하실 때는 하나님의 말씀을 갖고 역사하셨습니다.

너희가 거듭난 것이 썩어질 씨로 된 것이 아니요 썩
지 아니할 씨로 된 것이니 하나님의 살아 있고 항상
있는 말씀으로 되었느니라(벧전 1:23)

하나님의 말씀으로 말미암아 성령께서 나를 거듭나게 해 주셨기 때문에 이 속사람은 하나님의 말씀을 먹어야 살 수가 있습니다. 영이요 생명인 하나님의 말씀을 먹어야 생명이 자랄 수 있고 활동할 수 있습니다(요 6:63).
　성령은 어머니와 같고 거듭난 속사람은 갓난 어린 아이와 같아서 스스로 하나님의 말씀을 먹을 수 없습니다. 어린 아이는 단지 신령한 젖을 사모하는 것뿐입니다. 젖을 먹일 수 있는 분은 성령이십니다. 성령으로 말미암아 신령한 하나님의 말씀을 먹으면 구원에 이르도록 자라는 것입니다.

갓난 아이들 같이 순전하고 신령한 젖을 사모하라
이는 이로 말미암아 너희로 구원에 이르도록 자라
게 하려 함이라(벧전 2:2)

어린 아이들이 자라날 때 가만히 있으면 그 성장이 부진합니다. 옛날 중국에서 여자들이 도망하지 못하도록 발을 묶어 잘 걷지도 못하게 했을 때 활동의 자유는, 물론 성장까지 막았던 것

같이 하나님의 말씀을 먹지 못한 자들은 생명에 활력소가 없습니다. 그러나 성령의 도우심으로 그 영(spirit)이 하나님의 말씀을 먹고 생명이 자라는 자는 활력이 넘칩니다. 생명력이 있는 곳에는 사랑이 있습니다. 구원의 기쁨, 생명의 역사가 예수 그리스도께서 십자가에서 죽으시고 부활하심으로 말미암아 생겨나게 된 것입니다. 그래서 우리의 속에는 기쁨이 있고, 즐거움이 있고, 감사의 찬송이 넘치는 것입니다. 성장하는 자에게는 생명력과 하늘의 평화가 그 속에서 흘러나며 영을 좋아 행하게 됩니다.

> 육신을 좇는 자는 육신의 일을 영(Spirit)을 좇는 자는 영의 일을 생각하나니 육신의 생각은 사망이요, 영의 생각은 생명과 평안이니라(롬 8:5~6)

이와 같이 주님의 생명과 평안이 흘러 나는 사람은 얼굴이 밝아집니다. 그런 사람의 예배드리는 모습은 아름답습니다. 생명이 약동하는 사람은 주님을 찬양하므로 할렐루야 소리가 폭발합니다. 생명이 흐르지 않는 사람은 답답한 마음과 모습이 나타날 뿐입니다.

2) 혼의 구원——모든 생각을 사로잡아 그리스도께 순종할 때

예수를 영접할 때 내 영이 거듭나서 구원을 받고 혼과 몸도 믿음 안에서 구원을 받았다 할지라도 이 땅에 사는 동안에는 끊임없이 구원을 이루어 나아가야(빌 2:12 — continue to work out your salvation : NIV) 합니다. 이것이 곧 성화의 과정이요, 혼과 육의 구원이란 바로 이를 두고 말합니다.

예수 그리스도를 믿고, 내 속사람은 구원받아 기뻐하지만 내 혼적인 것, 타고난 것, 옛날 타락했던 나의 인격 — 지, 정, 의 — 이것은 아직도 타락 가운데 있습니다. 이것은 거듭난 것이 아니므로 우리의 혼적인 것을 다 사로잡아 그리스도께 복종해야 합니다. 예수를 믿었다고 옛날 신경질이 없어집니까? 예수 믿기 전에 가지고 있던 습관과 사고 방식이 그렇게 쉽게 변화되는 것이 아닙니다.

우리는 예수 그리스도 안에서 완전히 내 모든 생각과 인격을 사로잡아 그리스도께 복종케 할 수 있어야 합니다. 혼적인 것이 그리스도께 복종이 안되면 목사나 장로나 집사나 누구라도 영의 문제가 아니라 혼의 문제가 계속됩니다. 그래서 바울 사도는 고린도 교회 성도들에게 다음과 같이 말했습니다.

> 모든 이론을 파하며 하나님 아는 것을 대적하여 높아진 것을 다 파하고 모든 생각을 사로잡아 그리스도에게 복종케 하니 너희의 복종이 온전히 될 때에 모든 복종치 않는 것을 벌하려고 예비하는 중에 있노라(고후 10:5~6)

주님을 잘 섬기는 자가 되려면 자기의 아집, 사상, 철학, 감정을 십자가에 못박아야 합니다.

혼적인 것은 하나님 앞에서 가라앉은 구정물통과 같아서 겉보기는 깨끗하나 막대기로 저으면 세상 더러운 것은 다 올라옵니다. 혼적인 것을 사로잡아 그리스도께 복종케 하는 것이 우리가 져야 할 십자가입니다. 십자가 없이는 우리를 변화시킬 수가 없습니다. 모든 생각을 사로잡아 그리스도께 복종케 하면 하나님의 뜻을 알게 됩니다.

> 너희는 이 세대를 본받지 말고 오직 마음을 새롭게 함으로 변화를 받아 하나님의 선하시고 기뻐하시고 온전하신 뜻이 무엇인지 분별하도록 하라(롬 12:2)

이 세대, 즉 세상의 유행을 본받지 말고, 오직 마음을 새롭게 함으로 생각의 기본부터 말씀에 따라 변화시켜야만 하나님의 뜻이 무엇인지를 분별할 수 있다는 말입니다. 모든 혼적인 것을 사로잡아서 그리스도께 복종케 하면 하나님의 참 뜻을 알게 된다는 것입니다.

복종하는 것은 내 힘으로 되는 것이 아닙니다. 믿는 성도들을 위하여 보내주신 보혜사 성령님의 도움으로 이루어질 수 있는 것입니다. 우리를 돕는 자가 있음에도 왜 그분에게 요구를 하지 않으십니까? 내 사고를 바꾸고 싶어도 내 힘으로는 안될 때 작심삼일밖에 안되니 "성령님이여, 끝까지 도와주옵소서!" 하고 간구할 때 성령께서 하나님의 말씀을 가지고 도와주십니다. 이때 비록 적은 능력을 가졌지만(계 3:8) 생명의 말씀을 붙잡고 매어달리는 것은 내 책임입니다. 성령의 도우심과 인내의 말씀을 지킬 때 환난을 면하게 되는 승리를 가져옵니다(공식을 만든다면 성령+말씀+내 의지로 주의 말씀을 지키며 순종=승리). 이 진리를 깨달아 실행할 때 복종치 아니하는 것이 물러가고 주님의 뜻이 무엇인가 분별하게 되어 하나님께 영광을 돌리게 되는 것입니다.

성령의 감동에 의한 하나님 말씀에 믿음을 화합하는 순간 나에게 생명이 역사하기 시작합니다. 다시 설명한다면 성령에 의해 하나님의 말씀이 나에게 임할 때 예수 그리스도로 말미암아 난 믿음이 나에게 소생합니다. 이때야말로 겨자씨만한 믿음만 있어도 이 산을 명하여 여기서 저기로 옮기라 해도 옮겨지는 복이 오는 때입니다. 그래서 예수께서 "네 믿음대로 될지어다" 하셨던 것입니다.

＊ 생각이 그리스도께 복종될 때 기적이 일어납니다.

이와 같이 믿음이 소생할 때 모든 생각이 그리스도께 복종케 되는 가운데 기적이 일어납니다. 저는 속사람의 직관을 통해서 믿음이 소생할 때 많은 기적을 체험하였고 또 지금도 체험하고 있습니다. 과거 신학생 시절에 심장이 나빠서 무거운 물건을 들고 얼마 갈 수도 없고 높은 곳에 올라가는 데도 힘이 든 적이 있었습니다. 때로는 맥박이 정지되고 몸의 힘이 빠질 때도 참 많았습니다. 얼마 있지 아니하여 죽을 것 같았습니다. 한 번은 아내에게 내가 죽을 것 같으니 죽더라도 잘 살라고 했습니다. 그때 아내가 저를 향하여 생명은 하나님께 있으니 그와 같은 말을 하지 말아달라고 하는 순간 제 심령 깊은 곳에서 믿음이 소생하면서 '생명은 하나님께 있나이다'라고 고백하였을 때 곧 심장병이 완전히 치료를 받았습니다. 할렐루야!

믿음의 결과에서 감정이 새로워짐을 또한 체험했습니다. 그로 인하여 믿음이 더욱 견고해지는 것이었습니다. 믿음이 커질수록 감정과 생각이 더욱 하나님께로 향하기 시작하는 축복이 왔습니다. 한 가지 깊이 깨달은 것은 성령으로 말미암아 말씀이 내게 오고, 말씀으로 말미암아 믿음이 오고, 믿음으로 말미암아 감정이 더 새로워지고, 반면에 생각과 감정이 하나님께 감사를 드림으로 믿음이 더 커지고, 말씀은 더 밝게 깨닫게 되고, 성령의 역사로 감동 감화가 있는 것이었습니다. 마치 자동차의 피스톤이 올라가고 내려가고 할 때 자동차가 달리듯이 성령과 말씀과 믿음과 감정과 생각이 하나가 되어 믿음의 사람들은 하늘나라로 달려가는 것입니다.

나의 전 인격이 성령의 통로가 되면 마치 자동차가 잘 달리는 것과 같이 승리의 길로 달리게 됩니다. 이와 같은 현상을 한 마디로 말한다면 모든 생각을 사로잡아 그리스도께 복종케 할 때 하나님의 역사가 임한다는 것입니다.

"영혼을 구원할 바", 즉 내 모든 사고방식과 내 인격이 예수 그리스도의 이름으로, 그의 십자가로, 성령의 도우심으로 예수님

의 형상을 닮아가는 것을 혼의 구원이라 합니다. 사도 야고보는 영혼(soul)을 구원하는 방법을 설명하기를

> 그러므로 모든 더러운 것과 넘치는 악을 내어 버리고 능히 너희 영혼을 구원할 바 마음에 심긴 도를 온유함으로 받으라(약 1:21)

혼의 구원은 마음에 심긴 하나님의 말씀을 온유함으로 받음으로 말미암아 된다고 했습니다. 하나님의 말씀을 온유함으로 받음으로 말씀의 힘에 의하여 우리의 혼적인 것을 영적인 것에 순종케 되는 것을 뜻합니다. 하나님의 말씀을 들음으로 믿음이 생기는 것이기 때문에 사도 베드로는

> 믿음의 결국 곧 영혼(soul)의 구원을 받음이라(벧전 1:9)

하였습니다.

3) 몸의 구원이 필요합니다.

육으로 살 때는 배를 위하여 살다가 썩어질 것뿐이므로 하늘나라의 유업을 받지 못합니다(여 3:6 ; 고전 6:13 ; 빌 3:19 ; 고전 15:50). 육신을 위하여 하는 것은 다 폐하여집니다.

> 식물은 배를 위하고 배는 식물을 위하나 하나님이 이것 저것 다 폐하시리라 몸은 음란을 위하지 않고 오직 주를 위하며 주는 몸을 위하시느니라 하나님이 주를 다시 살리셨고 또한 그의 권능으로 우리를 다시 살리시리라 너희 몸이 그리스도의 지체인 줄을 알지 못하느냐 내가 그리스도의 지체를 가지고

結章 全人 救援 379

> 창기의 지체를 만들겠느냐 결코 그럴 수 없느니라
> 창기와 합하는 자는 저와 한 몸인 줄을 알지 못하느
> 냐 일렀으되 둘이 한 육체가 된다 하셨나니 주와 합
> 하는 자는 한 영이니라(고전 6:13~17)

몸은 접촉하는 것에 따라서 달라집니다. 몸이 창기와 합하면 창기와 하나가 되고, 돈과 합하면 돈과 하나가 됩니다. 예수 그리스도와 함께 죄의 몸, 그 정과 욕심을 십자가에 못박음으로 죄의 몸이 멸하여 다시는 죄에게 종 노릇하지 않습니다(롬 6:6).

> 너희 몸은 너희가 하나님께로부터 받은 바 너희
> 가운데 계신 성령의 전인줄을 알지 못하느냐 너희
> 는 너희의 것이 아니라 값으로 산 것이 되었으니 그
> 런즉 너희 몸으로 하나님께 영광을 돌리라(고전 6:
> 19~20)

* **죄의 몸이 성령의 전, 의의 병기가 되었습니다.**

죄를 섬기는 우리의 몸이 예수 그리스도와 합하여 십자가에서 못박힘으로 죄의 몸이 변하여 성령의 전이 되고 의의 병기로 하나님께 드리게 된 것입니다(롬 6:13). 이와 같은 큰 축복이 어디 있겠습니까? 사람의 힘으로나 능력으로 된 것이 아니라 하나님의 경륜 속에서 그의 뜻을 따라 이루어진 것입니다.

> 또 미리 정하신 그들을 또한 부르시고, 부르신 그들
> 을 또한 의롭다 하시고, 의롭다 하신 그들을 또한
> 영화롭게 하셨느니라(롬 8:30)

믿음으로 우리의 몸이 구원받았으나 실상은 세상 몸을 갖고

죄를 지으면서 살고 있습니다. 완전한 몸의 구원은 예수님 재림 시 영화된 몸으로 바꾸어질 때입니다. 믿는 성도들의 몸은 예수께서 값으로 산 것이 되었기에 우리의 것이 아니라 예수 그리스도의 것입니다. 그리스도의 것이면 우리의 몸이 영화롭게 될 때까지 이 세상에 머물면서 그의 기뻐하시는 대로 하나님께 영광을 돌리는 의의 병기로 드려져야 합니다.

> 또한 너희 지체를 불의의 병기로 죄에게 드리지 말고 오직 너희 자신을 죽은 자 가운데서 다시 산 자같이 하나님께 드리며 너희 지체를 의의 병기로 하나님께 드리라(롬 6:13)

우리의 지체를 의의 병기로 드리는 자의 생활은 고린도전서 10:31 말씀처럼 먹든지 마시든지 무엇을 하든지 하나님의 영광을 위하여 사는 생활입니다.

진정으로 내 몸이 하나님 앞에 팔려진 종이 되었으면 하나님의 의의 병기로 사용될 뿐 아니라 "살아도 주를 위하여 살고 죽어도 주를 위하여 죽나니 그러므로 사나 죽으나 우리가 주의 것"(롬 14:8)이 됩니다.

하나님의 의의 병기로 내 육체를 드리지 아니하면 원수 마귀가 계속 나에게 침범합니다. 의의 병기로 하나님께 드리면 하나님이 이 세상에서 육신도 전적으로 책임져 주실 뿐만 아니라 하늘나라의 상도 있습니다. 이 상은 나무나 풀이나 짚으로 세워진 공력(功力)이 아니라 금이나 은이나 보석으로 세워진 공력으로 인정되어 받는 상입니다(고전 3:12~15). 우리가 예수 그리스도의 이름으로 이 세상에서 무엇을 하든지 행한 것을 따라 하늘나라 심판대 앞에서 다 받게 되는 것입니다.

> 이는 우리가 다 반드시 그리스도의 심판대 앞에 드
> 러나 각각 선악 간에 그 몸으로 행한 것을 따라 받
> 으려 함이라(고후 5:10)

사도 바울이 빌립보 교회에 편지할 때 이렇게 말했습니다.

> 나의 간절한 기대와 소망을 따라 아무 일에든지 부
> 끄럽지 아니하고 오직 전과 같이 이제도 온전히 담
> 대하여 살든지 죽든지 내 몸에서 그리스도가 존귀
> 히 되게 하려 하나니(빌 1:20)

그리스도의 것으로 바꾸어진 내 몸에서 유형이든 무형이든 예수님의 흔적이 나타나야 합니다. 사도 바울이 선교활동을 위해 예수님께 자기 몸을 드릴 때마다 고난을 받아 예수님의 흔적이 생겨 "내 몸에 예수의 흔적을 가졌노라"(갈 6:17) 했습니다. 의의 병기로 하나님 앞에 내 몸을 드릴 때에 내 몸에 그리스도의 흔적이 생기게 됩니다. 예수 그리스도의 흔적에는 하나님의 빛이 임합니다. 그 빛을 바라보고 원수 마귀는 도망을 칩니다. 의의 병기로 드릴 때에 우리의 몸에는 그리스도의 흔적이 나타나고, 우리의 영과 혼과 몸이 하나님께 온전히 드려질 때 우리의 심령이 천국으로 온전히 바꾸어지는 구원의 역사가 있습니다. 저 좋은 천국으로 우리의 영과 혼과 몸이 다 보존되어 갈 수 있게 되는 것입니다.

셋째, 결론

이사야 53:5에 예수님에 대하여 "그가 찔림은 우리의 허물을 인함이요 그가 상함은 우리의 죄악을 인함이라 그가 징계를 받

음으로 우리가 평화를 누리고 그가 채찍에 맞음으로 우리가 나음을 입었도다"라고 예언하였듯이 하나님께서는 우리가 죄에서 구원받기를 원하셔서 예수 그리스도를 보내어 그로 하여금 보혈을 흘리게 하심으로 구원의 길을 열어 놓으셨습니다. 이 예수께서 살리는 영, 성령으로 죄인을 거듭나게 하사

첫째로 영을 구원받게 하시고,

둘째로는 성도들의 생각하는 것이나 마음가짐을 사로잡아 그리스도께 복종케 하여 그리스도의 마음과 생각을 가짐으로(빌 4:7; 고전 2:16) 심령이 치료를 받아 그리스도 안에서 그의 평안을 누리게 하십니다.

이처럼 영과 혼을 구원하신 예수께서 육신의 고통과 질병에서 우리를 회복시킴으로 우리의 지체를 의의 병기로 하나님께 드려 진리 안에서 자유함을 누리게 하시는 전인적인 구원을 베푸십니다. 이것이 온전한 영, 혼, 몸의 전인 구원입니다.

예수께서 변화산에서 변화되신 것과 같이 지금은 보잘것 없는 우리의 낮은 몸이 다 변화를 받게 될 것입니다. 에덴 동산의 창조의 원형과 같이 하나님의 형상을 닮아 천국에서 영원히 살 수 있는 엄청난 복이 우리를 기다리고 있습니다.

이 은혜를 베풀어주시는 하나님께 감사합니다.
할렐루야!

속 사 람

1판 12쇄 발행	2016. 4. 15.
엮은이	예태해
펴낸이	박성숙
펴낸곳	도서출판 예루살렘
주소	(10252) 경기도 고양시 일산동구 고봉로 776-92
전화 | 팩스	031)976-8972, 8973 | 031)976-8974
이메일	jerusalem80@naver.com
출판등록	1980년 5월 24일(제 16-75호)

ISBN 978-89-7210-203-8 03230
책값 뒤표지에 있습니다.

ⓒ 이 출판물은 저작권법에 의해 보호를 받는 저작물이므로
무단 전재와 복제를 할 수 없습니다.

도서출판 예루살렘은 하나님을 사랑하며 하나님 말씀대로 순종하며 살기를 원하는
청소년, 성도, 목회자들을 문서로 섬기며 이를 위하여 기도하며 정성을 다하여
모든 사역과 책을 기획, 편집, 출판하고 있습니다.